DIE

WEISHEIT DES JESUS SIRACH

HEBRÄISCH UND DEUTSCH

HERAUSGEGEBEN

VON

RUDOLF SMEND

PROFESSOR IN GÖTTINGEN

MIT EINEM HEBRÄISCHEN GLOSSAR

BERLIN

VERLAG VON GEORG REIMER

1906

THEODOR NÖLDEKE

ZUM SIEBZIGSTEN GEBURTSTAG

EHRERBIETIG

GEWIDMET.

Die nachstehende Uebersetzung ist zunächst zur Entlastung meines gleichzeitig erscheinenden Kommentars zur Weisheit des Jesus Sirach bestimmt, sie will deshalb nicht nur dem Sinn, sondern oft auch dem grammatischen Verständnis Ausdruck geben. Wie weit sie auf den im letzten Jahrzehnt entdeckten hebräischen Fragmenten beruht, ist aus der zweiten Hälfte dieses Bandes leicht zu ersehen. Schon für diese Stücke lässt sich der von Jesus Sirach geschriebene Wortlaut nur in sehr unvollkommenem Masse wiederherstellen, für den Rest des Buches ist man auf z. T. recht zweifelhafte Rückschlüsse aus den beiden Original-Uebersetzungen, dem Griechen und dem Syrer, angewiesen. Denn diese beiden Uebersetzer hatten nicht nur verschiedene hebräische Texte vor sich, an manchen Stellen haben sie ihre Vorlagen auch sehr schlecht wiedergegeben. Man muss deshalb bald dem einen, bald dem anderen folgen, und zuweilen versagen sie beide. Aber der Versuch einer deutschen Uebersetzung des ganzen Buches ist deshalb berechtigt, weil der vom Verfasser beabsichtigte Sinn sich auf Grund des Griechen und des Syrers wenigstens annähernd überall feststellen lässt. Wo ich mich hiermit begnügen musste, ist der Text in runde Klammern ( ) gesetzt, die ich auch 46, 16 und 51, 19 für zwei früh ausgefallene und von mir nach ihrem Sinne ergänzte Stichen angewandt habe. Wo ich dagegen in Abweichung vom Urtext und von den Ueber-setzungen den ursprünglichen Wortlaut mit Wahrscheinlichkeit vermuten zu können glaube, sind eckige Klammern [ ] gebraucht. Offenkundige Missverständnisse der Uebersetzer habe ich ohne äussere Bezeichnung korrigiert.

In c. 30—36 sind die freilich unangemessenen und un-bequemen Kapitelzahlen der Septuaginta-Ausgaben beibehalten. Sie beruhen darauf, dass in den griechischen Handschriften 33, 16^b—36, 16^a von ihrer ursprünglichen Stelle zwischen 30, 24

und 30, 25 verdrängt sind. Beibehalten habe ich auch die von
J. E. Grabe eingeführte und in den meisten neueren Ausgaben
befolgte Verszählung des griechischen Textes, obwohl sie die
Einschaltung von etwa 60 unechten und von mir ausgelassenen
Distichen voraussetzt. Aber die unechten Distichen 11, 15. 16
und 16, 15. 16 sind unter den Text gesetzt, weil sie jetzt auch
hebräisch vorliegen. Ebenso bin ich mit 17, 17 und 22, 24 ver-
fahren, die entweder ebenfalls unecht oder an falscher Stelle
überliefert sind. Uebrigens weiche ich an einigen Stellen von
der überlieferten Reihenfolge der Verse ab, wie man an den
Verszahlen bemerken wird. Die strophische Gliederung, deren
Beachtung für das Verständnis und die Kritik des Textes von
Wichtigkeit ist, habe ich durch fetten Druck der betreffenden
Versanfänge hervorgehoben. Durch Versehen ist das bei 6, 13
unterblieben. Ausserdem bitte ich, 7, 31 „ehre" für „fürchte",
und 23, 12 „Sache" für „andere Redeweise" zu setzen.

Göttingen, im Mai 1906.   Rudolf Smend.

Das Vorwort des griechischen Uebersetzers.

Weil uns Vieles und Grosses durch das Gesetz und die Propheten und die Anderen, die auf sie folgten, gegeben ist, wofür Israel das Lob der Gesittung und Weisheit verdient, und da es sich nicht nur gehört, dass die Schriftgelehrten selbst einsichtig werden, sondern auch, dass die emsigen Forscher im Stande seien, sowohl durch Rede als auch durch Schrift den Laien zu nützen, — so fühlte mein Grossvater Jesus, nachdem er sich in hohem Masse dem Studium des Gesetzes und der Propheten und der übrigen von den Vätern überkommenen Bücher gewidmet und in ihnen eine hinlängliche Fertigkeit erlangt hatte, sich getrieben, auch selbst etwas auf Gesittung und Weisheit Bezügliches zu schreiben, damit die Lernbegierigen, auch hierdurch unterrichtet, um so mehr fortschreiten möchten im gesetzlichen Wandel. Ihr seid nun gebeten mit Wohlwollen und Aufmerksamkeit zu lesen und Nachsicht zu haben, wo wir in der Uebersetzungsarbeit mit einzelnen Ausdrücken nicht zu genügen scheinen. Denn es entspricht sich nicht völlig, was ursprünglich hebräisch gesagt ist, wenn es in eine fremde Sprache übersetzt wird. Aber nicht nur dieses Buch, sondern auch sogar das Gesetz und die Propheten und die übrigen Bücher lauten in der Ursprache nicht wenig verschieden. Da ich nämlich im 38. Jahre des Königs Euergetes nach Aegypten kam und während seiner Zeit hier verweilte, fand ich nicht wenig Gelegenheit zum Unterricht. Ich hielt es deshalb für notwendig, auch selbst einigen Eifer und Mühe aufzubieten, um dies Buch zu übersetzen. Ich wandte nämlich in der Zwischenzeit viel Sorgfalt und Gelehrsamkeit daran, um das Buch zu Ende zu führen und es auch für die herauszugeben, die in der Fremde lernbegierig sind, indem sie ihren Wandel einrichten gesetzlich zu leben.

1, 1. Alle Weisheit kommt von dem Herrn,
   und er besitzt sie von Ewigkeit her.

  2. Den Sand am Meere und die Tropfen im Regen,
   und die Tage der Ewigkeit — wer kann sie zählen?

  3. Die Höhe des Himmels und die Breite der Erde,
   und die Tiefe der Flut — wer kann sie ergründen?

  4. Vor diesen allen ist die Weisheit erschaffen,
   das Wunderwerk der Einsicht im Anbeginn.

  6. Die Wurzel der Weisheit — wem ist sie offenbar?
   und die Geheimnisse der Einsicht — wer kennt sie?

  8. Einer ist es, der höchst Furchtbare,
   auf seinem Throne sitzt und herrscht der Herr.

  9. Der schuf sie und schaute sie und zählte sie,
   und goss sie aus über alle seine Werke.

 10. Alles Fleisch besitzt von ihr, soviel er ihm gab,
   aber reichlich verlieh er sie denen, die ihn fürchten.

 11. Die Furcht des Herrn ist Ehre und Ruhm,
   und Hoheit und prächtige Krone.

 12. Die Furcht des Herrn macht froh das Herz,
   sie ist Freude und Wonne und langes Leben.

 13. Wer den Herrn fürchtet, fährt zuletzt wohl,
   und am Ende seiner Tage wird er gesegnet.

 14. Der Anfang der Weisheit ist die Furcht des Herrn,
   und den Treuen ist sie vom Mutterleibe her anerschaffen.

 15. Bei den [Frommen] hat sie von Ewigkeit her ihren Wohnsitz,
   und bei ihren Nachkommen wird sie bleiben.

 16. Sättigung von Weisheit ist die Furcht des Herrn,
   und sie macht trunken von ihren Früchten.

 17. Das ganze Haus füllt sie mit Schätzen,
   und die Scheunen mit ihrem Gewächs.

 18. Die Krone der Weisheit ist die Furcht des Herrn,
   sie bringt Wohlfahrt und Leben und Gesundheit.

 19. Sie ist ein starker Stab und eine herrliche Stütze,
   und ewige Ehre für die, die sie ergreifen.

 20. Die Wurzel der Weisheit ist die Frucht des Herrn,
   und ihre Zweige sind langes Leben.

22. Der ungerechte Zorn bleibt nicht straflos,
    denn seine grimmige Wut bringt ihn zu Fall.
23. Bis zur rechten Zeit geduldet sich der Langmütige,
    und nachher erwächst ihm daraus Freude.
24. Bis zur rechten Zeit hält er zurück seine Worte,
    und Vieler Lippen preisen seinen Verstand.

25. In den Kammern der Weisheit sind einsichtsvolle Sprüche,
    aber dem Sünder ist die Gottesfurcht ein Gräuel.
26. Begehrst du Weisheit — halte die Gebote,
    so wird der Herr sie dir reichlich geben.
27. Denn Weisheit und Bildung ist die Furcht des Herrn,
    was aber ihm gefällt ist Treue und Demut.
28. Sei nicht heuchlerisch gegen die Furcht des Herrn,
    und nahe ihr nicht mit zwei Herzen.
29. Tue nicht gross mit ihr vor den Leuten,
    und sei sehr vorsichtig mit deinen Lippen.
30. Ueberhebe dich nicht, damit du nicht fällst,
    und Schmach über dich bringst,
    und der Herr deine Heimlichkeiten an's Licht bringe,
    und dich inmitten der Versammluug zu Boden werfe,
    weil du dich der Gottesfurcht nahtest,
    und dein Herz doch voll Falschheit war.

2, 1. Mein Sohn, wenn du dich der Gottesfurcht nahst,
    so bereite deine Seele für die Prüfung.
2. Mache fest dein Herz und werde stark,
    damit du nicht erschrickst zur Zeit der Not.
3. Hange ihr an und lass sie nicht fahren,
    damit du zuletzt als weise dastehest.
4. Alles was über dich kommt nimm hin,
    und sei geduldig in Krankheit und Elend.
5. Denn im Feuer wird das Gold geprüft,
    und die gottgefälligen Menschen im Ofen des Elends.
6. Vertraue auf den Herrn, so wird er dir helfen;
    hoffe auf ihn, so wird er deinen Weg ebnen.
7. Die ihr den Herrn fürchtet, harret auf sein Erbarmen,
    und weichet nicht, damit ihr nicht fallet.

8. Die ihr den Herrn fürchtet, vertrauet auf ihn,
    und er wird euren Lohn nicht über Nacht behalten.

9. Die ihr den Herrn fürchtet, hoffet auf Gutes,
    und auf ewige Freude und Rettung.

10. Blicket hin auf die Geschlechter der Vorzeit und sehet:
    wer vertraute auf den Herrn und wurde zu Schanden?
    Wer beharrte in seiner Furcht, und er liess ihn im Stich?
    oder wer rief ihn an, und er verachtete ihn?

11. Denn barmherzig und gnädig ist der Herr,
    er vergibt die Sünden und rettet zur Zeit der Not.

12. Wehe dem verzagten Herzen und den lässigen Händen,
    dem Menschen, der auf zwei Wegen geht!

13. Wehe dem Herzen, das nicht glaubt,
    es wird auch nicht bleiben!

14. Wehe euch, die ihr die Hoffnung verloren habt!
    was wollt ihr tun, wenn der Herr heimsucht?

15. Die den Herrn fürchten, sind seinem Worte nicht ungehorsam,
    und die ihn lieben, halten seine Wege ein.

16. Die den Herrn fürchten, erforschen sein Wohlgefallen,
    und die ihn lieben, erfüllen sich mit seinem Gesetz.

17. Die den Herrn fürchten, machen ihr Herz fest,
    und machen demütig vor ihm ihre Seele:

18. Lasst uns in die Hände des Herrn fallen,
    und nicht in die Hände der Menschen,
    denn wie seine Majestät ist auch sein Erbarmen,
    und wie sein Name sind auch seine Werke.

3, 1. Höret ihr Söhne das Recht des Vaters,
    und tut danach, damit ihr lebet.

2. Denn der Herr hat dem Vater Ehre gegeben über die Söhne,
    und das Recht der Mutter festgestellt über die Kinder.

3. Wer den Vater ehrt, sühnt Sünden,

4.   und einen Schatz sammelt, wer seine Mutter ehrt.

5. Wer den Vater ehrt, erlebt Freude an den eigenen Kindern,
    und wenn er betet, wird er erhört.

6. Wer den Vater ehrt, lebt lange,
    und Verdienst bei dem Herrn erwirbt, wer seiner Mutter
                               wohltut.

7. Wer den Herrn fürchtet, ehrt den Vater,
   und wie Herren dient er seinen Eltern.
8. In Tat und Wort ehre deinen Vater,
   damit alle Segnungen über dich kommen.
9. Der Segen des Vaters stellt den Schössling fest,
   aber der Fluch der Mutter reisst den Pflänzling aus.
10. Suche nicht deine Ehre in Verunehrung deines Vaters,
    denn davon hast du keine Ehre.
11. Denn die eigene Ehre ist die Ehre des Vaters,
    aber schwer sündigt, wer seine Mutter verunehrt.
12. Mein Sohn, nimm dich des Alters deines Vaters an,
    und betrübe ihn nicht, so lange er lebt.
13. Auch wenn sein Verstand abnimmt, habe Nachsicht mit ihm,
    und beschäme ihn nicht mit deiner Vollkraft.
14. Denn das Wohlverhalten gegen den Vater wird nicht ausgetilgt,
    und an Stelle von Sünden wird es feststehen.
15. Am Tage der Not wird es dir gedacht werden,
    wie Wärme den Reif, wird es deine Sünden wegnehmen.
16. Wie ein Frevler ist wer den Vater verachtet,
    und seinen Schöpfer reizt wer seine Mutter verunehrt.

17. Mein Sohn, wenn du reich bist, so wandle in Demut,
    so wirst du mehr als ein freigebiger Mann geliebt werden.
18. Bei aller Grösse demütige dich,
    so wirst du vor dem Herrn Gnade finden.
20. Denn gross ist die Macht des Herrn,
    und [an] den Demütigen verherrlicht er sich.

21. Was dir zu hoch ist, erforsche nicht,
    und was über deine Kräfte geht, untersuche nicht.
22. Worüber dir Macht gegeben ist, darüber sinne nach,
    denn das Verborgene geht dich nichts an.
23. Mit dem, was über dich hinaus geht, habe nichts zu schaffen,
    denn mehr als du begreifen kannst, ist dir kund getan.
24. Denn vielerlei Meinungen haben die Menschen,
    und böse Einfälle führen irre.

25. Wo kein Augapfel ist, fehlt das Licht,
    und wo kein Verstand ist, fehlt die Weisheit.

26. **D**em trotzigen Herzen ergeht es zuletzt übel,
   wer aber das Gute liebt, dem begegnet es.
27. **D**as trotzige Herz hat viel zu leiden,
   und der Uebermütige häuft Sünde auf Sünde.
28. **F**ür die Wunde des Spötters gibt es keine Heilung,
   weil er ein Gewächs von schlechter Art ist.
29. **E**in weises Herz versteht die Sprüche der Weisen,
   und Freude macht ein Ohr, das auf die Weisheit merkt.
30. **L**oderndes Feuer löscht das Wasser,
   und die Mildtätigkeit sühnt Sünden.
31. **W**er Gutes erweist, dem begegnet es auf seinen Wegen,
   und wenn er fällt, findet er eine Stütze.
4, 1. Mein Sohn, entziehe dem Armen nicht den Unterhalt,
   und lass nicht schmachten die Augen des Verzweifelten.
 2. **D**ie darbende Seele lass nicht stöhnen,
   und erzürne nicht das Gemüt des Zerschlagenen.
 3. **D**as Herz des Elenden betrübe nicht,
   und verweigere nicht die Gabe dem Armen.
 4. **D**ie Bitte des Geringen verachte nicht,
   und wende dich nicht ab von der zerschlagenen Seele.
 5. **V**om Bittenden wende dein Auge nicht ab,
   und gib ihm nicht Raum, dich zu verfluchen.
 6. **S**chreit der Verzweifelte in seinem Herzenskummer,
   so hört auf sein Geschrei der ihn erschuf.
 7. **M**ache dich beliebt bei der Gemeinde,
   und vor der Obrigkeit der Stadt beuge dein Haupt.
 8. **L**eihe dem Armen dein Ohr,
   und erwidere seinen Gruss in Demut.
 9. **R**ette den Bedrängten vor seinem Bedränger,
   und sei nicht unwirsch, wenn du in gerechter Sache
                                       richtest.
10. **S**ei den Waisen wie ein Vater,
   und anstatt des Mannes den Witwen,
   so wird Gott dich seinen Sohn nennen,
   und sich deiner erbarmen und dich vom Verderben retten.

11. Die Weisheit lehrt ihre Söhne,
    und predigt allen, die auf sie achten:
12. Die [mich] lieben, lieben das Leben,
    und die nach [mir] trachten, erlangen das Wohlgefallen.
13. Die [mich] ergreifen, gewinnen Ehre,
    und sie wohnen im Segen des Herrn.
14. Die [mir] dienen, dienen dem Heiligen,
    und Gott liebt, die [mich] lieben.
15. Wer mir gehorcht, [wohnt] in Sicherheit,
    und wer auf mich hört, weilt in meinen innersten Kammern.
16. Wenn er auf mich vertraut, erwirbt er mich,
    und nimmt mich in Besitz für alle seine Nachkommen.

17. Denn ich verstelle mich gegen ihn,
    und zuerst erprobe ich ihn in Versuchung.
    Furcht und Schrecken bringe ich über ihn,
    und züchtige ihn mit Leiden.
    Bis sein Herz Vertrauen zu mir fasst,
    und er in seinem [Sinn gefestigt ist],
18. dann helfe ich ihm wieder zurecht,
    und offenbare ihm meine Geheimnisse.
19. Wenn er von mir weicht, lasse ich ihn fahren,
    und gebe ihn den Räubern preis.

20. Mein Sohn, richte dich nach der Zeit und hüte dich vor
    dem Bösen,
    aber deiner selbst schäme dich nicht.
21. Denn eine gewisse Scham bringt Sünde,
    und eine andere Scham Ehre und Gunst.
22. Nimm auf Niemand Rücksicht dir selbst zum Schaden,
    und schäme dich nicht dir zur Sünde.
23. Halte nicht zurück das Wort zu seiner Zeit,
    und verbirg nicht deine Weisheit.
24. Denn am Worte wird die Weisheit erkannt,
    und die Bildung an der Rede der Zunge.
25. Widersprich nicht der Wahrheit,
    schäme dich aber deines Unverstandes.
26. Schäme dich nicht, deine Sünden zu bekennen,
    und halte nicht Stand gegen die Wasserflut.

27. Erniedrige dich nicht vor dem Toren,
    und nimm keine Rücksicht auf den Gewalthaber.
28. Bis auf den Tod kämpfe für das Recht,
    so wird der Herr für dich kämpfen.
29. Sei nicht grosssprecherisch mit deiner Zunge,
    und lässig und schlaff in deiner Arbeit.
30. Sei nicht wie ein Löwe in deiner Familie,
    und scheu und furchtsam unter deinen Sklaven.
31. Deine Hand sei nicht ausgestreckt zu nehmen,
    und geschlossen beim Wiedererstatten.

5, 1. Vertraue nicht auf dein Vermögen,
    und sage nicht: ich kann es machen.
2. Folge nicht deinem Herzen und deiner Kraft,
    dass du wandelst nach deiner Seele Begier.
3. Sage nicht: wer hat Macht über mich!
    denn der Herr ist ein Rächer.
4. Sage nicht: ich habe gesündigt und was geschah mir!
    denn der Herr ist langmütig.
5. Vertraue nicht auf die Vergebung,
    so dass du Sünde auf Sünde häufst.
6. Sage nicht: sein Erbarmen ist gross,
    er wird meine vielen Sünden verzeihen.
    Denn Erbarmen und Zorn ist bei ihm,
    und auf den Sündern ruht sein Grimm.
7. Zögere nicht dich zu ihm zu bekehren,
    und verschiebe es nicht von Tag zu Tag.
    Denn plötzlich geht aus sein Zorn,
    und zur Zeit der Rache würdest du umkommen.

8. Verlass dich nicht auf ungerechtes Gut,
    denn es nützt nichts am Tage des Zornes.
9. Worfele nicht bei jedem Winde,
    und gehe nicht auf jedem Pfade.
10. Bleibe fest bei dem, was du erkannt hast,
    und einerlei sei deine Rede.
11. Sei flink im Lehrvortrag,
    aber in Gelassenheit gib Antwort.

12. Weisst du etwas, so antworte dem Andern,
    wenn aber nicht — deine Hand auf den Mund!
13. Ehre und Schande kommen durch die Rede,
    und die Zunge des Menschen bringt ihn zu Fall.

14. Lass dich nicht zweizüngig nennen,
    und verleumde nicht mit deiner Zunge.
    Denn für den Dieb ist die Schande gemacht,
    und böser Schimpf für den Zweizüngigen.
15. In Grossem und Kleinem verfehle dich nicht,
6, 1. und statt eines Freundes werde kein Feind.
    Denn bösen Namen, Schimpf und Schande würdest du
                              davontragen,
    so gebührt es dem zweizüngigen Bösewicht.

2. Gib dich nicht deiner Leidenschaft hin,
   damit sie nicht wie ein Stier deine Kraft abweide.
3. Deine Blätter wird sie fressen und deine Früchte verderben,
   und dich verlassen wie einen dürren Baum.
4. Denn wilde Leidenschaft richtet ihren Herrn zu Grunde,
   und macht ihn zur Schadenfreude seines Feindes.

5. Eine wohlredende Kehle hat viele Freunde,
   und anmutige Lippen bekommen viele Grüsse.
6. Die dir befreundet sind, seien viele,
   aber dein Vertrauter einer von tausend.
7. Erwirbst du einen Freund, so erwirb ihn mit Erprobung,
   und schenke ihm nicht zu schnell dein Vertrauen.
8. Denn mancher Freund ist wie die Zeit,
   und er bleibt nicht am Tage der Not.
9. Und mancher Freund wandelt sich in einen Feind,
   und bringt den dir schimpflichen Streit unter die Leute.
10. Und mancher Freund ist Tischgenosse,
    aber er ist nicht zu finden am Tage des Unglücks.
11. Bist du im Glück, so stellt er sich dir gleich,
    und spielt den Herrn gegenüber deinen Sklaven.
12. Kommst du herunter, so wird er dir Feind,
    und verbirgt sich vor dir.

13. Von deinen Feinden halte dich fern,
     und vor deinen Freunden sei auf der Hut.
14. Ein treuer Freund ist ein festes Haus,
     wer ihn findet, findet ein Vermögen.
15. Ein treuer Freund ist nicht zu bezahlen,
     und es gibt keinen Kaufpreis für seinen Wert.
16. Ein treuer Freund ist ein Lebenszauber,
     wer Gott fürchtet, erlangt ihn.
17. Der Gottesfürchtige lenkt seine Zuneigung richtig,
     denn sein Freund ist wie er selbst.

---

18. Mein Sohn, von deiner Jugend auf nimm Zucht an,
     so wirst du bis ins Alter die Weisheit finden.
19. Wie der Pflüger und der Säemann nahe dich ihr,
     so darfst du auf ihre guten Früchte hoffen.
     Denn in der Arbeit an ihr brauchst du dich nur wenig zu
                                   bemühen,
     und morgen wirst du ihre Früchte essen.
20. Wie ein ungangbarer Weg ist sie für den Toren,
     und nicht hält sie ein der Unverständige.
21. Wie ein Laststein liegt sie ihm auf,
     und er zögert nicht sie abzuwerfen.
22. Denn die Weisheit ist wie ihr Name,
     und für die Meisten ist sie ungangbar.

23. Höre mein Sohn und nimm meine Meinung an,
     und weise nicht ab meinen Rat.
24. Bringe deinen Fuss in ihre Fessel,
     und in ihr Kummet deinen Hals.
25. Neige deine Schulter und nimm sie auf dich,
     und lass dich ihre Stricke nicht verdriessen.
26. Mit ganzem Herzen nahe dich ihr,
     und mit aller Kraft halte ihre Wege ein.
27. Frage und forsche, suche und finde,
     und ergreife sie und lass sie nicht los.
28. Denn zuletzt wirst du ihre Ruhe finden,
     und wird sie sich dir in Wonne verwandeln.

29. Und es wird ihre Fessel dir zu einem herrlichen Standort,
    und ihr Kummet zu einem goldenen Kleide.
30. Ein Goldschmuck ist ihr Joch,
    Und ihre Stricke ein Purpurgewebe.
31. Wie ein Prachtgewand wirst du sie anlegen,
    und wie eine stolze Krone sie umbinden.
32. Wenn du willst, mein Sohn, wirst du belehrt werden,
    und wenn du dein Herz darauf richtest, wirst du klug
                                              werden.
33. Wenn du hören willst, wirst du lernen,
    und wenn du dein Ohr neigst, wirst du weise werden.
34. Tritt in die Versammlung der Alten,
    und wer weise ist — dem hange an.
35. Jeden Vortrag wolle du hören,
    und einen einsichtsvollen Spruch lass dir nicht entgehen.
36. Siehe zu, wer es versteht, und suche ihn auf,
    und seine Schwelle trete ab dein Fuss.
37. Ueberdenke das Gesetz des Höchsten,
    und seinen Geboten sinne immerdar nach,
    so wird er dein Herz weise machen,
    und, was du begehrst, dich lehren.

7, 1. Tue nichts böses, so trifft dich kein Böses,
  2.   meide die Schuld, so bleibt sie dir fern.
  3. Säe nicht in die Furchen des Unrechts,
      damit du es nicht siebenfältig erntest.
  4. Erbitte von Gott keine Herrschaft,
      und vom Könige keinen Ehrensitz.
  5. Wolle nicht gerecht sein vor Gott,
      und nicht weise vor dem Könige.
  6. Trachte nicht danach ein Gewalthaber zu werden,
      wenn du nicht dem Frevel zu steuern vermagst,
    damit du dich nicht vor dem Fürsten fürchtest,
      und Bestechlichkeit auf deine Rechtschaffenheit bringst.
  7. Mache dich nicht schuldig gegen die Stadtgemeinde,
      damit sie dich nicht zu Boden werfe in der Versammlung.
  8. Begehe nicht frevelhaft zum zweiten Mal eine Sünde,
      denn schon wegen der ersten bist du nicht schuldlos.

9. Denke nicht: er wird die Menge meiner Gaben ansehen,
und wenn ich dem Höchsten opfere, wird er's annehmen.

10. Sei nicht missmutig bei deinem Gebet,
und sei nicht lässig in der Mildtätigkeit.

11. Verspotte Niemanden in seiner Verzweiflung,
denn es ist einer, der erhöht und erniedrigt.

12. Plane keine Untreue gegen deinen Bruder,
noch auch gegen den Freund und den Gefährten zumal.

13. Wolle nie eine Lüge reden,
denn ihr Ende ist nicht gut.

14. Schwatze nicht in der Versammlung der Obersten,
und wiederhole kein Wort in deinem Gebet.

15. Hasse nicht schwere Handarbeit,
noch den Ackerbau, da ihn Gott verordnet hat.

16. Zähle dich nicht zur Gemeinde der Gottlosen,
bedenke, dass der Zorn nicht ausbleibt.

17. Demütige ganz und gar den Hochmut,
denn das Ende des Menschen ist die Verwesung.

18. Einen Freund vertausche nicht für Geld,
und einen leiblichen Bruder nicht für Ofirgold.

19. Ein verständiges Weib missachte nicht,
und ein anmutiges geht über Perlen.

20. Misshandle keinen Sklaven, der treu dient,
noch einen Tagelöhner, der sich dir hingibt.

21. Einen verständigen Sklaven liebe wie dich selbst,
und verweigere ihm nicht die Freilassung.

22. Hast du ein Tier, so sieh selbst nach ihm,
und wenn es zuverlässig ist, behalte es.

23. Hast du Söhne, so halte sie in Zucht,
und nimm ihnen Weiber in jungen Jahren.

24. Hast du Töchter, so behüte ihren Leib,
und zeige ihnen keine freundliche Miene.

25. Verheirate die Tochter, so geht Not aus dem Hause,
aber schenke sie einem verständigen Manne.

26. Hast du ein Weib, so lass sie dir nicht zuwider sein,
aber auf eine Ungeliebte verlass dich nicht.

27. Von ganzem Herzen ehre deinen Vater,
und vergiss nicht deine Mutter, die dich mit Schmerzen
gebar.
28. Bedenke, dass du ohne sie nicht wärest,
und wie kannst du denen vergelten, die dich aufgezogen
haben!
29. Von ganzem Herzen fürchte Gott,
und seine Priester halte heilig.
30. Aus aller Kraft liebe deinen Schöpfer,
und seine Diener lass nicht im Stich.
31. Fürchte Gott und ehre den Priester,
und gib ihm sein Teil, wie dir geboten ist:
die Nahrung der Schuldopfer und die freiwillige Steuer,
die gebührenden Schlachtopfer und die heilige Steuer.
32. Auch für den Armen strecke deine Hand aus,
damit der Segen über dich vollkommen sei.

33. Ein Geschenk gefällt allen Lebendigen,
aber auch dem Toten verweigere deine Huld nicht.
34. Entziehe dich nicht den Klagenden,
und traure mit den Trauernden.
35. Scheue nicht, den Kranken zu besuchen,
denn dafür wird man dich lieben.
36. Bei all deinem Tun denke an das Ende,
so wirst du niemals sündigen.

8, 1. Streite nicht mit dem mächtigen Manne,
damit du nicht in seine Hände fällst.
2. Ereifere dich nicht gegen den reichen Mann,
damit er nicht dein Gewicht darwäge.
Denn viele macht das Gold übermütig,
und Reichtum leitet irre das Herz der Fürsten.
3. Zanke nicht mit dem Schreihals,
und lege nicht Holz auf das Feuer.
4. Scherze nicht mit dem Toren,
damit er nicht deine [Zurechtweisung] verachte.

5. Beschäme keinen, der sich von der Sünde bekehrt,
bedenke, dass wir alle straffällig sind.

6. Beschäme keinen alten Mann,
    denn von uns selbst werden einige alt.
7. Triumphiere über keinen Toten,
    bedenke, wir alle müssen dahin.

---

8. Vernachlässige nicht die Rede der Weisen,
    und über ihre Rätselsprüche sinne nach.
    Denn dadurch wirst du Bildung lernen,
    dass du vor Fürsten treten kannst.
9. Verachte nicht die Ueberlieferung der Alten,
    die sie von ihren Vätern überkommen haben.
    Denn dadurch wirst du Einsicht lernen,
    dass du, wenn es not tut, Antwort geben kannst.
10. Entzünde nicht die Kohle des Sünders,
    damit du nicht von seiner Feuerflamme versengt werdest.
11. Gerate nicht ausser dir über den Spötter,
    damit er nicht wie ein Lauerposten deinem Munde
    nachstelle.
12. Leihe keinem, der mächtiger ist als du,
    und wenn du ihm leihst, so mache dich aufs Verlieren
    gefasst.
13. Bürge für keinen, der vornehmer ist als du,
    und wenn du für ihn bürgst, so mache dich aufs Be-
    zahlen gefasst.
14. Prozessiere mit keinem Richter,
    denn er entscheidet nach seinem Belieben.
15. Mit einem Tollkühnen gehe nicht auf die Reise,
    damit du nicht schweres Unglück auf dich nimmst.
    Denn er geht seinem Kopfe nach,
    und durch seine Torheit kommst du um.
16. Einem Zornmütigen biete nicht die Stirn,
    und reite nicht mit ihm durch die Wüste.
    Denn für nichts gilt es ihm Blut zu vergiessen,
    und wo kein Helfer ist, bringt er dich um.
17. Mit einem Einfältigen schmiede keinen Plan,
    denn er kann die Sache nicht geheim halten.
18. Vor einem Fremden tue nichts heimliches,
    denn du weisst nicht, was er zuletzt damit machen wird.

19. Nicht jedem Menschen offenbare dein Herz,
damit er dir nicht dein Glück verjage.

9, 1. Sei nicht eifersüchtig auf das Weib an deinem Busen,
damit sie nicht Bosheit gegen dich lerne.

2. Gib dich dem Weibe nicht hin,
dass du ihr Gewalt über dich gibst.

3. Einem buhlerischen Weibe begegne nicht,
damit du nicht in ihr Netz fällst.

4. Mit einer Citherspielerin verkehre nicht,
damit du nicht in ihren Schlingen gefangen wirst.

5. Eine Jungfrau betrachte nicht,
damit du nicht mit der Busse für sie zu Fall kommst.

6. Gib dich nicht der Hure hin,
damit du nicht dein Erbe an einen anderen bringst.

7. Sieh dich nicht um in den Strassen der Stadt,
und auf ihren Plätzen schweife nicht umher.

8. Wende dein Auge ab von einer anmutigen Frau,
und betrachte keine Schönheit, die dir nicht gehört.
Durch Betrachtung einer Frau sind viele umgekommen,
und hieraus entbrennt Leidenschaft wie Feuer.

9. Bei einer verheirateten Frau stütze nicht den Ellbogen,
und liege nicht betrunken mit ihr beim Weingelage,
damit du nicht dein Herz ihr zuwendest,
und du in deinem Blute in die Hölle hinabfährst.

10. Einen alten Freund lass nicht fahren,
denn ein neuer kommt ihm nicht gleich.
Neuer Wein ist ein neuer Freund,
wenn er alt wird, dann magst du ihn trinken.

11. Beneide nicht den gottlosen Mann,
denn du weisst nicht, was sein Ende sein wird.

12. Habe kein Gefallen an dem Frevelmut, dem es wohl geht,
bedenke, dass er bis zum Tode nicht straflos bleibt.

13. Bleibe fern von dem Manne, der Gewalt hat zu töten,
damit du nicht in Todesfurcht sein müssest.
Und wenn du ihm nahst, so verfehle dich nicht,
damit er dir nicht das Leben nehme.

Wisse, dass du zwischen Schlingen einhergehst
und über Netzen wandelst.

14. Soviel du kannst, berate deinen Nächsten,
und mit den Weisen beratschlage dich.
15. Mit dem Verständigen halte Ueberlegung,
und all dein Gespräch sei im Gesetz des Höchsten.
16. Rechtschaffene Männer seien deine Tischgenossen,
und die Furcht Gottes sei dein Ruhm.

17. Von handfertigen Meistern wird bewältigt das Kunstwerk,
und Herrscher über sein Volk ist der redefertige Weise.
18. Gefürchtet ist in der Stadt der Schreier,
und der Grosssprecher ist verhasst.
10, 1. Ein weiser Fürst erzieht sein Volk,
und das Reich eines Einsichtigen ist wohlgeordnet.
2. Wie der Fürst des Volkes, so sind seine Beamten,
und wie das Haupt der Stadt, so sind ihre Bewohner.
3. Ein zuchtloser König richtet sein Volk zu Grunde,
und volkreich wird eine Stadt durch die Einsicht ihrer
Obersten.
4. In der Hand Gottes ist die Herrschaft über die Welt,
und den Mann für die Zeit setzt er über sie.
5. In der Hand Gottes ist die Herrschaft des Gewalthabers,
und vor den Fürsten bestellt er seine Majestät.

6. Mit keinerlei Frevel vergewaltige den Nächsten,
und gehe nicht den Weg des Uebermuts.
7. Verhasst ist dem Herrn und den Menschen der Uebermut,
und ihnen beiden gilt als Frevel die Gewalttat.
8. Das Reich geht von einem Volke auf das andere über,
wegen übermütiger Gewalttat.
9. Was überhebt sich Staub und Asche,
er, dessen Eingeweide bei seinem Leben verfaulen!
10. Der Ansturm(?) der Krankheit spottet des Arztes,
heute ist er König und morgen stirbt er.
11. Wenn der Mensch stirbt, ist die Verwesung sein Teil,
und Maden, Geschmeiss und Gewürm.

12. Das Wesen des Uebermuts ist, dass ein Mensch trotzt,
    und von seinem Schöpfer abfällt sein Herz.
13. Denn das Sammelbecken des Uebermuts ist Sünde,
    und seine Quelle sprudelt über von Gräueltat.
    Darum hat Gott ihn wunderbar gestraft,
    und ihn geschlagen bis zur Vernichtung.
14. Die Throne der Uebermütigen hat er umgestürzt,
    und Demütige an ihre Stelle gesetzt.
15. Die Schösslinge der Uebermütigen hat Gott ausgerissen,
    und Demütige an ihre Stelle gepflanzt.
16. Die Spuren der Uebermütigen hat er verschüttet,
    und sie ausgetilgt bis auf den Grund der Erde.
17. Er hat sie weggerissen aus der Erde und sie ausgerottet,
    und ihr Gedächtnis unter den Menschen vertilgt.
18. Denn nicht kommt Uebermut dem Menschen zu,
    noch grimmer Zorn dem vom Weibe Geborenen.

19. Ein vornehmer Spross ist was? Ein Menschenspross!
    Ein vornehmer Spross ist wer Gott fürchtet.
    Ein verächtlicher Spross ist was? Ein Menschenspross!
    Ein verächtlicher Spross ist wer das Gebot übertritt.
20. Inmitten der Brüder ist ihr Haupt geehrt,
    aber der Gottesfürchtige in seinem [Volke].
22. Beisasse und [Ausländer], Fremdling und arm,
    ihr Ruhm ist die Gottesfurcht.
23. Man soll den einsichtigen Armen nicht verachten,
    und keinen ruchlosen Mann ehren.
24. Fürst, Gewalthaber und Herrscher stehen in Ehren,
    aber keiner ist grösser als der Gottesfürchtige.
25. Einem einsichtigen Sklaven dienen Adlige,
    und der Verständige murrt nicht, wenn er zurechtgewiesen
                                              wird.
26. Tue nicht klug bei deiner Arbeit,
    und tue nicht vornehm, wenn du Mangel hast.
27. Besser ist wer arbeitet und Ueberfluss an Reichtum hat,
    als wer vornehm tut und Mangel an Nahrung hat.

28. Mein Sohn, in Demut ehre deine Seele,
    und gib ihr Nahrung, wie sichs gebührt.

29. Wer wird dem Recht geben, der sich selbst Unrecht gibt,
und wer wird den ehren, der sich selbst verunehrt!

30. Mancher Arme wird wegen seiner Einsicht geehrt,
und Mancher wird wegen seines Reichtums geehrt.

31. Wer trotz seiner Armut geehrt wird, wie viel mehr, wenn
er reich ist!
wer aber trotz seinem Reichtum verachtet wird, wie
viel mehr, wenn er arm ist!

11,1. Die Weisheit des Armen erhöht sein Haupt,
und lässt ihn inmitten der Fürsten sitzen.

2. Lobe keinen Menschen wegen seiner Pracht,
und verabscheue keinen Menschen, der hässlich aussieht.

3. Nichtig ist unter den Vögeln die Biene,
aber das herrlichste Erzeugnis bringt sie hervor.

4. Verspotte nicht den, der in [Trauer] gekleidet ist,
und verlache nicht die, die schlimme Zeit haben.
Denn wunderbar sind die Taten des Herrn,
und verborgen ist den Menschen sein Walten.

5. Viele Unglückliche haben einen Thron bestiegen,
und an die man nicht gedacht hatte, haben eine Krone
getragen.

6. Viele Hochgestellte gerieten in grosse Schmach,
und Hochgeehrte wurden der Gewalttat preisgegeben.

7. Ehe du prüfst, verwirf eine Meinung nicht,
erwäge zuerst, und dann erkläre sie für falsch.

8. Antworte nicht, ehe du hörst,
und rede nicht in den Vortrag hinein.

9. Wo du machtlos bist, ereifere dich nicht,
und mische dich nicht in die Streitsache der Uebermütigen.

10. Mein Sohn, mache dir nicht zu viel Mühe!
und wer nach Reichtum jagt, bleibt nicht schuldlos.
Mein Sohn, wenn du läufst, kommst du nicht zum Ziel,
und wenn du suchst, findest du nichts.

11. Einer müht und plagt sich und rennt,
und um so mehr bleibt er dahinten.

12. Ein anderer ist schlaff und mutlos (?),
arm an Kraft und reich an Unglück.
Aber das Auge des Herrn sieht ihn gnädig an,
und er schüttelt ihn empor aus stinkendem Staube.

13. Er erhöht sein Haupt und bringt ihn zu Ehren,
und es wundern sich über ihn Viele.

14. Gutes und Böses, Leben und Tod,
Armut und Reichtum kommen von dem Herrn.

17. Die Gabe des Herrn bleibt aufbehalten dem Gerechten,
und sein Belieben kommt immer zum Ziel.

18. Mancher will reich werden, indem er sich kasteit,
und [nachher] bleibt der Erfolg ihm aus.

19. Wenn er denkt: ich habe Ruhe gefunden,
und nun will ich essen von meinem Gut,
da weiss er nicht, was für ein Tag kommt,
und er es einem anderen lassen und sterben muss.

20. Bleibe bei deiner Aufgabe und lass sie dir gefallen,
und in deiner Arbeit werde alt!

21. Erstaune nicht bei dem Treiben des Gottlosen,
[sei früh auf] für den Herrn und warte auf sein Licht,
denn es gefällt dem Herrn,
schnell und auf einmal den Armen reich zu machen.

22. Der Segen Gottes ist das Teil des Gerechten,
und zu rechter Zeit erwächst ihm sein Glück.

23. Sage nicht: wozu tat ich mein Werk,
und was wird mir nun noch zu Teil werden!

24. Sage nicht: ich habe genug,
und wo ist das Unglück, das mich treffen könnte!

Nicht ursprünglich sind die im Hebräer, Syrer und in griechischen und
lateinischen Handschriften überlieferten Verse:

15. Weisheit und Einsicht und Verständnis
kommt vom Herrn.
Liebe und rechtschaffener Wandel
kommt vom Herrn.

16. Torheit und Finsternis sind für die Sünder geschaffen,
und mit den Uebeltätern wird das Uebel alt.

25. **D**as Glück von heute lässt Unglück vergessen,
und das Unglück von heute lässt Glück vergessen.
26. Denn es ist dem Herrn ein Leichtes,
am Ende seiner Tage einem Jeden nach seinem Wandel
zu vergelten.
27. Böse Zeit lässt Wonne vergessen,
und das Ende des Menschen sagt über ihn aus.
28. Vor dem Tode preise Niemanden glücklich,
und an seinem Ende wird der Mann erkannt.

29. Nicht jeden Menschen soll man ins Haus bringen,
und viele Wunden schlägt der Verleumder.
30. Wie ein Lockvogel im Korbe ist das Herz des Uebermütigen,
und wie ein Späher, der nach einer Bresche ausschaut.
31. Gutes in Böses verdreht der Ohrenbläser,
und deiner herrlichsten Tugend hängt er Ruchlosigkeit an.
32. Von einem Funken kommen viel Kohlen,
und ein Bösewicht lauert, um Blut zu vergiessen.
33. Hüte dich vor dem Bösen, denn Böses bringt er zu Stande,
warum willst du einon unauslöschbaren Makel auf dich
bringen.
34. Lass den Fremden bei dir wohnen, so wird er dich deiner
Lebensart entfremden,
und dich deinem Hause abwendig machen.

12,1. Wenn du Wohltat erweisest, so wisse, wem du sie antust,
damit deiner Güte Dank zu Teil werde.
2. Tue dem Gerechten wohl, so wirst du Vergeltung finden,
wenn nicht von ihm, dann von dem Herrn.
3. Kein Dank wird dem, der den Bösen erquickt,
und er tut auch kein gutes Werk.
5ᵇ. Die Waffen des Brodes gib ihm nicht,
damit er dich nicht mit ihnen angreife.
Zwiefältiges Böses wirst du wiedererlangen
für all das Gute, das du ihm antust.
6. Denn auch Gott hasst die Bösen,
und den Gottlosen vergilt er mit Rache.
7(4). Gib dem Guten und verweigere dem Bösen,
5ᵃ. erquicke den Demütigen und gib nicht dem Frechen.

8.   Im Glück kann man den Freund nicht erkennen,
    aber im Unglück bleibt der Feind nicht verborgen.
9.   Im Glück hat man auch den Feind zum Freunde,
    aber im Unglück geht auch der Freund davon.
10. Traue dem Feinde nie,
    denn wie Erz rostet seine Bosheit.
11. Auch wenn er sich demütig stellt und leise einhergeht,
    habe Acht und hüte dich vor ihm.
    Sei ihm wie einer, der den Spiegel putzt,
    so wirst du merken, wie man mit Rost fertig wird.
12. Lass ihn nicht neben dir stehen,
    damit er dich nicht stürze und an deine Stelle trete.
    Lass ihn ·nicht neben dir sitzen,
    damit er nicht nach deinem Stuhl trachte,
    und du zu spät meine Worte verstehst,
    und über meine Lehre seufzest.

13. Wer hat Mitleid mit dem Beschwörer, den die Schlange beisst,
    und mit allen denen, die reissenden Tieren zu nahe kommen?
14. Ebenso mit dem, der mit einem Uebermütigen umgeht,
    und sich mit seinen Sünden befleckt.
15. So lange du aufrecht stehst, offenbart er sich nicht gegen dich,
    wenn du aber wankst, hält er nicht an sich.
16. Mit seinen Lippen stellt der Feind sich freundlich,
    aber in seinem Herzen plant er tiefe Gruben.
    Mit seinen Augen weint der Feind,
    wenn er aber die Gelegenheit findet, wird er von Blut
                    nicht satt.
17. Wenn dir Unheil zustösst, ist er zur Stelle,
    und als ob er dir helfen wollte, fasst (?) er dich an der Ferse.
18. Er schüttelt den Kopf und schwenkt die Hand,
    und mit vielem Gezisch verzieht er das Gesicht.
13,1. Wer Pech anfasst, dem klebt es an der Hand,
    und wer mit dem Uebermütigen umgeht, über den
                kommt dessen Handlungsweise.

2.   Was dir zu schwer ist, lade dir nicht auf,
    und mit dem, der reicher ist als du, gehe nicht um.

Wozu geht der Topf mit dem Kessel um,
dieser stösst und jener zerbricht!

3. Der Reiche tut Unrecht und er prahlt dazu,
und dem Armen geschieht Unrecht und er fleht dazu.

4. Wenn du für ihn brauchbar bist, macht er dich zum Sklaven,
und wenn du zusammenbrichst, verschont er dich.

5. Wenn du etwas hast, so lässt er es sich bei dir wohl sein,
und macht dich arm, und kommt selbst nicht zu Schaden.

6. Bedarf er deiner, so scherzt er mit dir,
und lacht dich an und macht dir Hoffnungen.
Er schmeichelt dir und fragt nach deinen Wünschen,

7. und beschämt dich mit seiner Bewirtung.
Während er seinen Gewinn macht, hat er dich zum Besten,
zwei-, dreimal übertölpelt (?) er dich.
Wenn er dich später sieht, übersieht er dich,
und schüttelt über dich den Kopf.

8. Hüte dich, sei nicht allzutöricht,
und gleiche du nicht [den] Unverständigen.

9. Naht sich der Fürst, so tritt fern,
und um so mehr wird er dich heranziehen.

10. Tritt nicht nahe, damit du nicht fern treten musst,
und tritt nicht fern, damit du nicht vergessen wirst.

11. Bilde dir nicht ein bei ihm sicher zu sein,
und traue nicht seinem vielen Gerede.
Denn mit vielem Reden versucht er dich,
und wenn er dich anlacht, holt er dich aus.

12. Grausamkeit übt der Tyrann und kennt kein Erbarmen,
gegen das Leben Vieler frevelt er.

13. Hüte dich und nimm dich in Acht,
und gehe nicht um mit den Gewalttätigen.

15. Alles Fleisch liebt seines Gleichen,
und jeder Mensch den ihm Gleichgestellten.

16. Seines Gleichen hat alles Fleisch bei sich,
und zu seines Gleichen halte sich der Mensch.

17. Wozu hält sich der Wolf zum Lamme!
Also der Gottlose, der sich dem Gerechten beigesellt!

18. Was für einen Frieden hält die Hyäne mit dem Hunde,
und was für Frieden der Reiche mit dem Armen!
19. Der Frass des Löwen sind die Wildesel der Wüste,
Also sind die Weide des Reichen die Armen.
20. Gräuelhaft ist dem Uebermut die Demut,
ebenso gräuelhaft ist dem Reichen der Arme.

21. Wankt der Reiche, so wird er vom Freunde gestützt,
wankt der Arme, so wird er vom Freunde niedergestossen.
22. Redet der Reiche, so stehen ihm Viele bei.
Redet er Hässliches, so nennen sie es schön.
Redet der Arme, so ruft man: pfui!
Redet er Verständiges, so findet er keinen Boden.
23. Redet der Reiche, so schweigen Alle
und seine Worte erheben sie bis an die Wolken.
Redet der Arme, so sagen sie: wer ist der?
und wenn er anstösst, bringen sie ihn vollends zu Fall.
24. Gut ist der Reichtum, der ohne Frevel ist,
und böse die Armut, die aus Sünde kommt.

25. Das Herz des Menschen verändert sein Angesicht,
es macht es heiter oder trübe.
26. Zeichen eines frohen Herzens ist ein heiteres Angesicht,
Aber [Zeichen des Kummers sind trübe Augen].
14,1. Heil dem Manne, den nicht sein eigener Mund kränkt,
und der nicht seufzt im Kummer über die Sünde.
2. Heil dem Manne, den nicht seine eigene Seele schmäht,
und der nicht aus seiner Hoffnung gefallen ist.

3. Dem Kleinherzigen gebührt kein Reichtum,
und was soll dem geizigen Manne das Gold!
4. Wer sich selbst zu kurz tut, sammelt für einen Anderen,
und über sein Gut wird ein Fremder jauchzen.
5. Wer gegen sich selbst schlecht ist, wem sollte er wohltun?
und er hat keinen Genuss von seinem Gut.
6. Wer gegen sich selbst schlecht ist, Niemand ist schlechter als er,
und die Strafe seiner Schlechtigkeit kommt von ihm selbst.
7. Und wenn er wohltut, so tut er es aus Versehen,
und zuletzt gibt er sich in seiner Schlechtigkeit zu erkennen.

8. Schlecht [gegen sich selbst] ist der Geizige,
   und wer sich dem Nächsten entzieht, entzieht sich sich selbst.
9. Für das Auge des Habgierigen ist sein Besitz zu klein,
   wer aber den des Nächsten nimmt, lässt die eigene Seele
                                                   schmachten.
10. Das Auge des Missgünstigen hastet nach Brot,
    und er hat nichts auf seinem Tische.

11. Mein Sohn, wenn du es hast, so tue dir gütlich,
    und so gut du es kannst, pflege dich.
12. Bedenke, dass der Tod nicht verzieht,
    und der Beschluss der Hölle dir nicht kundgetan ist.
13. Ehe du stirbst, tue dem Freunde Gutes,
    und nach deinem Vermögen gib ihm.
14. Entziehe dich nicht gegenwärtigem Guten,
    und ein Stück anständiger Lust verschmähe nicht.
15. Wirst du nicht einem Anderen dein Vermögen hinterlassen,
    und dein Erarbeitetes für die, die das Los werfen?
16. Gib und nimm an, und rede deiner Seele zu,
    denn in der Hölle kann man keinem Genuss nachgehen.

17. Alles Fleisch verschleisst wie ein Kleid,
    und es ist ein ewiges Gesetz: sie sollen sterben.
18. Wie der Wuchs der Blätter am immergrünen Baum,
    eines verwelkt und ein anderes wächst hervor,
    so sind die Geschlechter von Fleisch und Blut,
    eines stirbt und ein anderes wächst heran.
19. [Auch] alle seine Werke müssen vermodern,
    und was seine Hände schaffen, folgt ihm nach.

---

20. Selig der Mann, der über die Weisheit nachsinnt,
    und auf die Einsicht achtet,
21. der sein Herz auf ihre Wege richtet,
    und auf ihre Pfade merkt,
22. indem er ihr nachgeht wie ein Spion,
    und an ihren Pässen lauert,
23. der ihr durch das Fenster schaut,
    und an ihren Türen horcht,

24. der sich niederlässt im Umkreis ihres Hauses,
   und in ihre Wand seine Pflöcke schlägt,
25. und sein Zelt ausspannt ihr zur Seite,
   und Wohnung nimmt im Quartier [ihres Weilers],
26. und sein Nest in ihrem Laubdach baut,
   und in ihren Zweigen übernachtet,
27. und in ihrem Schatten sich birgt vor der Hitze,
   und in ihrer Zufluchtstätte Wohnung nimmt.

15,1. Wer den Herrn fürchtet, tut das,
   und wer am Gesetz festhält, erlangt sie.
2. Und sie kommt ihm entgegen wie eine Mutter,
   und wie ein Weib der ersten Liebe nimmt sie ihn auf.
3. Und sie speist ihn mit dem Brode der Einsicht,
   und mit dem Wasser der Erkenntnis tränkt sie ihn.
4. Und er stützt sich auf sie und kommt nicht zu Fall,
   er vertraut auf sie und wird nicht zu Schanden.
5. Und sie erhöht ihn über seine Genossen,
   und inmitten der Versammlung öffnet sie ihm den Mund.
6. Zu Freude und Jubel gelangt er,
   und einen ewigen Namen verleiht sie ihm.

7. Nicht erlangen sie die Heillosen,
   und die Uebermütigen schauen sie nicht.
8. Ferne ist sie von den Spöttern,
   und die Anhänger der Lüge gedenken ihrer nicht.

9. Uebel klingt die Lobpreisung Gottes im Munde des Sünders,
   weil sie ihm nicht von Gott verliehen ist.
10. Im Munde des Weisen soll die Lobpreisung laut werden,
   und wer ihrer mächtig ist, soll sie lehren.
11. Sage nicht: von Gott kam meine Sünde;
   denn er bewirkt nicht, was er hasst.
12. Sage ja nicht: er selbst brachte mich zu Fall;
   denn die Frevler sind nicht vonnöten.
13. Böses und Gräuel hasst der Herr,
   und er lässt es nicht zustossen denen, die ihn fürchten.
14. Gott hat im Anbeginn den Menschen geschaffen,
   und überliess ihn seinem freien Willen.

15. Wenn es dir beliebt, hältst du das Gebot,
und Treue ist es, das ihm Wohlgefällige zu tun.

16. Man hat dir vorgesetzt Feuer und Wasser;
strecke deine Hand aus, wohin du willst!

17. Vor dem Menschen liegen Leben und Tod;
was ihm beliebt, wird ihm gegeben.

18. Denn allgenugsam ist die Weisheit des Herrn,
er ist stark an Macht und alles sieht er.

19. Die Augen [Gottes] sehen auf die, die ihn fürchten,
und er kennt alles Tun der Menschen.

20. Er befahl keinem Menschen zu sündigen,
und er stärkt nicht die Anhänger der Lüge.

16,1. Begehre nicht nichtsnutzige Söhne zu sehen,
und freue dich nicht über gottlose Kinder.

2. Auch wenn ihrer viel werden, juble nicht über sie,
wenn keine Gottesfurcht bei ihnen ist.

3. Vertraue nicht auf ihr Leben,
und hoffe nicht auf ihre Zukunft;
denn besser ist Einer als Tausend,
und kinderlos sterben als frevelmütige Nachkommen.

4. Denn durch einen Gottesfürchtigen wird eine Stadt bevölkert
aber durch ein Geschlecht von Abtrünnigen wird sie wüste.

5. Viel von der Art hat mein Auge gesehn,
und Gewaltigeres noch hat mein Ohr gehört:

6. Ueber die Gemeinde der Gottlosen entbrennt ein Feuer,
und über ein verruchtes Volk flammt auf die Glut.

7. So verzieh er nicht den Fürsten der Vorzeit,
die sich empörten in ihrer Heldenkraft.

8. Er verschonte auch nicht den Wohnort Lots,
die sicher waren in ihrem Hochmut.

9. Er hatte auch kein Mitleid mit dem Volke des Bannes,
die vertilgt wurden wegen ihrer Sünde.

10. Und so erging es sechshunderttausend Mann Fussvolk,
die hingerafft wurden wegen ihres Frevelmuts.

11. Und nun gar der Einzelne, der den Nacken steift,
ein Wunder wäre es, wenn er ungestraft bliebe!
Denn Erbarmen und Zorn sind bei ihm,
er vergibt und verzeiht und schüttet Zornesglut aus.

12. So gross wie seine Gnade ist auch seine Strafe,
  Jeden richtet er nach seinen Werken.
13. Nicht entkommt mit seinem Raube der Sünder,
  und nicht lässt er dahinfallen die Hoffnung des Gerechten.
14. Für Jeden, der Gerechtigkeit übt, gibt es einen Lohn,
  und jeder Mensch findet vor ihm nach seinen Werken.

17. Sage nicht: „ich bin vor Gott verborgen,
  „und wer wird in der Höhe meiner gedenken!
  „Unter zahlreichem Volke werde ich nicht bemerkt,
    „und was ist meine Seele in der Gesamtheit der Geister!"
18. Siehe der Himmel und der Himmel des Himmels,
  der Ocean und die Erde,
  wenn er auf sie herabsteigt, zittern sie,
  und wenn er sie mustert, wanken sie.
19. Ja, die Wurzeln der Berge und die Gründe der Erde,
  wenn er sie anblickt, erbeben sie.
20. „Gleichwohl hat er auf mich nicht Acht,
  „und meinen Wandel, wer bemerkt ihn!
21. „Wenn ich sündige, so sieht mich kein Auge,
  „oder wenn ich ganz geheim frevle, wer weiss es!
22. „Mein frommes Tun, wer meldet es?
  „und was soll ich hoffen, denn fern ist die Endzeit!"
23. Unverständige meinen das,
  und ein einfältiger Mann denkt so.

---

24. Höret auf mich und nehmt Einsicht hin,
  und auf meine Worte richtet euer Herz!
25. Ich will abgewogen meinen Geist sprudeln lassen,
  und abgemessen meine Erkenntnis kund tun.

26: Als Gott seine Werke schuf im Anfang,
  da er sie ins Leben rief, schied er ihre Gebiete.

---

15. Der Herr verhärtete das Herz Eines, der ihn nicht kannte,
  dessen Worte offenbar sind unter dem Himmel,
16. dessen Erbarmen sichtbar ist für alle seine Geschöpfe,
  und der sein Licht und seine Finsternis zugeteilt hat
      den Menschen.

27. Er bestimmte für immer ihre Arbeit,
und ihre Herrschaft für alle Ewigkeit.
Sie hungern und dursten nicht, sie ermüden und ermatten nicht
und nehmen nicht ab an Kraft.

28. Keiner befeindet den Andern,
und in Ewigkeit übertreten sie nicht sein Gebot.

29. Und darnach blickte der Herr auf die Erde,
und segnete sie in aller ihrer [Fülle].

30. Mit allerlei lebenden Wesen erfüllte er sie,
und in sie kehren sie zurück.

17,1. Der Herr schuf den Menschen aus Erde,
und er lässt ihn wieder dazu werden.

2. Eine Zahl von Tagen und eine Zeit teilte er ihm zu,
und er gab ihm Gewalt über das, was auf ihr ist.

3. Sich selbst [ähnlich] kleidete er ihn in Macht,
und nach seinem Bilde tat er ihn an mit Furchtbarkeit.

4. Er legte Schrecken vor ihm auf alles Fleisch,
dass er Gewalt hätte über Tiere und Vögel.

5. Er bildete ihnen Mund und Zunge, Augen und Ohren,
und ein Herz zum Denken gab er ihnen.

7. Mit Einsicht und Verstand erfüllte er ihr Herz,
Gutes und Böses lehrte er sie,

8 ᵇ. um ihnen die Grosstaten seines Waltens zu zeigen,

8 ᵃ. damit [sie] seine Furcht in ihr Herz fassten,

9. damit sie sich immerdar seiner Wunder rühmten,

10. und seinen heiligen Namen priesen.

11. Er legte ihnen Erkenntnis vor,
das Gesetz des Lebens gab er ihnen zum Erbe,

12. einen ewigen Bund schloss er mit ihnen,
und seine Rechte tat er ihnen kund.

13. Die Grösse seiner Majestät sah ihr Auge,
und die Herrlichkeit seiner Stimme hörte ihr Ohr.

14. Und er sagte ihnen: hütet euch vor aller Abtrünnigkeit,
und er gab Jedem Befehl wegen seines Nächsten.

15. Ihre Wege sind vor ihm immerdar,
nicht sind sie vor seinen Augen verborgen.

19. Alle ihre Werke sind sonnenklar vor ihm,
und seine Augen sehen beständig auf ihren Wandel.
20. Nicht sind ihre Frevel vor ihm verborgen,
und alle ihre Sünden sind dem Herrn bekannt.
22. Die Gerechtigkeit des Mannes ist bei ihm wie ein Siegelring,
und die Frömmigkeit des Mannes behütet er wie einen
Augapfel.
23. Darnach wird er aufstehen und ihnen vergelten,
und ihr Tun auf ihren Kopf zurückbringen.
24. Nur denen, die sich bekehren, gestattet er die Bekehrung,
und tröstet die, die keine Hoffnung haben.

25. Bekehre dich zum Herrn und mindere die Sünde,
flehe vor seinem Angesichte und verringere den Fehltritt!
26. Kehre um zum Höchsten und wende dich ab vom Frevel,
und hasse aufs äusserste was ihm missfällt!
27. Denn was hat der Höchste an denen, die in die Hölle
[hinabfuhren],
statt derer, die leben und ihm Bekenntnis geben!
28. Dem Toten, als der nicht ist, geht das Bekenntnis aus,
nur der Lebendige und Gesunde lobt den Herrn.

29. Wie gross ist die Barmherzigkeit des Herrn
und seine Vergebung für die, die sich zu ihm bekehren!
30. Denn nicht wie [Gottes] ist des Menschen Art,
und nicht wie sein Trachten das der Menschenkinder.
31. Was ist heller als die Sonne? und selbst die verfinstert sich,
und böse ist das Trachten von Fleisch und Blut.
32. Das Heer des Himmels straft Gott,
aber die Menschen sind Staub und Asche.

18,1. Der da ewig lebt, hat alles zusamt geschaffen,
2. der Herr allein ist gerecht.
4. Wer kann seine Taten erzählen,
und wer seine Machterweise erschöpfen.
5. Seine gewaltige Macht — wer kann sie aufzählen,
und wer kann seine Wunder aussagen!

17. Ueber jedes Volk setzte er einen Fürsten,
aber das Erbteil des Herrn ist Israel.

6. Man kann nichts davon abziehen und nichts dazutun,
   und man kann nicht erschöpfen die Wunder des Herrn.
7. Wenn der Mensch damit fertig ist, fängt er eben an,
   und wenn er wieder beginnt, so ist er verwirrt.
8. Was ist der Mensch, und was sein Schaden und was sein
   Gewinn,
   was ist sein Glück und was ist sein Unglück!
9. Die Zahl der Tage eines Menschen,
   wenn es viele sind, ist hundert Jahre.
10. Wie ein Tropfen im Meere und ein Korn im Sande,
    so sind [seine] Jahre in der unendlichen Zeit.
11. Darum hat der Herr mit ihnen Geduld,
    und hat er über sie ausgegossen sein Erbarmen.
12. Er sieht und weiss, dass ihr Ende böse ist,
    darum macht er gross seine Vergebung.
13. Die Huld eines Menschen gilt seinem Fleisch,
    die Huld des Herrn aber allem Fleisch.
    Er weist zurecht und erzieht und belehrt sie,
    und leitet sie wie ein Hirt seine Heerde.
14. Heil denen, die herzueilen zu seinem Erbarmen,
    und die annehmen seine Rechte!

15. Mein Sohn, bringe auf deine Wohltätigkeit keinen Makel,
    und füge zu keiner Gabe böse Worte.
16. Nimmt nicht der Regen die Hitze weg?
    So gibt das Wort der Gabe ihren Wert.
17. Fürwahr das Wort ist besser als die Gabe,
    und beides schuldet der gütige Mann.
18. Der Tor schmäht, ohne eine Wohltat zu erweisen,
    und die Gabe des Missgünstigen lässt die Augen
    schmachten.

19. Ehe du kämpfest, suche dir einen Helfer,
    und ehe du krank wirst, suche dir einen Arzt.
20. Vor dem Gericht erforsche dich selbst,
    so wirst du zur Zeit der Heimsuchung Verzeihung finden.
21. Ehe du zu Fall kommst, demütige dich,
    und in der Zeit der Sünde zeige Bekehrung.

22. Versäume nicht dich von der Sünde zu bekehren,
und verschiebe es nicht, bis du in Not kommst.
Versäume nicht dein Gelübde zu bezahlen,
und warte nicht bis zum Tode, seiner ledig zu werden.
23. Ehe du gelobst, überlege dein Gelübde,
und sei nicht wie ein Mensch, der den Herrn versucht.
24. Gedenke des Zornes in den zukünftigen Tagen,
und der Zeit der Rache, da Gott sein Angesicht verbirgt.
25. Gedenke der Hungersnot in der Zeit der Sättigung,
der Armut und des Mangels in den Tagen des Reichtums.
26. Vom Morgen bis zum Abend ändert sich die Zeit,
und Alles eilt dahin vor dem Herrn.
27. Ein weiser Mann fürchtet sich in allen Dingen,
und in den Tagen der Gottlosigkeit hütet er sich vor der
Sünde.
28. Jeder Weise soll Weisheit lehren,
und der sie erlangt hat, soll ihr Bekenntnis geben.
29. Die die Lehre verstehen, bezeigen sich selbst als weise,
und sprudeln über von zuverlässigen Sprüchen.
30. Mein Sohn, folge nicht dem Verlangen deiner Seele,
und halte sie zurück von ihrer Begierde.
31. Denn wenn du deiner Seele den Willen tust,
tust du den Willen deines Feindes.
32. Vergnüge dich nicht bis zu ausgelassener (?) Schwelgerei,
die doppelt schnell zur Armut führt.
33. Sei kein Schlemmer und Säufer,
während du nichts im Beutel hast.
19,1. Ein trunksüchtiger Arbeiter wird nicht reich,
und wer das Geringe verachtet, wird bald arm.
2. Wein und Weiber machen das Herz zuchtlos,
und wer an der Hure hängt, wird frevelmütig.
3. Moder und Würmer nehmen ihn in Besitz,
und die frevelmütige Seele bringt um ihren Herrn.
4. Wer schnell glaubt, ist leichtfertig,
und gegen sich selbst sündigt der Klatschsüchtige.
5. Der Schadenfrohe wird verachtet,
6. und wer eine Nachrede weitersagt, ist unverständig.

7. Niemals erzähle eine Nachrede weiter,
   so wird Niemand dich schmähen.
8. Rede nicht wider Freund und Feind,
   und wenn es dir nicht zur Sünde gereicht, so bringe
   nichts aus.
9. Denn wer es hört, hütet sich vor dir,
   und behandelt dich wie einen Bösewicht.
10. Hast du etwas gehört, so sterbe es in dir,
    halte an dich, es wird dich nicht sprengen.
11. Der Tor liegt in Wehen wegen eines Wortes,
    wie eine Gebärende wegen eines Kindes.
12. Ein Pfeil, der in der Lende eines Mannes steckt,
    so ist ein Wort im Innern eines Toren.

13. Stelle den Freund zur Rede, ob er etwas getan hat,
    und wenn er es getan hat, damit er es nicht wieder tue.
14. Stelle den Freund zur Rede, ob er etwas gesagt hat,
    und wenn er es gesagt hat, damit er es nicht wieder sage.
15. Stelle den Freund zur Rede, denn es gibt viel Verläumdung,
    und nicht jedem Gerede glaube dein Herz.
16. Mancher verfehlt sich, aber ohne Vorsatz,
    und wer hätte sich nicht vergangen mit seiner Zunge!
17. Stelle den Freund zur Rede, ehe du Unrecht tust,
    und gib Raum dem Gesetz des Höchsten.

20. Alle Weisheit ist Furcht des Herrn,
    und alle Weisheit ist Erfüllung des Gesetzes.
22. Aber keine Weisheit ist der Verstand der Gottlosigkeit,
    und der Rat der Sünder ist keine Einsicht.
23. Es gibt eine Klugheit, die gräuelhaft ist.
    und es gibt Einfältige, die wenig sündigen.
24. Mancher ist gottesfürchtig bei wenig Erkenntnis,
    und Mancher übertritt das Gesetz bei viel Verstand.
25. Es gibt eine gescheidte Klugheit, die frevelhaft ist,
    und Mancher stellt sich verschmitzt an, um Recht-
    schaffenheit zu beweisen.
26. Mancher geht demütig und traurig einher,
    aber sein Herz ist voll von Tücke.

27. Mancher schlägt den Blick nieder, und stellt sich taub,
    und unversehens überfällt er dich.
28. Mancher wird durch Unvermögen gehindert zu sündigen,
    aber wenn er Gelegenheit findet, tut er Böses.
29. An seinem Aussehen wird der Mann erkannt,
    und seinem Gesicht gegenüber erkennt ihn der Kluge.
30. Die Tracht des Mannes zeigt seine Taten an,
    und der Schritt des Menschen sagt über ihn aus.

20,1. Es gibt eine Zurechtweisung, die sich nicht schickt,
    und zuweilen ist verständig wer schweigt.
2. Keinen Dank bekommt wer den Frevler zurechtweist,
    und wer bekennt, soll vor Beschimpfung bewahrt bleiben.
4. Wie ein Eunuch, der bei einer Jungfrau nächtigt,
    so wer das Rechte übt mit Gewalt.
5. Mancher schweigt und gilt als weise,
    und mancher ist widerwärtig wegen seines vielen Redens.
6. Mancher schweigt, weil er nichts zu sagen weiss,
    und mancher schweigt, weil er die Zeit bedenkt.
7. Der Weise schweigt bis zur rechten Zeit,
    aber der Uebermütige und der Spötter achtet nicht auf
                                  die Zeit.
8. Wer viele Worte macht, macht sich widerwärtig,
    und wer hochmütig auftritt, wird in den Tod gehasst.
9. Zuweilen gereicht ein Erfolg dem Manne zum Unglück,
    und zuweilen gereicht ein Fund zum Schaden.
11. Zuweilen kommt [Schmach] durch Ehre,
    und mancher erhob aus Niedrigkeit sein Haupt.
10. Manche Gabe nützt dir nichts,
    und manche Gabe wird doppelt vergolten.
12. Mancher kauft viel für wenig,
    und mancher muss siebenfach bezahlen.
13. Der Weise macht sich mit wenig beliebt,
    aber die Gunstbeweise der Toren sind weggeworfen.
14. Die Gabe des Toren nützt ihm nichts,
    weil seine Augen siebenfach auf die Vergeltung sehen.
15. Wenig gibt er und viel schmäht er,
    und tut seinen Mund auf wie ein Herold.

Heute leiht er und morgen fordert er zurück,
　　verhasst ist ein solcher dem Herrn und den Menschen.

16. Der Tor sagt: „ich habe keinen Freund,
　　„und meine Wohltaten finden keinen Dank“.

17. Die sein Brot essen sind wie ein steiniger Fels,
　　wie oft und wie viel spotten sie über ihn!

18. Besser am Boden als über die Zunge fallen!
　　So kommt der Sturz der Bösen schnell.

19. Ein Fettschwanz ohne Salz ist ein Wort zur Unzeit;
　　im Munde der Toren findet es sich stets.

20. Im Munde des Toren strauchelt der Spruch,
　　weil er ihn nicht zu seiner Zeit sagt.

21. Mancher wird durch Armut vom Sündigen abgehalten,
　　aber wer ist fromm im Behagen des Reichtums!

22. Mancher richtet aus Scham sich selbst zu Grunde,
　　und weil er Rücksicht nimmt, kommt er um.

23. Mancher macht aus Scham dem Freunde Versprechungen,
　　und macht ihn sich zum Feinde umsonst.

24. Ein böser Makel ist am Menschen die Lüge,
　　im Munde des Toren findet sie sich immerfort.

25. Besser ein Dieb als einer der immerfort lügt;
　　beide aber tragen Schande davon.

26. Das Ende des Lügners ist Schmach,
　　und seine Schande bleibt bei ihm für immer.

―――――――

27. Der Weise bringt sich durch seine Worte zu Ehren,
　　und der kluge Mann gefällt den Fürsten.

28. Wer den Acker bebaut, erntet einen hohen Garbenhaufen,
　　und wer den Fürsten (zu dienen weiss), versöhnt die Schuld.

29. Geschenk und Gabe machen die Augen blind,
　　und wie ein Knebel im Munde machen sie ein Ende der Strafe.

30. Verborgene Weisheit und vergrabener Schatz,
　　was nützen sie beide?

31. Besser ein Mann, der seine Torheit verbirgt,
　　als ein Mann, der seine Weisheit verbirgt.

21,1. Mein Sohn, wenn du gesündigt hast, so tue es nicht wieder,
　　und bitte um Gnade wegen der früheren Sünden.

2. Wie vor einer Schlange fliehe vor der Sünde;
   wenn du ihr nahe kommst, beisst sie dich.
   Ihre Zähne sind Löwenzähne,
   sie bringt um die Seelen der Menschen.
3. Ein zweischneidiges Schwert ist aller Frevel,
   unheilbar ist sein Hieb.
4. Tyrannei und Uebermut machen den Palast wüste,
   und das Haus des Hochmütigen wird zerstört.
5. Das Gebet des Armen geht vom Munde zum Ohre,
   und sein Recht kommt bald.

6. Die Zurechtweisung hassen ist Kennzeichen des Sünders,
   wer aber den Herrn fürchtet, nimmt sie zu Herzen.
7. Der Weise erkennt, wen er vor sich hat,
   und im Augenblick forscht er aus die Frevler.

8. Wer sein Haus mit dem Gut seiner Nächsten baut,
   sammelt Steine zu seinem Schandmal.
9. Ein Haufen Werg ist die Rotte der Gottlosen,
   und ihr Ende ist die Feuerflamme.
10. Der Weg der Sünder ist frei von Steinen,
    aber sein Ende ist eine tiefe Grube.

11. Wer das Gesetz hält, bezähmt sein Gelüste,
    und lauter Zucht ist die Gottesfurcht.
12. Keine Zucht nimmt an der Unkluge,
    es gibt aber eine Klugheit, die um so widerspenstiger ist.
13. Die Erkenntnis der Weisen ist reich wie ein Born,
    und wie Quellwasser ist sein Rat.
14. Das Herz des Toren ist wie eine löchrichte Cisterne,
    keine Weisheit hält es fest.
15. Hört der Verständige ein weises Wort,
    so lobt er es und fügt eins hinzu.
    Hört es der Uebermütige, so spottet er darüber,
    und wirft es hinter seinen Rücken.
16. Die Rede des Toren ist wie eine Last auf der Reise,
    aber auf den Lippen des Verständigen findet man Anmut.
17. Der Mund des Einsichtigen wird in der Versammlung gesucht,
    und auf seine Worte richten sie ihren Sinn.

18. Wie ein Gefangenhaus ist dem Toren die Weisheit,
    und die Erkenntnis dem Unverständigen wie (ein Kerker).
19. Wie Ketten an den Füssen ist für den Unweisen die Zucht
    und wie Fesseln an der rechten Hand.
21. Wie goldner Schmuck ist die Zucht für den Verständigen,
    und wie eine Spange am rechten Arm.
20. Der Tor erhebt beim Lachen seine Stimme,
    aber der kluge Mann lächelt still.

22ᵃ. Der Fuss des Toren eilt in ein Haus,
23ᵇ. aber Anstand ist's, dass man draussen bleibt.
23ᵃ. Der Tor blickt durch die Tür in ein Haus,
22ᵇ. aber der kluge Mann schlägt das Angesicht nieder.
24. Unbildung ist es, an der Tür zu horchen,
    und der Verständige [macht seine Ohren taub].
25. Die Lippen der [Hochmütigen] reden in Leidenschaft,
    aber die Worte der Verständigen sind abgewogen.
26. Im Munde der Toren ist ihr Herz,
    und im Herzen der Weisen ist ihr Mund.
27. Wenn der Gottlose einen [Unschuldigen] verflucht,
    so verflucht er sich selbst.
28. Sich selbst befleckt der Ohrenbläser,
    und, wo er auch weilt, wird er gehasst.

22,1. Einem übelriechenden Steine gleicht der Faule,
    jedermann zischt über seinen Gestank.
2. Einem Kotballen ist ähnlich der Faule,
    jeder der ihn aufhebt, schüttelt die Hand.

3. Schande hat der Vater von einem törichten Sohne,
    aber ein Weibesbild wird zur [Schmach] geboren.
4. Eine verständige Tochter ist ein Erbteil für ihren Mann,
    aber eine schandbare macht ihrem Erzeuger Kummer.
5. Dem Vater und dem Manne macht die Freche Schande,
    und von beiden wird sie geschmäht.
6. Wie Musik in Trauer ist eine unzeitige Rede,
    aber Schläge und Zurechtweisung sind immerdar Weisheit.
7. Scherben klebt zusammen, wer einen Toren belehrt,
    er weckt einen Schlafenden aus tiefem Schlummer.

8. Zu einem Schlummernden redet wer zu einem Toren redet,
und am Ende sagt er: wer ist da?

11. Man muss klagen über den Toten, weil das Licht ihm ausging,
und über den Toren klagen, weil die Einsicht ihm ausging.
Man soll nicht klagen über den Toten, denn er ist zur Ruhe
gegangen,
aber das Leben des Toren ist schlimmer als der Tod.

12. Die Trauer um den Toten währt sieben Tage,
die Trauer um den Toren alle Tage seines Lebens.

13. Mit einem Unverständigen mache nicht viel Worte,
und mit einem Schweine gehe nicht auf die Reise.
Hüte dich vor ihm, damit du nicht Mühsal habest,
und beschmutzt werdest, wenn er sich schüttelt.
Meide ihn, damit du Ruhe findest,
und er dich nicht plage mit seinem Unverstand.

14. Was ist schwerer als Blei,
und wie heisst es anders als Tor?

15. Sand und Salz und Eisenlast
sind leichter zu tragen als ein törichter Mann.

16. Ein Gefüge von Balken, das eingelassen ist in Mauerwerk,
durch keine Erschütterung gerät es ins Wanken.
So das Herz, das da ruht auf wohlerwogener Ueberzeugung,
kein Schrecken setzt es in Furcht.

17. Ein Herz, das gefestigt ist in weiser Ueberlegung,
ist wie geschnitztes Bildwerk an einer Quadermauer.

18. Feiner Grand, der auf einer Höhe liegt,
vor dem Winde hält er nicht Stand.
So das Herz, das schwankt auf törichter Ueberlegung,
keinem Schrecken hält es Stand.

19. Ein Schlag auf das Auge treibt die Tränen hinaus,
und ein Schlag auf das Herz treibt die Freundschaft hinaus.

20. Wer einen Stein nach Vögeln wirft, verscheucht sie,
und wer seinen Freund schmäht, vertreibt die Liebe.

21. Wenn du auch gegen den Freund das Schwert ziehst,
so verzweifle nicht, denn es bleibt ein Rückzug.

22. Wenn du gegen den Freund deinen Mund auftust,
    so fürchte dich nicht, denn es gibt eine Versöhnung.
    Ausser Schmähung und Verrat des Geheimnisses und übler
                                             Nachrede,
    bei denen entflieht jeder Freund.
23. Beweise Treue deinem Freunde in seiner Armut,
    damit du auch an seinem Glück Teil habest.
    In der Zeit der Not halte bei ihm aus,
    damit du an seinem Erbe miterbest.
25. Den Freund, der arm wird, beschäme nicht,
    und verbirg dich vor ihm nicht.
26. Wenn [ihn] Unglück trifft (und du dich ihm entziehst),
    so wird jeder, der es hört, sich vor dir hüten.

27. O dass doch einer vor meinen Mund eine Wache legte,
    und vor meine Lippen ein Schloss der Klugheit,
    damit ich nicht durch sie zu Fall komme,
    und meine Zunge mich nicht zu Grunde richte.
23,1. O Herr, mein Vater und Gott meines Lebens,
    lass mich nicht durch sie straucheln.
2. O dass doch einer für meinen Sinn eine Geissel bestellte,
    und für mein Herz einen Stecken der Zucht,
    damit sie ihre Sünden nicht schonen,
    und kein Mitleid haben mit ihren Vergehen,
3. damit nicht viel werden meine Versehen,
    und meine Sünden zahlreich,
    und sie mich zu Fall bringen angesichts des Feindes,
    und sich über mich freue der Widersacher.
4. O Herr, mein Vater und Gott meines Lebens,
    gib mich nicht dahin in ihren Rat.
5. Hoffart der Augen gib mir nicht,
    und Uebermut des Herzens halte fern von mir.
6. Gelüst des Fleisches möge mich nicht ergreifen,
    und schamlose Begierde über mich nicht herrschen.
7. Höret die Zucht des Mundes, ihr Söhne,
    und wer sich warnen lässt, wird nicht gefangen werden.

---

     24. Vor dem Feuer, Rauch und Qualm,
    und vor dem Blutvergiessen Zank.

8. Durch seine Lippen wird gefangen der Sünder,
und der Uebermütige und der Spötter kommt durch seinen
Mund zu Fall.

9. Zu schwören lehre deinen Mund nicht,
und Gott zu nennen gewöhne dich nicht.

10. Denn wie ein Sklave, der immerfort (aufbegehrt),
die Striemen nicht los wird,
so wer da immerfort schwört und nennt,
er bleibt von Strafen nicht frei.

11. Ein Mann, der viel schwört, wird satt von Strafe,
und von seinem Hause weicht die Plage nicht.
Wenn er dabei irrt, so ist seine Sünde auf ihm,
wenn er dabei frevelt, so sündigt er zwiefältig,
auch wenn er unnötig schwört, ist er nicht straflos,
sondern voll von Plagen wird sein Haus.

12. Da ist eine ~~andere Redeweise~~, die dem Tode gleichkommt,
möge sie nicht gefunden werden im Erbteil Jakobs.
Wer sich aber davon fern hält, wird leben,
und sich mit den Sünden (der Heiden) nicht beflecken.

14. Denke an deinen Vater und an deine Mutter,
wenn du inmitten der Fürsten verkehrst,
damit du nicht vor ihnen zu Fall kommst,
und mit deiner Zucht zu Schanden wirst,
und wünschest, dass du nie geboren wärest,
und den Tag deiner Geburt verfluchst.

13. Zuchtlosigkeit lehre deinen Mund nicht,
denn auch das ist ein heilloses Ding.

15. Ein Mann, der sich an schändliche Reden gewöhnt hat,
wird alle Tage seines Lebens nicht vernünftig werden.

16. Zwei Arten sündigen schwer,
und die dritte macht den Zorn aufsteigen.
Die heisse Begier ist wie ein brennendes Feuer,
es erlischt nicht, bis es verzehrt hat.
Ein Mann, der Unzucht treibt mit seinen Blutsverwandten,
er lässt nicht ab, bis an ihm ein Feuer brennt.

17. Dem ehebrecherischen Manne mundet jedes Brot,
    er ruht nicht, bis er umkommt.

18. Ein Mann, der die Ehe bricht auf seinem Lager,
    und bei sich denkt: „wer sieht mich!
  „Die Wände meines Hauses verbergen mich,
    „und der Schatten meiner Balken beschützt mich,
  „und niemand erblickt mich,
    „was hindert mich zu sündigen?"

19. Er denkt nicht an den Höchsten,
    und fürchtet nur die Augen der Menschen,
  und weiss nicht, dass die Augen des Herrn
    zehntausendmal heller sind als die Sonne.
  Sie sehen alle Wege der Menschen,
    und blicken in die verborgensten Winkel.

20. Denn ehe es geschieht, ist alles ihm bekannt,
    und ebenso sieht er es, nachdem es vollendet ist.

21. Ein solcher wird in den Strassen der Stadt schaugeführt
                      werden,
  und wo er es nicht meint, wird er ergriffen werden.

22. So auch das Weib, das seinen Mann verlässt,
    und einen Erben erstehen lässt von einem andern.

23. Denn erstlich war sie dem Gesetz des Höchsten untreu,
    und zweitens verging sie sich gegen ihren Mann,
  und drittens brach sie in Unzucht die Ehe,
    und liess Kinder von einem fremden Manne erstehen.

24. Eine solche wird in die Versammlung hinausgeführt,
    und ihre Schuld wird an ihren Kindern gestraft werden.

25. Ihre (Sprossen) werden keine Wurzel treiben,
    und ihre Zweige werden keine Frucht bringen.

26. Ihr Gedächtnis wird sie zum Fluch hinterlassen,
    und ihre Schmach wird nicht ausgetilgt werden.

27. Und erkennen werden alle Bewohner des Landes,
    und einsehen alle die Uebrigen,
  dass nichts besser ist als den Herrn zu fürchten,
    und nichts süsser als seine Gebote zu halten.

24,1. Die Weisheit lobt sich selbst,
und inmitten ihrer Leute rühmt sie sich.
2. In der Versammlung Gottes tut sie ihren Mund auf,
und vor seinem Heer verherrlicht sie sich:
3. „Ich ging aus dem Munde des Höchsten hervor,
und wie ein Nebel bedeckte ich die Erde.
4. Ich richtete in der Höhe meine Wohnung auf,
und mein Thron war auf der Wolkensäule.
5. Den Kreis des Himmels umwandelte ich allein,
und ich ging einher in den Tiefen der Flut.
6. Ueber die Quellen des Meeres und die Fundamente der Erde,
und über alle Völker und Nationen hatte ich Gewalt.

7. Und bei ihnen allen suchte ich eine Residenz,
und in wessen Erbteil ich wohnen könnte.
8. Da befahl mir der Schöpfer aller Dinge,
und der mich gemacht hatte, stellte meine Hütte auf,
und er sagte zu mir: in Jakob sollst du wohnen,
und Besitz nehmen in Israel.
9. In Urzeit im Anfang schuf er mich,
und bis in Ewigkeit wird man nicht aufhören an mich
zu denken.
10. In der heiligen Hütte diente ich vor ihm,
und darauf wurde ich in Zion eingesetzt.
11. In der Stadt, die er wie mich liebt, liess ich mich nieder,
und in Jerusalem entstand meine Herrschaft.

12. Und ich wurzelte in dem geehrten Volke,
in dem Erbteil des Herrn, inmitten seines Eigentums.
13. Wie eine Ceder wuchs ich auf dem Libanon,
und wie ein Oelbaum auf den Bergen des Sion.
14. Wie eine Palme wuchs ich in Engedi,
und wie die Rosenweide in Jericho,
wie eine grüne Olive in der Ebene,
und ich wuchs wie eine Platane am Wasser.
15. Wie Zimmt und wohlriechender [Kalmus und Kassia],
und wie Myrrhenfluss duftete ich süss.
Wie Galbanum und Räucherklaue und Stakte,
und wie Weihrauch war mein Duft in der Hütte.

16. Ich streckte wie die Terebinthe meine Wurzeln aus,
    und meine Zweige sind voll von Ruhm und Herrlichkeit.
17. Ich sprosste wie der Weinstock Anmut,
    und meine Sprossen sind voll von Ehre und Pracht.
19. Kommt herzu alle, die ihr mich begehrt,
    und erlabt euch an meinen besten Früchten.
20. Denn meiner zu gedenken ist süsser als Honig,
    und mich zu besitzen ist süsser als Honigseim.
21. Die von mir essen, hungern weiter nach mir,
    und die von mir trinken, dursten weiter nach mir.
22. Wer auf mich hört, wird nicht zu Schanden,
    und die mir dienen, sündigen nicht."

23. Das alles ist das Bundesbuch Gottes,
    das Gesetz, das uns Mose gebot, als Erbteil für die
                                   Gemeinde Jakobs,
25. das da voll ist wie der Pison von Weisheit,
    und wie der Tigris in den Tagen des Aehrenmonds,
26. das da flutet wie der Eufrat von Einsicht,
    und wie der Jordan in den Tagen der Mahd,
27. das da überwallt wie der Nil von Lehre,
    und wie der Gihon in den Tagen der Lese.
28. Der Erste hat es nicht ausgelernt,
    und auch der Letzte wird es nicht ergründen;
29. denn grösser als das Meer ist sein Verstand,
    und seine Gedanken sind grösser als die grosse Flut.

30. Und ich, — ich war wie ein Wässerungsgraben,
    und wie ein Kanal, der in einen Garten herabfliesst.
31. Ich dachte: ich will meinen Garten bewässern,
    und meine Beete tränken.
    Aber siehe da, mein Graben wurde mir ein Strom,
    und mein Strom wurde nahezu ein Meer.
32. Noch einmal will ich Unterweisung wie die Morgenröte
                                   aufleuchten lassen,
    und sie ausstrahlen bis fernhin.
33. Noch einmal will ich Lehre in Prophetenwort ausschütten,
    und sie hinterlassen ewigen Geschlechtern.
34. Sehet, dass ich nicht allein für mich gearbeitet habe,
    sondern für alle die die Weisheit suchen!

25,1. Drei Dinge begehrt meine Seele,
und sie gefallen Gott und den Menschen:
Brüderlichkeit von Brüdern und Freundschaft von Freunden,
und Mann und Weib, die sich in einander schicken.

2. Drei Arten hasst meine Seele,
und es tut mir sehr leid, dass sie leben:
den hochmütigen Armen und den unzuverlässigen Reichen,
und den ehebrecherischen, törichten Greis.

3. Hast du in der Jugend nicht gesammelt,
wie willst du im Alter finden?

4. Wie schön steht den Grauköpfen die Entscheidung an,
und den Alten, dass sie Rat wissen!

5. Wie schön steht den Obersten die Weisheit,
und den Angesehenen Verstand und Ueberlegung!

6. Die Ehre der Alten ist reiche Erfahrung,
und ihr Ruhm ist die Furcht des Herrn.

7. Neun, die mir in den Sinn kommen, preise ich glücklich,
und zehn spreche ich aus mit meiner Zunge.
[Glücklich,] wer an seinen Kindern Freude hat,
und wer den Sturz seiner Feinde erlebt.

8. Glücklich, wer ein verständiges Weib gefreit hat,
und wer nicht wie Ochs und Esel pflügt.
Glücklich, wer nicht durch seine Zunge zu Fall kam,
und wer keinem Unwürdigen dient.

9. Glücklich, wer einen Freund fand,
und wer zu einem Ohre redet, das hört.

10. Wie gross ist, wer [Klugheit] erlangt hat,
aber keiner ist grösser als wer den Herrn fürchtet.

11. Die Furcht des Herrn übertrifft alles,
ergreife sie und halte sie fest, denn nichts kommt ihr gleich.

13. Jede Wunde, nur keine Herzenswunde,
und jede Bosheit, nur nicht die Bosheit eines Weibes!

14. Jede Anfeindung, nur nicht die [der Zurückgesetzten],
und jede Rache, nur nicht die [der Nebenfrau]!

15. Kein Gift ist schlimmer als Schlangengift,
und kein Zorn schlimmer als Weiberzorn.

16. Besser bei einem Löwen und Drachen wohnen,
    als bei einem bösen Weibe wohnen.
17. Die Bosheit des Weibes verfinstert ihr Aussehen,
    und schwärzt ihr Angesicht wie das eines Bären.
18. Inmitten seiner Genossen sitzt ihr Mann,
    und unwillkürlich seufzt er bitter.
19. Wenig Bosheit kommt gleich der des Weibes,
    das Los des Sünders möge auf sie fallen!
20. Wie ein sandiger Aufstieg für die Füsse eines Alten,
    so ist eine keifende Frau für einen bescheidenen Mann.
21. Lass dich nicht anlocken durch die Schönheit einer Frau,
    und an Vermögen, das sie hat, lass dich nicht [fangen]!
22. Denn harte Sclaverei und Schande ists,
    wenn eine Frau ihren Mann unterhält.
23. Ein verzagtes Herz und ein finsteres Angesicht,
    und Herzenswunde ist ein böses Weib.
    Lasse Hände und wankende Knie,
    ein Weib, das seinem Manne nicht beisteht.
24. Von einem Weibe ging die Sünde aus,
    und um ihretwillen müssen wir alle sterben.
25. Gib dem Wasser keinen Abfluss,
    und einem bösen Weibe keine Freiheit.
26. Wenn sie dir nicht folgen will,
    so schneide ein Stück aus deinem Fleische, gib es ihr
                                    und entlass sie.

26, 1. Ein gutes Weib — glücklich ihr Mann,
    und die Zahl seiner Tage wird verdoppelt.
  2. Ein tüchtiges Weib hegt ihren Mann,
    und er verbringt seine Lebensjahre in Frieden.
  3. Ein gutes Weib, eine gute Gabe,
    dem Gottesfürchtigen wird sie zu Teil gegeben.
  4. Ob reich oder arm, sein Herz ist guter Dinge,
    zu jeder Zeit ist seine Miene heiter.

  5. Vor drei Dingen bebt mein Herz,
    und vor dem vierten fürchte ich mich sehr:
    Das Gerede der Stadt und die Zusammenrottung der Menge
    und die Beschuldigung (des Anklägers), das alles ist
                                    furchtbar.

6. Herzeleid und Jammer ist ein eifersüchtiges Weib,
   und Geissel der Zunge ist das alles zusammen.

7. Ein schweres Joch ist ein böses Weib,
   wer sie nimmt, fasst einen Scorpion an.

8. Grossen Zorn erregt ein trunksüchtiges Weib,
   ihre Schande verbirgt sie nicht.

9. Die Unzucht des Weibes ist am Aufschlag ihrer Augen,
   und an ihren Wimpern ist sie zu erkennen.

10. Ueber einem schamlosen Weibe halte strenge Wache,
    denn sie hat keine Ruhe, bis sie sich weggestohlen hat.

11. Einer Unverschämten gehe sorgfältig nach,
    damit du dich nicht wunderst, wenn sie gegen dich sündigt.

12. Wie ein Durstiger auf der Reise den Mund aufsperrt,
    und vom ersten besten Wasser trinkt,
    so streckt sie sich hin gegen jeden Pflock,
    und vor jedem Pfeil öffnet sie den Köcher.

13. Die Anmut des Weibes ergötzt ihren Mann,
    und seine Gebeine labt ihre Einsicht.

14. Eine Gabe des Herrn ist ein schweigsames Weib,
    und unbezahlbar ist die ihre Kehle in Zucht hält.

15. Anmut über Anmut ist ein schamhaftes Weib,
    und unerschwinglich ist die ihre Begierde in Zucht hält.

16. Wie die Sonne, die da leuchtet an der Gotteshöhe,
    ist die Schönheit der Frau auf dem [Thron] ihres Hauses.

17. Wie die Lampe, die da scheint auf dem heiligen Leuchter,
    ist die Schönheit ihres Angesichts auf aufrechter Gestalt.

18. Wie goldene Säulen auf silbernen Basen,
    sind schön ihre Füsse auf dem Boden ihrer Wohnstatt.

28. Ueber Zwei ist mein Herz betrübt,
    und über einen Dritten zürne ich sehr:
    Der Vermögende, der verarmt ist und Mangel leidet,
    der Berühmte, der in Schande geraten ist,
    der sich von der Gerechtigkeit abwandte und Frevel übt, —
    der Herr möge ihn für das Schwert bestimmen!

29. Nicht leicht bleibt ein Kaufmann vor Vergehen bewahrt,
    und ein Krämer frei von Sünde.

27,1. Um Geldes willen haben viele gesündigt,
und wer reich werden will, ist unbarmherzig.

2. Zwischen zwei Steinen steckt ein Pflock fest,
und zwischen Käufer und Verkäufer [ist eingezwängt] die
Sünde.

3. Mein Sohn, wenn du nicht an der Gottesfurcht festhältst,
so wird plötzlich und im Nu dein Haus zerstört werden.

4. Beim Schütteln des Siebes bleibt zurück der Schmutz,
so die Spreu des Menschen, wenn man ihn ausforscht.

5. Das Töpfergerät muss prüfen der Ofen,
und den Mann erprobt man durch Ausforschung.

6. Die Art des Baumes offenbart seine Frucht,
und die Ausforschung die Denkweise des Menschen.

7. Lobe Niemanden, ehe du ihn ausgeforscht hast,
denn dadurch werden die Menschen erprobt.

8. Wenn du die Gerechtigkeit suchst, wirst du sie finden,
und sie anlegen wie ein Prachtkleid.

9. Die Vögel lassen sich bei ihrem Volke nieder,
und die Gerechtigkeit kommt zu denen die sie üben.

10. Der Löwe lauert der Beute auf,
so die Sünde denen, die Unrecht tun.

11. Die Rede des Weisen bleibt sich gleich in der Weisheit,
aber der Tor ist veränderlich wie der Mond.

12. Um inmitten der Toren zu weilen warte die Zeit ab,
aber inmitten der Verständigen weile immerdar.

13. Die Rede der Toren ist gräuelhaft,
und ihr Lachen ist sündhafte Ausgelassenheit.

14. Der Schwur des Gottlosen macht die Haare sträuben,
und vor ihrem Zank hält man sich die Ohren zu.

15. Blutvergiessen ist der Streit der Gottlosen,
und ihr Zank ist schlimm zu hören.

16. Wer ein Geheimnis ausbringt, bricht die Treue,
und er findet keinen Freund nach seinem Herzen.

17. (Decke) deinen Freund und sei ihm treu,
wenn du aber sein Geheimnis verrätst, dann laufe ihm
nicht nach.

18. Denn wie ein Mann, der sein Erbteil durchgebracht hat,
    so hast du die Liebe deines Freundes durchgebracht.
19. Und wie du einen Vogel aus der Hand lässest,
    so hast du deinen Freund fahren lassen und wirst ihn
    nicht wieder erjagen.
20. Jage ihm nicht nach, denn er ist weit davon,
    und ist entflohen wie eine Gazelle aus dem Netz.
21. Denn für eine Wunde gibt es einen Verband und für einen
    Streit Versöhnung,
    aber wer ein Geheimnis verrät, hat keine Hoffnung.

22. Wer mit den Augen zwinkert, plant Böses,
    und der Kluge hält sich von ihm fern.
23. Dir ins Angesicht redet er angenehm,
    und bewundert deine Worte,
    nachher aber redet er verläumderisch,
    und dichtet dir anstössige Worte an.
24. Vieles hasse ich, aber nichts wie ihn,
    und auch Gott hasst und verflucht ihn.

25. Wer einen Stein wirft, auf den fällt er zurück,
    und wer verläumdet, (schlägt sich unheilbare) Wunden.
26. Wer eine Grube gräbt, füllt sie mit seiner Länge aus,
    und wer eine Schlinge stellt, wird in ihr gefangen.
27. Wer Unheil schmiedet, auf den fährt es nieder,
    und er weiss nicht, woher es kommt.
28. Hohn und Spott kommt über die Uebermütigen,
    und die Rache belauert sie wie ein Löwe.
29. Schlingen und Netze kommen über die, die mit ihnen umgehen,
    und die haften an ihnen bis zum Tage ihres Todes.

30. Eifersucht und Zorn, auch die sind gräuelhaft,
    und der gottlose Mann hält sie fest.
28,1. Wer sich rächt, empfängt Rache von Gott,
    und alle seine Sünden werden ihm behalten.
2. Lass fahren, was du auf dem Herzen hast, und dann bete,
    so werden dir alle deine Sünden vergeben werden.

3. Ein Mensch bewahrt dem andern den Zorn,
     und von Gott erbittet er Heilung?
4. Mit einem Menschen wie er hat er kein Erbarmen,
     und er bittet um Gnade für die eigenen Sünden?
5. Er, der Fleisch ist, bewahrt den Zorn,
     wer wird ihm seine Sünden vergeben!
6. Denke an das Ende, und lass ab von der Feindschaft,
     an Hölle und Tod, und bestehe im Gesetz!
7. Denke an das Gebot, und grolle dem Nächsten nicht,
     an den Bund Gottes, und übersieh das Vergehn!

8ᵃ. Einem Streit bleibe fern, dann bleiben Sünden von dir fern,
9ᵃ.   aber ein böser Mann hetzt Freunde gegen einander.
8ᵇ. Denn ein zornmütiger Mann schürt den Zank,
9ᵇ.   und zwischen Friedlichen stiftet er Feindschaft.
10. Je nach dem Brennstoff des Feuers brennt es,
     und je nach der Wucht des Streites wird er gross,
     je nach der Macht des Mannes zürnt er,
     und je nach der Grösse seines Reichtums fährt er auf.
11. Ein hastiger [Funke] entzündet ein Feuer,
     und ein hastiger Streit führt zu Blutvergiessen.
12. Blase darauf, so brennt er, speie darauf, so erlischt er, —
     und das beides kommt aus deinem Munde.

13. Auch die dritte Zunge sei verflucht,
     denn sie hat viele Erschlagene zu Boden gestreckt.
14. Die dritte Zunge hat viele in die Verbannung verjagt,
     und sie zerstreut von Volk zu Volk.
     Selbst feste Städte hat sie zerstört,
     und die Paläste der Fürsten verwüstet.
15. Die dritte Zunge hat treffliche Weiber aus ihren Häusern
                                gestossen,
     und sie von ihrem Erwerb vertrieben.
16. Wer auf sie hört, findet keine Ruhe,
     und wohnt nicht in Sicherheit.

17. Der Schlag der Geissel macht eine Strieme,
     aber der Schlag der Zunge zerbricht die Knochen.
18. Viele sind vom Schwert erschlagen,
     aber nicht so viele wie von der Zunge.

19. Wohl dem Manne, der vor ihr geborgen blieb,
     und nicht in ihre Wut geriet.
     Wohl dem Manne, der ihr Joch nicht zog,
     und mit ihren Stricken nicht gebunden wurde.
20. Denn ihr Joch ist eisern,
     und ihre Stricke sind ehern.
21. Schlimm ist es durch sie zu sterben,
     und Ruhe ist in der Hölle besser als bei ihr.
22. Keine Gewalt hat sie über die Gerechten,
     und von ihrer Feuerflamme werden sie nicht versengt.
23. Die den Herrn verlassen fallen in sie,
     und sie brennt an ihnen unauslöschlich.
     Sie wird auf sie losgelassen wie ein Löwe,
     und zerfleischt sie wie ein Pardel.

24ᵃ. Siehe, du umzäunst deinen Weinberg mit Dornen,
25ᵇ.   gib auch deinem Munde Tür und Riegel!
24ᵇ. Für dein Silber und Gold schaffst du ein Schloss,
25ᵃ.   gib auch deinen Worten Wage und Gewicht!
26. Hüte dich, damit du nicht durch sie ausgleitest
     und zu Fall kommst vor dem Auflaurer!

29, 1. Ein gutes Werk tut, wer dem Nächsten leiht,
     und wer ihm beispringt, hält das Gebot.
 2. Leihe dem Nächsten, wenn er in Not ist,
     und du, gib es dem Nächsten zurück zur bestimmten Zeit.
 3. Mache feste Zusage und sei ihm treu,
     so wirst du stets was du brauchst bekommen.
 4. Denn Viele bitten um ein Darlehn,
     und bereiten Mühsal denen, die ihnen leihen.
 5. Wenn er es empfängt, küsst er ihm die Hände,
     und über dem Gelde des Nächsten redet er demütig;
     aber zur Zeit der Rückzahlung lässt er ihn stöhnen,
     und erstattet ihm das Darlehn nach langer Zeit.
 6. Wenn er zahlen kann, bekommt er kaum die Hälfte,
     und betrachtet es wie einen Fund.
     Sein Geld ist ihm aus den Händen gegangen,
     und umsonst hat er ihn zum Feinde bekommen.

Mit Fluchen und Zanken bezahlt er ihm,
und statt mit Ehre mit Schmach.

7. Viele halten sich nicht aus Bosheit zurück,
sie fürchten sich aber vor unnötiger Mühsal.

8. Aber mit dem Armen habe Geduld,
und in der Mildtätigkeit sei nicht lässig!

9. Um des Gebotes willen stehe dem Armen bei,
und den Verlust nimm nicht zu Herzen.

10. Verschwende dein Geld für den Bruder und Freund,
und lass es nicht rosten unter Stein und Mauer.

11. Lege dir einen Schatz an von Mildtätigkeit und Liebe,
und er wird dir mehr nützen als alles was du hast.

12. Schnüre Mildtätigkeit in Beutel und lege sie in deine Kammer,
und sie wird dich erretten aus allem Uebel.

13. Ein starker Schild und ein schwerer Speer —
und gegen den Feind wird sie für dich kämpfen.

14. Ein gütiger Mann bürgt für den Nächsten,
und wer die Scham verloren hat, entflieht seinem Bürgen.

15. Die Güte des Bürgen vergiss nicht,
denn er hat sich selbst für dich geopfert.

16. Die Güte des Bürgen schlägt in den Wind der Sünder,

17. und wer seinen Schöpfer verlässt, verlässt seinen Retter.

18. Bürgschaft hat Viele zu Grunde gerichtet,
und hat sie umhergeworfen wie die Wogen des Meeres.
Vermögende Männer hat sie arm gemacht,
und sie irrten umher unter fremdem Volke.

19. Der Sünder fällt in Bürgschaft,
und wer ungerechtem Gewinn nachjagt, verfällt dem Gericht.

20. Bürge für den Nächsten nach deinem Vermögen,
aber nimm deiner selbst wahr, damit du nicht zu Fall
kommst.

21. Die wahren Lebensbedürfnisse sind Brot und Wasser,
und Kleidung und Haus zur Bedeckung der Blösse.

22. Besser ein ärmliches Leben unter dem Schatten des eigenen
Balkens,
als viele Leckerbissen in fremdem Hause.

23. Hast du viel oder wenig, lass dir genügen,
    so wirst du die Schmähung der Fremde nicht hören.
24. Ein schlimmes Leben ist von einem Hause ins andere,
    und wo du fremd bist, darfst du den Mund nicht auftun.
25. Ein Fremdling bist du und musst Schmach hinunterschlucken,
    und zu alledem musst du Bitteres hören:
26. Komm, du Fremdling, rüste den Tisch,
    und wenn du etwas hast, gib mir zu essen!
27. Weiche, du Fremdling, vor der Ehre!
    Ein Bruder ist bei mir eingekehrt, man bedarf des Hauses.
28. Schwer ist das für den verständigen Mann:
    die Schmähung der Fremde und das Schelten des Gläubigers.

30,1. Wer seinen Sohn lieb hat, gebraucht immerfort die Rute,
    damit er zuletzt Freude an ihm erlebe.
2. Wer seinen Sohn in Zucht hält, hat an ihm Freude,
    und unter seinen Vertrauten rühmt er sich seiner.
3. Wer seinen Sohn lehrt, macht seinen Feind eifersüchtig,
    und vor seinen Freunden frohlockt er über ihn.
4. Stirbt der Vater, so stirbt er fast nicht,
    denn einen ihm Aehnlichen hinterlässt er.
5. Im Leben hat er Freude gesehen,
    und im Tode ist er nicht betrübt.
6. Gegenüber den Feinden hinterlässt er einen Rächer,
    und den Freunden einen, der ihre Gunst vergilt.
7. Wer seinen Sohn verzärtelt, verbindet ihm seine Wunden,
    und bei jedem Geschrei zittert sein Herz.

8. Ein Pferd, das nicht abgerichtet ist, wird störrisch,
    und ein Sohn, den man laufen lässt, wird widerspenstig.
9. Herze deinen Sohn, so wird er dich erschrecken,
    spiele mit ihm, so wird er dir Kummer machen.
10. Lache nicht mit ihm, damit er dich nicht kränke,
    und dir am Ende die Zähne stumpf mache.
11. Lass ihm keine Freiheit in seiner Jugend,
    und übersieh seine Vergehen nicht.
12. Beuge seinen Kopf, so lange er jung ist,
    schlage ihm die Lenden wund, so lange er klein ist,

4*

damit er nicht störrisch werde und sich gegen dich auflehne,
und dir Seelenkummer an ihm erwachse.

13. Halte deinen Sohn in Zucht und in schwerem Joch,
damit er nicht in seiner Torheit gegen dich den Hals recke.

14. Besser ein Armer, der gesund am Körper ist,
als ein Reicher, der geschlagen ist an seinem Leibe.

15. Ein Leben in Gesundheit mag ich lieber als Feingold,
und einen frohen Sinn lieber als Perlen.

16. Kein Reichtum geht über den der Gesundheit des Leibes,
und kein Gut über guten Mut.

17. Besser sterben als ein schlimmes Leben,
und die ewige Ruhe als immerwährende Krankheit.

18. Güter, die ausgeschüttet sind vor einem verschlossenen Munde,
sind wie ein Speisopfer, das vor ein Götzenbild gestellt wird.

19. Wozu opfert man den Götzen der Heiden,
die nicht essen und nicht riechen können?
So wer Reichtum hat,
und seine Schätze nicht geniessen kann.

20. Er sieht sie mit Augen und seufzt,
wie ein Eunuch, der eine Jungfrau umarmt.

21. Gib dich nicht dem Kummer hin,
und bringe dich nicht um mit Sorgen.

22. Herzensfreude ist Leben für den Mann,
und der Jubel des Menschen verlängert seine Tage.

23. Rede deiner Seele zu und ermuntere dein Herz,
und halte die Traurigkeit von dir fern.
Denn viele hat der Kummer getötet,
und keinen Nutzen hat die Traurigkeit.

24. Eifer und Zorn verkürzen die Lebenstage,
und vorzeitig grau macht die Sorge.

33, 13ᵇ. Für den Fröhlichen ist der Schlaf wie Leckerbissen,
und alles, was er isst, kommt auf ihn.

34, 1. Die Hut des Reichtums verzehrt den Körper,
und die Sorge um ihn stört den Schlaf.

2. Nahrungssorge stört den Schlummer,
und mehr als schwere Krankheit verscheucht sie den Schlaf.

3. Der Reiche plagt sich und sammelt Vermögen,
   und wenn er ausruht, geniesst er Leckerbissen.
4. Der Arme plagt sich und verbraucht seine Kraft,
   und wenn er ausruht, leidet er Mangel.

5. Wer Gold liebt, bleibt nicht schuldlos,
   und wer dem Gelde nachjagt, geht in die Irre.
6. Viele haben sich am Golde gefangen,
   und sind [ins Netz geraten] wegen Perlen.
7. Ein Fangholz ist es für die Toren,
   und jeder Einfältige stösst daran an.
8. Selig der Mann, der untadelig befunden wurde,
   und sich hinter dem Mammon nicht verirrte!
9. Wer ist er? damit wir ihn selig preisen,
   denn Grosses hat er in seinem Volke vollbracht!
10. Wer wurde hierin versucht und blieb unverletzt,
    und es soll ihm zum Ruhme gereichen!
    Wer konnte abfallen und fiel nicht ab,
    und böses tun dem Nächsten und wollte es nicht!
11. Darum wird sein Glück fest bestehen,
    und seine Gerechtigkeit wird preisen die Gemeinde.

12. Wenn du an der Tafel eines Grossen sitzest,
    so sperre nicht gegen sie den Rachen auf.
    Meine nicht: es ist reichlich da;
13. bedenke, wie schlimm ein missgünstiges Auge ist.
    Böseres als das Auge hat Gott nicht geschaffen,
    darum muss es über alles weinen.
15. Ehre den Genossen wie dich selbst,
    und besinne dich auf alles, was dir zuwider ist.
14. Wohin er sieht, strecke die Hand nicht aus,
    und greife nicht zugleich mit ihm in die Schüssel.
16. Iss wie ein Mann etwas das vor dir liegt,
    und fahre nicht darein, damit du nicht widerwärtig wirst.
17. Höre zuerst auf um des Anstandes willen,
    und sei kein Fresser, damit du nicht verabscheut wirst.
18. Auch wenn du inmitten Vieler sitzest,
    so strecke nicht vor dem Genossen die Hand aus.

19. Fürwahr, weniges genügt dem verständigen Mann,
    und auf seinem Bette braucht er nicht zu stöhnen.
20. Schmerzen und Schlaflosigkeit, Qual und Atemnot,
    und Leibschneiden hat der törichte Mann.
    Gesunden Schlaf hat ein gut verdauter Magen,
    steht er morgens auf, so ist seine Seele bei ihm.
21. Wenn du aber auch so von den Leckerbissen bedrückt wirst,
    so stehe auf und speie, damit du Ruhe hast.
22. Höre, mein Sohn, und verachte mich nicht,
    dass du zu spät meine Worte verstehst.
    Bei all deinem Tun sei mässig,
    so wird kein böser Zufall dich treffen.
23. Den tugendhaften Gast segnen die Lippen,
    das Zeugnis seiner Tugend steht fest.
24. Der böse Gast wird in der Stadt verlästert,
    das Zeugnis seiner Bosheit steht fest.

25. Auch beim Weingelage tue dich nicht hervor,
    denn viele hat umgebracht der Most.
26. Wie der Ofen, der das Werk des Schmiedes prüft,
    so der Wein beim Zank der Uebermütigen.
27. Wie Lebenswasser ist der Wein für den Menschen,
    wenn er ihn mit Massen trinkt.
    Was ist das Leben für den, der den Wein entbehrt,
    da er doch von Anfang für die Freude bestimmt ist!
28. Herzensfreude und Jubel und Wohlleben
    ist Wein, der zu rechter Zeit und zur Sättigung ge-
    trunken wird.
29. Kopfschmerz und Schande und Schmach
    ist Wein, der bei Zank und Zorn getrunken wird.
30. Der Wein bringt den Toren vielfach zu Fall,
    er macht gering die Kraft und viel die Wunden.

31. Beim Weingelage setze den Freund nicht zurecht,
    und betrübe ihn nicht in seiner Fröhlichkeit.
    Ein schmähendes Wort sage ihm nicht
    und zanke nicht mit ihm vor den Leuten.

35,1. Haben sie dich zum Zechmeister bestellt, so überhebe dich
nicht,
sei ihnen wie einer von ihnen.
Sorge für sie und darnach nimm Platz,

2. stelle ihren Bedarf bereit und dann lass dich nieder,
damit du ihretwegen dich freuest,
und um deines Anstandes willen Ehre geniessest.

3. Rede, Alter, denn es steht dir zu,
in abgemessener Einsicht, aber hindere den Gesang nicht.

4. Wo man singt, lass nicht strömen die Rede,
und zeige deine Weisheit nicht zur Unzeit.

5. Ein Siegelstein von Karfunkel zu einer goldenen Halskette,
ist kunstgerechter Gesang zum Weingelage.

6. Goldene Fassung und ein Siegelstein von Smaragd,
ist Liederklang bei lieblichem Wein.

7. Rede, Jüngling, wenn du durchaus musst,
wenn man zwei-, dreimal dich fragt.

8. Fasse dich kurz, und sage mit wenigem viel!
Sei wie einer, der etwas weiss und schweigen kann.

9. Inmitten von Fürsten nimm dir nichts heraus,
und Greise behellige nicht mit vielem Fragen.

10. Dem Hagel eilt der Blitz vorauf,
und dem Bescheidenen eilt die Gunst vorauf.

11. Zur Zeit, da man fortgeht, sei nicht der Letzte,
gehe fort nach Hause und befriedige die Laune.

12. Und dort rede was dir in den Sinn kommt,
in der Furcht Gottes und nicht in Unverstand.

13. Und zu dem allen preise deinen Schöpfer,
der dich gesättigt hat von seinen Gütern.

---

14. Wer den Herrn sucht, lernt Zucht,
und die nach ihm trachten, erlangen sein Wohlgefallen.

15. Wer das Gesetz erforscht, wird mit ihm erfüllt,
aber der Heuchler kommt an ihm zu Fall.

16. Die den Herrn fürchten, verstehen das Recht,
und lassen Steuersignale aus dem Dunkel aufleuchten.

17. Der ruchlose Mann lehnt die Zurechtweisung ab,
und hinter sein Belieben zerrt er das Recht.

18. Ein ratkundiger Mann verbirgt seine Einsicht nicht,
  aber der Uebermütige und der Spötter nimmt die Lehre
                nicht an.
19. Ohne Rat tue nichts,
  damit es dich nach der Tat nicht gereue!
20. Gehe nicht auf unebenem Wege,
  damit du nicht zwiefältig an Klippen strauchelst.
21. Sei unterwegs nicht sorglos vor Ueberfall,
22. und vor einem [umlauerten] Wege hüte dich.
23. Bei allem Tun nimm deiner selbst wahr,
  denn wer das tut, hält das Gebot.
24. Wer das Gesetz beobachtet, nimmt seiner selbst wahr,
  und wer auf den Herrn vertraut, kommt nicht zu Schaden.
36,1. Den Gottesfürchtigen trifft kein Uebel,
  ausser in der Versuchung, und er wird wieder gerettet.
2. Nie wird weise, wer das Gesetz hasst,
  und er wird umhergeworfen wie ein Schiff im Sturm.
3. Ein verständiger Mann versteht das Wort,
  und das Gesetz ist für ihn ein Amulet, eine Binde an
                der Hand.
4. Bereite deine Worte vor und dann lass sie hören,
  dränge die Lehre zusammen und dann antworte!
5. Wie ein Rad am Wagen ist der Verstand des Toren,
  und wie die sich drehende Nabe ist sein Denken.
6. Wie ein gesatteltes Pferd ist die Liebe des Toren,
  unter jedem Reiter wiehert er.

7. Warum ist mancher Tag im Jahr von den anderen verschieden,
  da doch alles Licht der Tage des Jahres von derselben
              Sonne kommt?
8. Durch die [grosse] Weisheit Gottes wurden sie verschieden,
  und mannigfaltig machte er die Feste und Feiertage.
9. Die einen segnete und heiligte er,
  und andere machte er zu Alltagen.
10. Auch alle Menschen sind von Ton gemacht,
  und aus Erde wurde Adam geschaffen.
11. In seiner grossen Weisheit machte Gott sie verschieden,
  und mannigfaltig gestaltete er ihre Schicksale.

12. Die einen segnete und erhöhte er,
    und andere heiligte er und brachte sie nahe zu sich,
    und andere verfluchte und erniedrigte er,
    und stürzte sie von ihrer Stelle.
13. Wie der Ton in der Gewalt des Töpfers ist,
    so dass er ihn gestaltet nach seinem Belieben,
    so ist der Mensch in der Gewalt seines Schöpfers,
    so dass er aus ihm etwas macht nach seiner Bestimmung.
14. Gegenüber dem Bösen steht das Gute, und gegenüber dem
    Tode das Leben,
    also auch gegenüber dem Gerechten der Gottlose.
15. Und so schaue alle Werke Gottes an:
    lauter Gegensätze, eins das Gegenteil vom andern.

16ᵃ. Und ich bin als ein Spätling gekommen,
30,25. wie einer der hinter den Traubenlesern Nachlese hält.
    Ich stand im Segen des Herrn,
    und wie ein Leser füllte ich meine Kelter.
26. Erkennet, dass ich nicht für mich allein gearbeitet habe,
    sondern für alle, die die Weisheit suchen!
27. Höret auf mich, ihr Häupter des Volkes,
    und ihr Fürsten der Gemeinde merket auf!

28. Dem Sohne oder Weibe, dem Bruder oder Freunde,
    gib keine Gewalt über dich, so lange du lebst.
    Gib keinem anderen dein Gut,
    damit du nicht hinterdrein darum bitten musst.
29. So lange du lebst und ein Atem in dir ist,
    gib keiner Kreatur Gewalt über dich.
30. Denn es ist besser, dass deine Söhne dich bitten,
    als dass du auf die Hände deiner Söhne sehen musst.
31. In all deinem Tun bleibe obenauf,
    und lass keinen Flecken auf deine Ehre kommen.
32. Wenn deine Lebenstage vollendet sind,
    am Tage deines Todes, übergib das Erbe.

33. Futter und Stock und Last für den Esel,
    Brot und Züchtigung und Arbeit für den Sklaven!

34. Lass den Sklaven arbeiten, so verlangt er nach Ruhe,
    lass seine Hände rasten, so verlangt er nach Freiheit!
35. Joch und Stricke beugen den Nacken,
    und einem schlechten Sklaven gebühren Block und Schläge.
36. Lass den Sklaven arbeiten, damit er nicht müssig geht,
37. denn viele Bosheit lehrt der Müssiggang.
38. Wie ihm gebührt, stelle ihn an in deinem Hause,
    wenn er aber nicht gehorcht, so lege ihn in schwere Ketten.
    Aber überhebe dich gegen keine Kreatur,
    und tue nichts gegen das Recht.

39. Hast du nur Einen Sklaven, so halte ihn wie dich selbst,
    denn wie dich selbst würdest du ihn vermissen.
    Hast du nur Einen Sklaven, so betrachte ihn wie einen Bruder,
    denn den Preis deiner selbst ist er dir wert.
40. Wenn du ihn quälst und er auf und davon läuft,
    auf welchem Wege willst du ihn finden!

31,1. Wer Nichtiges sucht, findet Trug,
    und Träume versetzen die Toren in Aufregung.
2. Wie einer, der nach einem Schatten hascht und dem Winde
                                              nachjagt,
    so ist der, der auf Träume vertraut.
3. Einander gleichen Spiegel und Traum:
    das Bild des Angesichts gegenüber dem Angesicht.
4. Was ist rein am Unreinen,
    und was ist wahr an der Lüge!
5. Wahrsagung und Zeichendeutung und Träume sind nichtig,
    und was du hoffest, sieht dein Herz.
6. Wenn sie nicht von Gott gesandt sind zur Heimsuchung,
    so gib nicht auf sie Acht.
7. Denn viele gerieten durch Träume auf Irrwege,
    und sind gestrauchelt wegen ihrer Hoffnung.
8. Truglos erfüllt sich das Gesetz,
    und vollkommen zuverlässig ist der Spruch der Weisheit.

9. Ein gereister Mann hat vieles erfahren,
    und wer vieles kennen gelernt hat, redet einsichtsvoll.

10. Wer nichts kennen gelernt hat, weiss wenig,
11.   wer aber gereist ist, hat viel Klugheit.
12. Viel habe ich gesehen auf meinen Reisen,
    und vielerlei ist über mich hingegangen.
13. Oft bin ich dem Tode nahe gewesen,
    ich wurde aber diesetwegen gerettet:
14. Der Geist derer, die den Herrn fürchten, bleibt leben,
15.   denn ihre Hoffnung geht auf ihren Helfer.
16. Wer den Herrn fürchtet, erschrickt nicht,
    und verzagt nicht, weil Er seine Hoffnung ist.
17. Wer den Herrn fürchtet — Heil seiner Seele!
18. Auf wen vertraut er! Und wer ist sein Beistand!
19. Die Augen des Herrn sehen auf die, die ihn fürchten,
    ein starker Schild und ein mächtiger Hort,
ein Schirm gegen den Ostwind und ein Schatten gegen
               den Mittag,
eine Bewahrung vor Anstoss und eine Stütze gegen den Fall,
20. ein frohes Herz und strahlende Augen,
    Heilung und Leben und Segen!

21. Ein Brandopfer von ungerechtem Gut ist eine befleckte Gabe,
22.   und nicht sind wohlgefällig die Darbringungen der Frevler.
23. Kein Gefallen hat Gott an den Gaben der Gottlosen,
    auch für viele Opfer vergibt er ihre Sünden nicht.
24. Den Sohn schlachtet vor den Augen des Vaters,
    wer ein Opfer bringt vom Gute des Armen.
25. Ein kärgliches Brot ist der Unterhalt des Armen,
    wer es ihm verweigert ist ein Blutmensch.
26. Den Nächsten mordet, wer ihm den Unterhalt vorenthält,
27.   und Blut vergiesst, wer dem Tagelöhner den Lohn kürzt.
28. Einer baut und ein anderer reisst nieder,
    was haben sie anders als leere Mühe!
29. Einer segnet und ein anderer flucht,
    auf wessen Stimme soll der Herr hören!
30. Wer sich nach Berührung einer Leiche wäscht und sie
               wieder berührt,
  was hilft ihm die Waschung!

31. So wer wegen seiner Sünden fastet,
       und sie dann wieder tut,
     wer wird sein Gebet hören,
       und was hilft ihm seine Kasteiung!

32,1. Wer das Gesetz hält, bringt ein reichliches Opfer,
2.   ein Friedensopfer bringt dar, wer das Gebot beobachtet.
3.   Wer sich gütig beweist, bringt ein Speisopfer,
4.   und wer Mildtätigkeit übt, bringt ein Lobopfer dar.
5.   Dem Herrn wohlgefällige Gabe ist es, das Böse zu meiden,
       und Versöhnung, vom Unrecht abzustehen.
6.   Erscheine vor dem Herrn nicht mit leeren Händen,
7.   denn alles das soll geschehen, weil es geboten ist.
8.   Das Opfer des Gerechten macht den Altar fett,
       und sein Wohlgeruch kommt vor den Höchsten.
9.   Das Speisopfer des frommen Mannes ist wohlgefällig,
       und sein Duft wird nicht vergessen.
10. In Freigebigkeit ehre den Herrn,
       und mache nicht klein die Hebe deiner Hand.
11. Bei all deinem Tun lass leuchten dein Angesicht,
       und mit Jauchzen heilige den Zehnten.
12. Gib Gott wie er dir gab,
       in Freigebigkeit und soviel du vermagst.
13. Denn er ist ein Gott der Vergeltung,
       und siebenfach wird er es dir erstatten.

14. Bestich ihn nicht, denn er nimmt nichts an,
15.   und verlass dich auf kein Opfer von geraubtem Gut.
     Denn er ist ein Gott des Rechts,
       und bei ihm gibt es keine Parteilichkeit.
16. Er nimmt nicht Partei gegen den Armen,
       und die Bitte des Bedrängten hört er.
17. Er verschmäht nicht das Geschrei der Waise,
       noch die Witwe, wenn sie ihre Klage ausschüttet.
18. Fliesst nicht die Träne die Wange hinab,
19.   mit Seufzen über den, der sie fliessen macht?
20. Die Klage des Gequälten ist ein wohlgefälliges Opfer,
       und der Hülferuf erreicht die Wolken.

21. Das Wehgeschrei des Armen dringt durch die Wolken,
    und es findet keine Ruhe, bis es zum Ziel gelangt.
    Es weicht von da nicht, bis Gott dareinsieht
22. und gerecht richtet und Recht schafft.
    Auch der Herr wird nicht zögern,
    und der Gewaltige wird nicht an sich halten,
    bis er die Lenden der Unbarmherzigen zerschmettert,
23. und den Uebermütigen mit Rache vergilt,
    bis er das Szepter des Hochmuts zerbricht,
    und den Herrscherstab des Frevels zerschlägt,
24. bis er den Menschen nach ihrem Tun vergilt,
    und den Leuten nach ihren Anschlägen tut,
25. bis er die Sache seines Volkes führt,
    und es erfreut mit seiner Hülfe.
26. Köstlich ist seine Huld in der Zeit der Not,
    wie Regenwolken zur Zeit der Dürre.

33,1. Errette uns, du allmächtiger Gott,
2. und wirf deinen Schrecken auf alle Heiden.
3. Schwinge deine Hand gegen das fremde Volk,
    damit man deine Macht erkenne.
4. Wie du dich vor ihren Augen an uns geheiligt hast,
    so verherrliche dich vor unseren Augen an ihnen,
5. damit sie erkennen, wie wir es erkannt haben,
    dass kein Gott ist ausser dir.
6. Erneuere die Zeichen und wiederhole die Wunder,
7. verherrliche die Hand und den rechten Arm.
8. Wecke auf den Zorn und schütte aus den Grimm,
9. demütige den Bedränger, stosse nieder den Feind.
10. Beschleunige das Ende und bestelle die Zeit,
    denn wer darf dir sagen: was tust du?
11. In Feuersglut möge das Entronnene verzehrt werden,
    und die Quäler deines Volkes mögen den Untergang finden.
12. Vertilge das Haupt der Fürsten des Feindes,
    das da sagt: es ist keiner ausser mir!

13ᵃ. Sammle alle Stämme Jakobs,
36,16ᵇ. damit sie ihr Erbe einnehmen wie vorlängst.

17. Erbarme dich des Volkes, das nach dir genannt ist,
      Israels, dem du den Beinamen des Erstgeborenen gabst.
18. Erbarme dich über deine heilige Stadt,
      Jerusalem, die Stätte deiner Wohnung.
19. Erfülle Zion mit deiner Majestät,
      und mit deiner Herrlichkeit deinen Tempel.
20. Bekenne dich zu deinem uranfänglichen Werke,
      und mache wahr die Weissagung, die in deinem Namen
                                                      geredet ward.
21. Gib Lohn denen, die auf dich harren,
      dass deine Propheten als zuverlässig befunden werden.
22. Du wollest hören das Gebet deiner Knechte,
      nach deiner Huld gegen dein Volk,
    damit die Enden der Erde erkennen,
      dass du bist der ewige Gott.

-----

23. Jede Speise isst der Bauch,
      aber eine Speise ist angenehmer als die andere.
24. Der Gaumen beschmeckt die geschenkten Leckerbissen,
      und das verständige Herz die Leckerbissen der Lüge.
25. Ein tückisches Herz bereitet Kummer,
      aber ein kluger Mann wendet ihn auf es zurück.

26. Jeden Mann nimmt das Weib an,
      aber ein Weib ist lieblicher als das andere.
27. Die Schönheit des Weibes macht leuchten das Angesicht,
      und sie übertrifft alle Augenlust.
28. Wenn dann noch Gelindigkeit der Zunge an ihr ist,
      so ist ihr Mann nicht von den Menschenkindern.
29. Wer ein Weib erwirbt, erwirbt den besten Besitz,
      eine Hülfe, die für ihn taugt, und eine Säule, an die er
                                                      sich lehnt.
30. Ohne Zaun wird der Weinberg abgeweidet,
      und ohne Weib ist man unstät und flüchtig.
31. Wer traut der Kriegerschaar,
      die von einer Stadt zur anderen eilt?
    So dem Manne, der kein Nest hat,
      und zur Ruhe geht, wo ihm der Abend kommt.

37,1. Jeder Freund sagt: ich bin ein Freund,
aber mancher Freund heisst nur Freund.
2. Ist's nicht ein Schmerz, der dem Tode nahe kommt,
ein Herzensfreund, der sich in einen Feind verwandelt?
3. O böse Sinnesart, wozu denn bist du geschaffen,
die Erde mit Falschheit zu erfüllen!
4. Ein Bösewicht ist der Freund, der nach dem Tische schaut,
aber zur Zeit der Not fern tritt.
5. Ein guter Freund kämpft mit dem Fremden,
und gegen den Feind hält er den Schild.
6. Vergiss den Genossen nicht im Kriege,
aber lass ihn nicht fahren, wenn du Beute machst.

7. Jeder Ratgeber weist mit der Hand,
aber mancher rät einen Weg, der ihm passt.
8. Vor dem Ratgeber hüte dich,
und erkunde zuvor, was er selbst wünscht.
Denn er denkt auch an sich selbst,
wozu soll es nach seinem Wunsch gehen?
9. Dass er dir sagt: dein Weg ist gut,
und fern tritt, um sich an deinem Unglück zu weiden.
10. Berate dich nicht mit dem, der dir missgünstig ist,
und vor dem Eifersüchtigen verbirg deinen Beschluss,
11. mit dem Weibe wegen einer Doppelehe,
und vor dem Feinde wegen des Krieges gegen ihn,
mit dem Kaufmann wegen des Kaufes,
und vor dem Käufer wegen des Verkaufes,
mit dem missgünstigen Manne wegen Wohltuns,
und dem Unbarmherzigen wegen des Glückes eines
Menschen,
dem faulen Arbeiter wegen seiner Arbeit,
und dem auf ein Jahr Gemieteten wegen der Aussaat,
dem trägen Sklaven wegen grosser Mühe —
verlass dich nicht auf sie bei irgendwelchem Rat!
12. Vielmehr mit dem, der sich immerdar fürchtet,
den du als gesetzestreu kennst,
der dasselbe will wie du,
und wenn du zu Fall kommst, um dich trauert.

13. Aber auch auf den Rat deines Herzens gib Acht,
     denn du hast Niemanden, der zuverlässiger wäre.

14. Das Herz des Mannes kündet ihm besser seine Stunden
     als sieben Sternseher auf der Warte.

15. Und bei alledem flehe zu Gott,
     damit er in Wahrheit deinen Schritt lenke.

16. Der Anfang jedes Tuns ist das Wort,
     und jedem Handeln geht vorauf das Denken.

17. Die Wurzeln der Ueberlegung des Herzens
     treiben vier Zweige hervor:

18. Gutes und Böses, und Leben und Tod,
     aber völlige Gewalt hat über sie die Zunge.

19. Mancher Weise bezeigt sich für Viele als ein Weiser,
     aber für sich selbst bezeigt er sich als ein Tor.

20. Mancher Weise ist wegen seiner Rede verhasst,
     und alles Genusses geht er verlustig.

21. Denn nicht ward ihm vom Herrn Anmut verliehen,
     und er selbst beraubt sich aller Ehre.

22. Mancher Weise bezeigt sich für sich selbst als weise,
     und die Frucht seiner Einsicht kommt auf seinen Leib.

23. Mancher Weise bezeigt sich für sein Volk als weise,
     und die Frucht seiner Einsicht ist ewig.

25. Das Leben eines Mannes währt zählbare Tage,
     aber das Leben Jesuruns unzählbare Tage.

24. Wer für sich selbst weise ist, wird satt von Genüssen,
     und es preisen ihn glücklich alle die ihn sehen.

26. Wer für sein Volk weise ist, gewinnt Ehre,
     und sein Name bleibt für ein ewiges Leben.

27. Mein Sohn, so lange du lebst, erprobe deine Seele,
     und siehe zu, was ihr schadet, und gib es ihr nicht.

28. Denn nicht alles ist für alle zuträglich,
     und nicht jeder Seele behagt jede Art.

29. Sei nicht ausgelassen bei irgend welchem Vergnügen,
     und sei nicht unmässig bei Leckerbissen.

30. Denn in viel Nahrung nistet Krankheit,
     und der Ausgelassene ist der Brechruhr nahe.

31. An Unmässigkeit sind viele gestorben,
   wer sich aber in Acht nimmt, verlängert sein Leben.

38,1. Sei Freund dem Arzt, weil man seiner bedarf,
   denn auch ihn hat Gott eingesetzt.
2. Von Gott hat der Arzt seine Weisheit,
   und vom Könige empfängt er Geschenke.
3. Das Wissen des Arztes erhöht sein Haupt,
   und vor die Fürsten darf er treten.
4. Gott hat aus der Erde die Heilmittel geschaffen,
   und ein verständiger Mann soll sie nicht verabscheuen.
5. Wurde nicht vom Holz das Wasser süss,
   damit er allen Menschen kund täte seine Macht?
6. Und er gab auch den Menschen Verstand,
   damit sie sich rühmten seiner Wunderkräfte.
7. Durch sie nur lindert der Arzt den Schmerz,
8. und nur hierdurch bereitet der Apotheker die Spezerei,
   damit kein Ende habe sein Werk,
   und von ihm geschaffenes Heil sei auf seiner Erde.

9. Mein Sohn, in Krankheit sei nicht lässig,
   bete zu Gott, denn er kann heilen.
10. Weiche vom Frevel und reinige deine Hände,
   und von allen Sünden mache rein dein Herz.
11. Gib ein Mehlopfer und Weihrauch dazu,
   und bringe ein fettes Opfer, soweit du vermagst.
12. Aber auch dem Arzt gib Raum,
   und er bleibe dir nicht fern, denn auch er ist nötig.
13. Zuweilen ist durch ihn zu helfen,
14. weil auch er zu Gott betet,
   dass er ihm die Deutung der Krankheit gelingen lasse,
   und die Behandlung zur Wiederherstellung.
15. Wer vor seinem Schöpfer sündigt,
   fällt in die Hände des Arztes.

16. Mein Sohn, wegen eines Toten lass Thränen fliessen,
   und sei betrübt und stimme die Totenklage an.
   Und wie es ihm gebührt, bestatte seinen Leib,
   und entziehe dich nicht bei seinem Abscheiden.

17. Lass bitter sein das Weinen und heiss die Klage,
und halte die Trauer, wie es seiner würdig ist,
einen oder zwei Tage wegen der Nachrede,
und tröste dich um des Kummers willen.

18. Denn aus Kummer kommt der Tod,
und Traurigkeit beugt die Lebenskraft.

19. (Schlimmer) als der Tod ist beständiger Kummer,
und ein unglückliches Leben wird vom Herzen verflucht.

20. Lass ihn dir nicht weiter im Sinne liegen,
lass sein Andenken fahren und denke an das Ende.

21. Denke nicht an ihn, denn er hat keine Hoffnung;
du nützest nichts und schadest dir selbst.

22. Denke an sein Geschick, denn so ist auch das deine:
gestern ihm und heute dir!

23. Ist es mit dem Toten zu Ende, so lass sein Andenken zu
Ende sein,
und tröste dich, sobald sein Geist ausgeht.

---

24. Die Musse des Schriftgelehrten mehrt seine Weisheit,
und wer kein Geschäft hat, wird weise.

25. Wie kann weise werden, wer den Rinderstachel führt,
und einherstolziert mit dem Ochsenspiess,
der Rinder antreibt und mit Gesang lenkt,
und mit den Stieren seine Unterhaltung führt.

26. Er ist bedacht den Saatstreifen zu eggen,
und seine Sorge geht auf die Vollendung der Mast.

27. Arbeiten muss auch jeder Handwerker und Künstler,
der bei Nacht wie bei Tage keine Ruhe hat,
der da Siegelschrift schneidet,
und auch der, dessen [Kunst] es ist, bunt zu weben.
Er ist bedacht, die Zeichnung ähnlich zu machen,
und seine Sorge geht auf die Vollendung des Werkes.

28. So auch der Meister, der am Ofen sitzt,
und das gewichtige Gerät betrachtet.
Die Flamme des Feuers reisst auf sein Fleisch,
und von der Hitze des Ofens erglüht er.
Dem Schall des Hammers neigt er sein Ohr,
und auf das Muster des Geräts richtet er seine Augen.

Er ist bedacht auf die Vollendung des Werkes,
  und seine Sorge geht auf die (genaue) Abmessung.
29. So auch der Töpfer, der am Rade sitzt,
  und mit seinen Fusssohlen das Gefäss dreht,
  der immerfort in Unruhe ist über seiner Arbeit,
  und nach der Zahl ist all sein Werk.
30. Seine Arme [reisst] auf [der] Ton,
  und ehe er [grau ist], ist er krumm und gebückt.
Er ist bedacht auf die Vollendung der Glasur,
  und seine Sorge geht auf die Heizung des Ofens.

31. Alle diese sind mit ihren Händen geschickt,
  und jeder von ihnen ist in seinem Handwerk weise.
32. Ohne sie kann keine Stadt bestehn,
  und wo sie wohnen, hungern sie nicht.
33. Aber zur Beratung des Volkes werden sie nicht befragt,
  und in der Versammlung haben sie keinen Vorrang.
Auf dem Stuhl des Richters sitzen sie nicht,
  und Gesetz und Recht überdenken sie nicht.
Sie tragen nicht einsichtsvolle Lehre vor,
  und auf die Sprüche der Weisen verstehen sie sich nicht,
34. denn sie verstehen sich auf das Werk [ihrer Arbeit],
  und ihr Nachdenken geht auf die Ausübung ihrer Kunst.

Anders, wer sich der Gottesfurcht widmet,
  und der Erforschung des Gesetzes des Höchsten,
39, 1. der die Weisheit aller Altvordern ergründet,
  und an die alten Prophetien sich wendet,
2. der auf die Vorträge berühmter Männer Acht gibt,
  und.in die Wendungen der Sprüche eindringt,
3. den verborgenen Sinn der Sprüchwörter ergründet,
  und die Rätsel der Sprüche erforscht,
4. der inmitten der Herrscher dient,
  und vor den Fürsten erscheint,
der die Länder der Völker durchwandert,
  Gutes und Böses unter den Menschen erprobt,
5. der bedacht ist, zu seinem Schöpfer zu flehen,
  und vor dem Höchsten Erbarmen erbittet,

der seinen Mund mit Gebet auftut,
und wegen seiner Sünden um Gnade fleht.

6. Wenn es dem höchsten Gott gefällt,
wird er mit dem Geiste der Einsicht erfüllt.
Er selbst sprudelt zwiefältig von weisen Sprüchen,
und gibt dem Herrn Bekenntnis im Gebet.

7. Er selbst lehrt Rat und Weisheit,
und versteht ihre Geheimnisse.

8. Er selbst trägt einsichtsvolle Lehre vor,
und rühmt sich des Gesetzes des Herrn.

9. Seine Einsicht loben viele,
und nie wird ausgetilgt sein Name.
Sein Gedächtnis hört nicht auf in Ewigkeit,
und sein Name lebt von Geschlecht zu Geschlecht.

10. Seine Weisheit preist die Gemeinde,
und sein Lob verkündet die Versammlung.

11. Bleibt er am Leben, so wird er vor Tausend glücklich gepriesen,
und nimmt er ein Ende, so genügt sein Name.

12. Noch einmal will ich überlegen und meine Lehre [leuchten
lassen]
wie der Vollmond am zwölften Tage.

13. Höret auf mich ihr Frommen, und euer Fleisch soll gedeihen
wie die Ceder, die gepflanzt ist an Wasserbächen.

14. Wie der Libanon soll duften euer Wohlgeruch,
und Blüten sollt ihr treiben wie die Lilie.
Erhebet eure Stimme und lobet allzumal,
und preiset den Herrn wegen aller seiner Werke.

15. Gebt seinem Namen Herrlichkeit,
und gebt ihm Bekenntnis mit Preis,
mit Liedern zu Harfen und Saitenspiel,
und also saget mit Jauchzen:

16. Die Werke Gottes sind allzumal gut
und jedem Zweck genügen sie zu seiner Zeit.

17c. Durch sein Wort stellt er die Leuchte an die Himmelshöhe,
und durch den Spruch seines Mundes in seine Kammer.

18. Auf der Stelle kommt sein Belieben zum Ziel,
und es gibt kein Hemmnis für seine Hülfe.

19. Das Tun alles Fleisches ist ihm offenbar,
und nichts ist vor seinen Augen verborgen.
20. Von einer Ewigkeit bis zur anderen reicht sein Blick,
und nichts ist für ihn unbegreiflich und schwer.

17ᵃ. Man darf nicht sagen: wozu ist das?
denn jedes ist für seinen Zweck geschaffen.
21. Man darf nicht sagen: dies ist schlechter als das,
denn jedes ist zu seiner Zeit vortrefflich.
22. Sein Segen flutet über wie der Nil
und wie der Eufrat tränkt er die Welt.
23. Ebenso trieb sein Zorn die Völker aus,
und verwandelte er das wasserreiche Land in Salzwüste.

24. Seine Wege sind für die Unschuldigen eben,
wiederum sind sie für die Frevler ungangbar.
25. Gutes hat er für die Guten von Anfang an bestimmt,
und wiederum für die Bösen Gutes und Böses.
26. Die wichtigsten aller Lebensbedürfnisse des Menschen
sind Wasser und Feuer und Eisen und Salz
und das Fett des Weizens und Milch und Honig
und das Blut der Trauben und Oel und Kleidung.
27. Alles das dient den Frommen zum Guten,
ebenso verwandelt es sich für die Bösen in Böses.

28. Es gibt Geister, die zur Rache geschaffen sind,
und in ihrem Wüten verrücken sie Berge.
Zur Zeit der Vernichtung schütten sie ihre Macht aus
und stillen den Grimm ihres Schöpfers.
29. Feuer und Hagel und Hunger und Pest,
auch diese sind für das Gericht geschaffen.
30. Reissende Tiere und Scorpione und Schlangen
und das Racheschwert für die Ausrottung der Gottlosen.
Alle diese sind für ihren Zweck geschaffen,
und in der Rüstkammer werden sie für ihre Zeit aufbewahrt.
31. Wenn er ihnen Befehl gibt, so jauchzen sie,
und bei ihrem Auftrag widerstreben sie seinem Worte nicht.

32. Darum war ich von Anfang an meiner Sache gewiss,
und ich erwog es und schrieb es nieder:

33. Die Werke Gottes sind allzumal gut,
     jedem Zweck genügen sie zu seiner Zeit.
34. Man darf nicht sagen: dies ist schlechter als das,
     denn alles ist zu seiner Zeit vortrefflich.
35. Und nun jubelt mit vollem Herzen und Munde
     und preiset den Namen des Heiligen!

———

40, 1. Grosse Mühsal hat Gott zugeteilt,
     und ein schweres Joch liegt auf den Menschenkindern,
     von dem Tage an, da sie aus dem Schosse ihrer Mutter
                     hervorgehen,
     bis zu dem Tage, da sie in die Mutter aller Lebendigen
                     zurückkehren:
2. Ueberlegungen und Sorgen des Herzens
     und Angst um die Zukunft bis an den Tag ihres Todes.
3. Von dem an, der hoch auf dem Throne sitzt,
     bis zu dem, der in Staub und Asche sitzt,
4. von dem an, der Mütze und Krone trägt,
     bis zu dem, der ein [härenes] Kleid trägt:
5. Zorn, Eifersucht, Sorge und Angst,
     Todesfurcht, Streit und Zank.
     Und wenn er auf seinem Lager ruht,
     verdoppelt der nächtliche Schlaf sein Unglück.
6. So eben hat er Musse, einen Augenblick Ruhe,
     und dann wird er durch Träume aufgeschreckt.
     Getäuscht durch das Gesicht seiner Seele
     ist er wie ein Flüchtling, der vor dem Verfolger flieht.
7. Noch [des Schlafes] bedürftig erwacht er,
     und blinder Schrecken hat ihm den Schlummer [geraubt].
8. Alles Fleisch hat Unruhe,
     aber auf den Gottlosen lastet siebenfältiges [der Art].
9. Pest und Blutvergiessen, Kornbrand und Dürre,
     Zerstörung und Verwüstung, Hungersnot und Plagen.
10. Für den Gottlosen ist erschaffen das Böse,
     und um seinetwillen bleibt [nicht] aus die Vernichtung.
11. Alles was von der Erde ist, kehrt zur Erde zurück,
     und was aus der Höhe ist, zur Höhe.

12. Alle Untreue und Ungerechtigkeit vergeht,
    aber die Treue besteht auf ewig.

13. Der ungerechte Reichtum ist wie ein reissender Winterbach,
    und wie ein gewaltiges Rinnsal beim Gewitterregen.

14. Mit seinem Schwall werden Felsen fortgerissen,
    aber plötzlich versiegt er völlig.

15. Das Gewächs des Frevels hat keinen Trieb,
    und die verruchte Wurzel liegt auf einer Felsenspitze.

16. Wie Riedgras auf dem Vorsprung des Bachtales,
    das früher als alles Grün vertrocknet.

17. Aber die Frömmigkeit hat Gedeihen wie Eden,
    und die Gerechtigkeit besteht auf ewig.

18. Glücklich lebt, wer Ueberfluss hat und wer etwas erwirbt,
    aber glücklicher als beide, wer einen Schatz findet.

19. Kinder und Städtebau erhalten den Namen,
    aber besser als beide ist ein hingebendes Weib.

20. Wein und Most machen jauchzen das Herz,
    aber mehr als beide die Liebe von Freunden.

21. Flöte und Harfe machen liebliche Musik,
    aber besser als beide eine lautere Zunge.

22. Anmut und Schönheit entzücken das Auge,
    aber besser als beide das Gewächs des Feldes.

23. Freund und Genosse, die sich zu guter Stunde einstellen,
    aber besser als beide ein verständiges Weib.

24. Bruder und Gefährte, auch zur Zeit der Not,
    aber mehr als beide rettet die Gerechtigkeit.

25. Gold und Silber stellen den Fuss fest,
    aber vorzüglicher als beide ist Rat.

26. Macht und Stärke machen jubeln das Herz,
    aber mehr als beide die Gottesfurcht.
    Die Gottesfurcht ist das vollkommene Gut,
    und neben ihr braucht man keine Hülfe zu suchen.

27. Die Gottesfurcht hat Gedeihen wie Eden,
    und ihr Baldachin geht über alle Herrlichkeit.

28. Mein Sohn, ein Bettlerleben führe nicht,
    besser umkommen als ein Bettler sein!

29. Ein Mann, der nach einem fremden Tische blickt,
       sein Leben kann nicht für Leben gelten.
     Befleckung seiner Seele sind die geschenkten Leckerbissen,
       und für den verständigen Mann sind sie Leibesqual.
30. Im Munde des Unverschämten klingt süss die Bettelei,
       aber in seinem Inneren brennt sie wie Feuer.

41, 1. Ach Tod, wie bitter ist der Gedanke an dich
       dem Manne, der ungestört auf seiner Stelle lebt,
     dem Manne, der guten Frieden und überall Glück hat
       und noch imstande ist, zu geniessen.
 2. Ei Tod, wie willkommen ist dein Beschluss
       dem Manne, der seufzt und kraftlos ist,
     dem Manne, der überall strauchelt und anstösst,
       dem, der verzweifelt und die Hoffnung verloren hat.
 3. Fürchte dich nicht vor dem Tode, deinem Geschick,
       bedenke, dass die Ersten und die Letzten es teilen!
 4. Denn dies ist von Gott allem Fleisch zugeteilt,
       und was widerstrebst du dem Belieben des Höchsten!
     Ob tausend, hundert oder zehn Jahre —
       in der Hölle wirft man sich wegen des Lebens nichts vor.

 5. Ein verabscheuter Schoss ist die Brut der Bösen, ·
       und ein verfluchter Spross sind die Welpen des Gottlosen.
 6. Dem Sohne des Gottlosen wird die Herrschaft entrissen,
       und bei seinen Nachkommen weilt immerdar Mangel.
 7. Den gottlosen Vater verfluchen die Kinder,
       weil sie um seinetwillen [auf] ewig geschmäht werden.
 8. Wehe euch, ihr gottlosen Männer,
       die ihr das Gesetz des Höchsten verlassen habt!
 9. Wenn ihr euch mehrt, ist es für den Unfall,
       und wenn ihr zeugt, so ist es für den Jammer.
     Wenn ihr zu Fall kommt, so ist es zu ewiger Freude,
       und wenn ihr sterbt, so ist es zum Fluch. ·
10. Alles was aus der Nichtigkeit stammt, kehrt zu ihr zurück,
       also der Verruchte: aus dem Nichts zum Nichts.

11. Nichtig ist der Mensch mit seinem Leibe,
       aber der fromme Name wird nicht ausgetilgt.

12. Sei besorgt um den Namen, denn er bleibt dir länger,
    als tausend kostbare Schätze.
13. Das Gut des Lebens währt gezählte Tage,
    das Gut des Namens ungezählte Tage.

14^b. Verborgene Weisheit und vergrabener Schatz,
    was nützen sie beide!
15. Besser ein Mann, der seine Torheit verbirgt,
    als ein Mann, der seine Weisheit verbirgt.

14^a. Höret die Lehre von der Scham, ihr Söhne,
16. und schämt euch, wie ich es bestimme.
    Denn nicht jede Scham ist wohlanständig,
    und nicht jede Bescheidenheit ist wahrhaft vortrefflich.
17. Schäme dich vor Vater und Mutter der Hurerei,
    vor dem Fürsten und dem Obersten der Lüge,
18. vor dem Herrn und der Gebieterin der Untreue,
    vor der Gemeinde und dem Volke der Sünde,
    vor dem Gefährten und dem Freunde des Verrats,
19. und vor dem Orte, wo du Schutzbürger bist, des Hochmuts.
    Eid und Vertrag zu ändern,
    dich beim Gastmahl auf den Ellbogen zu legen,
    die erbetene Gabe zu verweigern,
21^a. den Volksgenossen abzuweisen,
    die Verteilung von Portionen einzustellen,
20. gegen den, der dich grüsst, zu schweigen,
    eine Hure zu betrachten,
21^c. eine verheiratete Frau anzusehen,
22. mit einer Jungfrau (dich abzugeben),
    und ihr Bett zu vergewaltigen,
    vor dem Freunde wegen schmähender Worte,
    und wenn du schenkst, hinterdrein zu schelten,
42, 1. ein Gerede, das du hörst, weiterzutragen
    und ein geheimes Vorhaben auszubringen, —
    so wirst du in Wahrheit schamhaft sein
    und in Gunst bei allen Lebendigen.

Aber wegen dieser Dinge schäme dich nicht
    und nimm auf Niemanden Rücksicht dir zur Versündigung:

2. Wegen des Gesetzes und der Satzung des Höchsten,
    wegen des Rechtes, dass du dem Schuldigen Recht gäbest,

3. Gefährten und Reisende auszuforschen,
    und Erbe und Besitz zu verteilen,

4. Wage und Setzwage zu prüfen,
    und Mass und Gewicht zu erproben,
    viel oder wenig zu kaufen,

5. und die Ware des Kaufmanns zu schätzen,
    die Kinder oft zu züchtigen
    und dem schlechten Sklaven die Lenden wund zu schlagen.

6. Für ein böses Weib gehört sich ein Schloss,
    und wo viele Hände sind, ein Schlüssel.

7. Für das Hinterlegte gehört sich Zahl und Gewicht,
    und Ausgabe und Einnahme, alles sei schriftlich!

8. Wegen der Zurechtweisung des Unverständigen und Toren,
    und des hinfälligen Alten, der wegen Unzucht verklagt
                             wird, —
    so wirst du wahrhaft gebildet sein
    und gesittet nach dem Urteil aller Lebendigen.

---

9. Eine Tochter ist für den Vater ein Schatz, der ihm Unruhe
                                  macht,
    und die Sorge um sie stört ihm den Schlaf,
    in ihrer Jugend, dass sie (die Männer) nicht (anreize),
    und verheiratet, dass sie nicht missliebig werde,

10ᵃ. in ihrer Jungfrauschaft, dass sie nicht verführt werde,
  ᶜ   und im Hause ihres Eheherrn, dass sie nicht untreu sei,
  ᵇ   im Hause ihres Vaters, dass sie nicht schwanger werde,
  ᵈ   und im Hause ihres Mannes, dass sie nicht kinderlos bleibe.

11. Eine schamlose Tochter halte in strenger Hut,
    damit sie dich nicht zur Schadenfreude für deine Feinde
                                  mache:
    Gerede in der Stadt und Auflauf des Volks,
    und sie macht dich zu Schanden im Stadtgericht.
    Wo sie weilt, sei kein Fenster,
    und wo sie [übernachtet], kein Zugang ringsum.

12. Vor keinem Mannsbild lasse sie sich sehen,
    und unter Weibern soll sie nicht vertraulich verkehren.

13. Denn vom Kleide kommt die Motte aus,
    und vom Weibe die Schlechtigkeit des Weibes.
14. Die Schlechtigkeit des Mannes ist besser als die Tugend
    der Frau,
    und eine schändliche Tochter fliesst über von Schande.

---

15. Gedenken will ich der Werke Gottes
    und dessen, was ich sah, dass ich es erzähle.
    Durch das Wort Gottes bestehen seine Werke,
    und die von ihm beliebte Schöpfung nach seiner Be-
    stimmung.
16. Die aufgehende Sonne ist überall sichtbar,
    und die Herrlichkeit des Herrn über allen seinen Werken.
17. Ausser Stande sind die heiligen Engel Gottes,
    seine wunderbarsten Grosstaten zu erzählen.
    Kraft muss Gott seinen Heeren geben,
    vor seiner Herrlichkeit Stand zu halten.
18. Die Hölle und die Menschenherzen erforscht er,
    und alle ihre Geheimnisse durchschaut er.
    Denn der Herr hat jedes Wissen,
    und sieht voraus was in Ewigkeit kommt.
19. Er offenbart das Vergangene und das Künftige
    und deckt auf den Grund der Geheimnisse.
20. Ihm entgeht keine Einsicht,
    und ihm entzieht sich kein Ding.
21. Das Wunderwerk seiner Weisheit hat er abgemessen,
    es ist ein und dasselbe von Ewigkeit her.
    Nichts wurde hinzugefügt und nichts davon getan,
    und er bedurfte keines Beraters.
22. All sein Werk ist wahrhaft vortrefflich,
    und wie (herrlich) ist es anzuschauen!
23. Alles lebt und besteht in Ewigkeit,
    und für jeden Zweck steht alles zu Diensten.
24. Alles ist verschieden, jedes vom andern,
    aber nichts (überflüssiges) hat er gemacht.
25. Jedes übertrifft das andere mit seiner Vortrefflichkeit,
    und wer kann sich satt sehen an der Pracht!

43, 1. Die Pracht der Höhe ist das klare Firmament,
und das Gewölbe des Himmels ein herrlicher Anblick.

2. Die Sonne beim Aufgang strahlt Wärme aus,
wie wunderbar ist das Werk des Herrn!

3. Um Mittag bringt sie die Welt in Glut,
wer kann sich halten vor ihrer Hitze!

4. Ein angeblasener Ofen lässt ein Gusswerk erglühen,
der Strahl der Sonne setzt die Berge in Brand.
Die Zunge der Leuchte verbrennt das Wohnland,
und der Strahl der Lampe versengt das Auge.

5. Denn gross ist der Herr, der sie gemacht hat,
und sein Wort lässt dahineilen seinen gewaltigen Diener.

6. Und auch der Mond [erstrahlt] von Zeit zu Zeit,
in immerwährender Herrschaft und als ewiges Zeichen.

7. Von ihm kommen die Fristen und die festen Zeiten,
von der lieblichen Leuchte, die zuletzt sich verfinstert.

8. Der Neumond erneut sich, wie sein Name sagt,
wie wunderbar ist er in seiner Wiederkehr!
Das Feldzeichen [der Recken] in der Höhe,
das das Firmament erglänzen lässt von seinem Strahl.

9. Die Pracht und Zierde des Himmels sind die Sterne,
und ein strahlender Schmuck an der Gotteshöhe.

10. Auf das Wort Gottes treten sie auf ihren Platz,
und sie schlafen nicht auf ihren Wachtposten.

11. Schau den Bogen an und preise seinen Schöpfer!
Denn überaus herrlich ist er in seiner Pracht.

12. Das Himmelsgewölbe umzieht er mit seiner Pracht,
und die Hand Gottes hat ihn ausgespannt in Allmacht.

13. Sein Schelten hetzt den Blitz,
und jagt die Brandpfeile beim Gericht.

14. Für ihren Zweck hat er die Rüstkammer geschaffen,
und er lässt die Wolken hinausfliegen wie Vögel.

15. Seine Allmacht gibt Tragkraft seiner Wetterwolke,
und er schmettert hinab die Hagelsteine.

17ª. Seine Donnerstimme macht seine Erde erzittern,

16.   und mit seiner Kraft erschüttert er die Berge.
Sein Schrecken treibt den Südwind an,

17ᵇ. den Wirbelwind des Nordens, Sturm und Wetter.
Wie Vogelschwärme schüttelt er seinen Schnee hin,
und wie einfallende Heuschrecken kommt er herab.

18. Der Anblick des Weiss blendet die Augen,
und vor seinem Gestöber bebt das Herz.

19. Auch den Reif schüttet er wie Salz aus,
und er strahlt von Krystallen wie Saphir.

20. Die Kälte des Nordwinds lässt er wehen,
und wie mit einer (Kruste) macht der den Teich gerinnen.
Ueber jedes Wasserbecken zieht er eine Decke,
und wie in einen Panzer hüllt er seine Quelle.

21. Das Gewächs der Berge versengt er wie die Hitze,
und die sprossende Aue wie eine Flamme.

22. Heilung für alles ist das Geträufel der Wolken,
der Tau, der schnell das Verbrannte erquickt.

23. Seine Ueberlegung überwältigte den Drachen,
und er gründete die Inseln in der Flut.

24. Die das Meer befahren erzählen von seiner Weite,
wir staunen über das was unser Ohr hört.

25. Da sind Wunder, die erstaunlichsten seiner Werke,
Getier aller Art und die Ungeheuer der Walfische.

26. Für seine Aufgabe ist geschickt der Engel,
und durch sein Wort vollführt er sein Belieben.

27. Doppelt soviel — und wir wären nicht zu Ende,
und der Rede Schluss ist: Er ist Alles.

28. Nur preisen wollen wir ihn, denn wir können es nicht erschöpfen,
da er grösser ist als alle seine Werke.

29. Wunderbar ist der Herr über alle Massen,
unbegreiflich sind seine Grosstaten.

30. Die ihr den Herrn preiset, erhebet eure Stimme,
so viel ihr könnt, denn da ist noch mehr!
Die ihr ihn erhebt, bietet immer neue Kraft auf,
und werdet nicht müde, denn ihr ergründet es nicht!

31. Wer hat ihn gesehen und könnte davon erzählen,
und wer kann ihn preisen, wie er ist?

32. Viel gibts, was unbegreiflicher und gewaltiger ist als dies,
nur wenig sehe ich von diesen Werken.

33. Alles hat der Herr gemacht,
    und den Frommen gab er Weisheit.

———

44, 1. Preisen will ich die frommen Männer,
    unsere Väter der Reihe nach.
2. Viel Ehre hat Gott ihnen zugeteilt,
    und gross waren sie von Urzeiten her.
3. Weltherrscher durch Königswürde,
    Hochberühmte durch Heldentat,
    Ratgeber durch Einsicht,
    Allkündiger durch Weissagung,
4. Regierer der Heiden durch Klugheit,
    Fürsten des Volkes durch Scharfblick,
    Weise Lehrer durch Schriftgelehrsamkeit,
    Spruchredner durch Ueberlieferertreue,
5. Erfinder von Psalmen nach der Regel,
    Verfasser von Sprüchen in Büchern,
6. Tüchtige Männer, die Vermögen besassen,
    und solche, die in Frieden auf ihrer Stelle wohnten, —
7. alle diese waren zu ihrer Zeit in Ehren,
    und so lange sie lebten, bestand ihr Ruhm.
8. Manche von ihnen haben einen Namen hinterlassen,
    damit man ihr Lob erzähle.
9. Und andere haben kein Gedächtnis,
    und sie endeten, als sie endeten,
    und sie wurden, als wären sie nie gewesen,
    und so ihre Kinder nach ihnen.
10. Aber dies sind die frommen Männer
    und die, deren Glück kein Ende hatte.
11. Bei ihren Nachkommen hatte Bestand ihr Gut,
    und ihr Erbe bei ihren Kindeskindern.
12. In ihrem Bunde blieben ihre Nachkommen,
    und ihre Kindeskinder um ihretwillen.
13. Auf ewig bleibt ihr Gedächtnis,
    und ihre Gerechtigkeit wird nie ausgetilgt.
14. Ihre Leiber wurden in Frieden begraben,
    und ihr Name lebt von Geschlecht zu Geschlecht.

15. Ihre Weisheit preist die Gemeinde,
und ihr Lob verkündet die Versammlung.

16. Henoch verkehrte mit dem Herrn,
das Wunder des Wissens für alle Geschlechter.
17. Noa, der Gerechte, wurde untadelig befunden,
zur Zeit der Vertilgung wurde er ein Nachwuchs.
Um seinetwillen entstand ein Rest,
und durch seinen Bund blieb aus die Flut.
18. Ein ewiger Bund wurde mit ihm geschlossen,
dass er nicht vertilgen wolle alles Fleisch.
19. Abraham, der Vater einer Menge von Völkern,
brachte auf seine Ehre keinen Flecken. .
20. Er, der das Gebot des Höchsten hielt,
und in einen Bund mit ihm trat.
An seinem Fleische schnitt er sich das Befohlene,
und in der Versuchung wurde er treu befunden.
21. Darum verhiess er ihm mit einem Eide,
dass mit seinen Nachkommen sich segnen sollten
die Heiden,
dass er ihn mehren wolle wie den Sand am Meer,
und seine Nachkommen machen wie die Sterne,
damit er ihnen Besitz gäbe von Meer zu Meer,
und vom Eufrat bis zu den Enden der Erde.
22. Und auch dem Isaak verhiess er solches,
um Abraham's, seines Vaters, willen.
Der Bund aller Vorfahren wurde gelegt,
23. und ihr Segen ruhte auf dem Haupte Israels.
Und er bevorzugte ihn im Segen,
und gab ihm sein Erbe,
und er bestimmte es für die Stämme,
zum Erbteil für die Zwölf.

Und abkommen liess er von ihm einen Mann,
der Gunst fand in den Augen aller Lebendigen.
45, 1. Geliebt von Gott und den Menschen
war Mose, den man zum Guten nennt.
2. Und er gab ihm den Ehrennamen eines Gottes,
und gab ihm Macht in erstaunlichen Wundern.

3. Durch das Wort seines Mundes liess er eilends die
          Zeichen geschehen
  und er machte ihn stark vor dem Könige.
  Und er gab ihm Befehl an das Volk
  und liess ihn schauen seine Herrlichkeit.

4. Wegen seiner Treue und seiner Demut
  erwählte er ihn aus allem Fleisch.

5. Und er liess ihn seine Stimme hören
  und liess ihn dem Dunkel sich nahen,
  und er gab in seine Hand das Gebot,
  das Gesetz des Lebens und der Einsicht,
  damit er in Jakob seine Satzungen lehrte
  und seine Rechte Israel.

6. Und er erhöhte ihn gleich einem Heiligen,
  Aharon vom Stamme Levi.

7. Und er bestellte ihn zu einem ewigen Recht
  und gab ihm seine besondere Hoheit.
  Und er machte ihn stark durch seine Ehre
  und umgürtete. ihn mit herrlicher Pracht.

8. Und er kleidete ihn in den höchsten Schmuck
  und schmückte ihn mit den kostbarsten Kleinoden.
  Die Hosen, der Rock und der Talar,

9.   und er gab ihm ringsum die Schellen
  und die Granatäpfel, ein Geläut ringsum,
  damit er mit seinen Schritten Musik machte,
  so dass er im Heiligsten sich hörbar machte,
  ins Gedächtnis zu bringen seine Volksgenossen.

10. Die heiligen Kleider, Gold, Purpur
  und Scharlach, das Werk des Buntstickers,
  Das Brustschild der Entscheidung, das Schulterkleid und
          der Gurt,

11.   Karmesinstoff, das Werk des Webers.
  Edelsteine, mit Inschrift versehen,
  in Goldfäden gefasst, das Werk des Steinschneiders,
  zur Erinnerung mit eingegrabener Schrift,
  nach der Zahl der Stämme Israels.

12. Die goldene Krone über der Mütze,
  das Diadem, auf dem eingegraben ist die heilige Inschrift,

die erhabenste Herrlichkeit und der stolzeste Ruhm,
  die Wonne der Augen und die vollkommenste Schönheit.
13. Vorher gab es nichts dem gleich,
  und ebenso wird in Ewigkeit kein Unheiliger das tragen.
  Einem einzigen seiner Söhne wurde das gestattet,
  und so dessen Söhnen in ihren Geschlechtern.
14. Sein Mehlopfer wird ganz verbrannt,
  alltäglich als ständiges zweimal.
15. Und es weihte Mose ihn ein
  und salbte ihn mit dem heiligen Oel.
  Und das wurde für ihn ein ewiger Bund,
  und für seine Nachkommen, so lange der Himmel steht,
  dass er ihn bedienen und Priester sein solle,
  und segnen das Volk mit seinem Namen.
16. Und er erwählte ihn aus allen Lebendigen,
  damit er Brandopfer und Fettstücke darbrächte
  und Wohlgeruch und Duft räucherte
  und Sühne vollzöge für die Söhne Israels.
17. Und er gab ihm seine Gebote
  und gab ihm Gewalt über Satzung und Recht,
  damit er in Jakob seine Zeugnisse lehrte
  und in seinem Gesetz unterwiese Israel.
18. Und es erzürnten sich über ihn Unheilige
  und ereiferten sich gegen ihn in der Wüste,
  die Männer Dathans und Abirams
  und die Rotte Koras in gewaltigem Zorn.
19. Und es sah es der Herr und er erzürnte
  und vertilgte sie in seines Zornes Glut.
  Und er schuf ihnen ein Wunder
  und frass sie mit seiner Feuerflamme.
20. Und er verdoppelte Aharons Ehre
  und gab ihm sein Erbe.
  Die heiligen Abgaben gab er ihm zur Nahrung,
21ᵃ.   die Feueropfer des Herrn sollten sie essen.
20ᵈ. Und er bestimmte die Auslese ihm zum Anteil,
21ᵇ.   und zum Geschenk für ihn und seine Nachkommen.
22. Nur am Lande des Volkes sollte er nicht erben,
  und in ihrer Mitte kein Erbe teilen,

er, dessen Anteil und Erbe der Herr ist
    inmitten der Söhne Israels.

23. Und auch Pinehas, der Sohn Eleazars,
    durch Tatkraft war er herrlich als Dritter,
    da er für den allmächtigen Gott eiferte
    und für sein Volk in die Bresche trat,
    weil sein Herz ihn antrieb,
    und er für Israel Sühne schaffte.
24. Darum setzte er auch für ihn ein Recht,
    einen Friedensbund, dass er das Heiligtum versorgen sollte,
    dass ihm und seinen Nachkommen gehören sollte
    das Hobepriestertum in Ewigkeit.
25. Auch sein Bund mit David,
    dem Sohne Isais vom Stamme Juda,
    ist das Erbe eines Mannes vor dem Angesicht seiner
                      Herrlichkeit,
    das Erbe Aharons gehört ihm und seinen Nachkommen.

26. Und nun preiset den gütigen Herrn,
    der euch mit Ehre gekrönt hat!
    Und er gebe euch Weisheit ins Herz,
    zu richten sein Volk in Gerechtigkeit,
    damit euer Glück nie aufhöre,
    und eure Herrschaft auf ewige Geschlechter!

46, 1. Ein Kriegsheld war Josua, der Sohn Nuns,
    der Diener Moses im Prophetenamt,
    der geschaffen war zu sein wie sein Name
    eine grosse Hilfe für seine Auserwählten,
    um Rache zu nehmen an dem Feinde,
    und Israel sein Erbe zu geben.
2. Wie herrlich war er, als er die Hand ausstreckte,
    als er die Lanze schwang gegen die Stadt!
3. Wer hielt jemals vor ihm Stand,
    denn die Kriege des Herrn kämpfte er!
4. Wurde nicht durch ihn die Sonne stillgestellt,
    ein Tag wurde wie zwei?
5. Denn er rief den höchsten Gott an,
    als seine Feinde ihn rings bedrängten,

und es erhörte ihn der höchste Gott
mit Hagelsteinen und Schlossen.

6. Er schmetterte sie auf das feindliche Volk
und im Passe vertilgte er [Kanaan],
damit das ganze Volk des Bannes merkte,
dass der Herr ein Auge hatte auf den Krieg gegen sie.

Und dann, weil er völlig zum Herrn hielt
7. und in den Tagen Moses Frömmigkeit bewies,
er und Kaleb, der Sohn des Jephunne,
da sie auftraten, als die Versammlung sich empörte,
um den Zorn von der Gemeinde abzuwenden
und dem bösen Gerede ein Ende zu machen, —
8. darum wurden sie selbander ausgenommen
von sechshunderttausend Fussgängern,
damit er sie brächte in ihr Erbteil,
das Land, das von Milch und Honig fliesst.
9. Und er gab dem Kaleb Kraft,
und bis ins Greisenalter blieb sie ihm,
damit er ihn treten liesse auf die Burgen des Landes,
und auch seine Nachkommen bekamen ein Erbteil,
10. damit alle Nachkommen Jakobs einsähen,
dass es gut ist, völlig zum Herrn zu halten.

11. Und auch die Richter, ein jeder mit seinem Namen,
alle die, deren Herz nicht betört ward
noch auch abwich von dem Herrn, —
ihr Andenken sei zum Segen!
12. Mögen ihre Gebeine Sprossen treiben an ihrem Ort,
und ihr Name ein Nachwuchs sein für ihre Söhne!

13. Geehrt von seinem Volke und geliebt von seinem Schöpfer
war der von Mutterleibe an dem Herrn geliehen war,
der Verlobte des Herrn im Prophetenamt,
Samuel, der als Richter und Priester waltete.
Durch das Wort Gottes richtete er das Königtum auf
und salbte er Fürsten über das Volk.
14. Mit dem Gebot gebot er der Gemeinde
und er musterte [die Zelte] Jakobs.

15. Wegen der Zuverlässigkeit seines Mundes befragte man
den Propheten,
und in seinem Worte befand man zuverlässig den Seher.
16. Und auch er rief zu Gott,
als seine Feinde ihn rings bedrängten,
indem er ein Milchlamm opferte
(und für Israel Fürbitte tat).
17. Und es donnerte vom Himmel der Herr,
in gewaltigem Gedröhn liess er seine Stimme hören
18. und er machte zu Schanden die Statthalter des Feindes
und vertilgte alle Fürsten der Philister.
19. Und als er sich auf sein Bett legte,
rief er den Herrn und seinen Gesalbten zu Zeugen an:
Von wem habe ich Bestechung, auch nur ein Paar Schuhe,
genommen?
Und kein Mensch klagte ihn an.
20. Und auch nach seinem Tode liess er sich befragen
und wies er dem Könige seinen Weg
und er erhob aus der Erde seine Stimme,
um durch die Weissagung auszutilgen den Frevel.

47, 1. Auch Nathan stand nach ihm auf,
um zu dienen dem David.
2. Denn wie das Fett ausgesondert wird vom Schlachtopfer,
so war David ausgesondert aus Israel.
3. Mit Löwen trieb er Spott wie mit Ziegen
und mit Bären wie mit Schaflämmern.
4. Als Knabe erschlug er den Riesen
und nahm vom Volke die Schmach,
als er seine Hand über der Schleuder schwang,
und den Hochmut Goliaths zerbrach.
5. Denn er rief den höchsten Gott an,
und er gab seiner Rechten Kraft,
dass er den kriegskundigen Mann niederstiess
und das Horn seines Volkes erhöhte.
6. Darum sangen ihm die Weiber
und redeten ihm schmeichelnd von Zehntausend.
Als er die Krone aufsetzte, führte er Krieg

7. und demütigte die Feinde ringsum.
Und er machte zu Schanden die feindlichen Philister,
bis auf den heutigen Tag zerbrach er ihr Horn.
8. Bei all seinem Tun gab er Bekenntnis
dem höchsten Gott in herrlichen Worten.
Von ganzem Herzen liebte er seinen Schöpfer
und alle Tage lobsagte er in ständigem Opfer:
9. Saitenspiel bestellte er vor den Altar
und Liederklang passte er den Harfen an.
10. Und er verherrlichte die Festtage
und verschönte sie Jahr aus Jahr ein,
indem er seinen heiligen Namen pries,
vor Tage hallte davon wieder das Heiligtum.
11. Auch der Herr vergab ihm seine Sünde
und erhöhte auf ewig sein Horn.
Und er gab ihm das Recht des Königtums
und seinen Thron stellte er fest über Israel.

12. Und um seinetwillen stand nach ihm auf
ein weiser Sohn, der in Sicherheit wohnte.
13. Salomo herrschte in Friedenszeiten,
und Gott verschaffte ihm Ruhe ringsum.
Er, der ein Haus errichtete für seinen Namen
und hinstellte auf ewig ein Heiligtum.
14. Wie weise warst du in deiner Jugend
und flossest du über wie der Nil von Bildung!
15. Die Erde überdecktest du mit deiner Seele
und fasstest in dich Lehrrede [wie das Meer].
16. Bis zu fernen Küsten gelangte dein Name,
und sie lauschten auf die Kunde von dir.
17. Durch Lieder, Sprüche, Rätsel
und Scherzreden setztest du die Völker in Erstaunen.
18. Genannt wurdest du nach dem herrlichen Namen,
der über Israel genannt ist.

Und dann häuftest du Gold auf wie Eisen
und Silber in Menge wie Blei,
19. und du gabst den Weibern deine Lenden
und gabst ihnen Gewalt über deinen Leib

20. und brachtest einen Makel auf deine Ehre
　　　und entweihtest dein Bette,
　　　dass du Zorn brachtest über deine Nachkommen,
　　　und man seufzen muss über dein Lager,
21. dass das Volk zu zwei Sceptern wurde,
　　　und aus Ephraim ein frevelhaftes Reich hervorging.
22. Aber Gott wird die Gnade nicht von sich werfen
　　　und keines von seinen Worten zu Boden fallen lassen.
　　Nicht wird er austilgen seiner Auserwählten Schoss
　　　noch den Spross seiner Freunde vernichten
　　und er wird Jakob einen Rest geben
　　　und dem Hause Davids einen Sprössling von ihm.

'23. Und Salomo entschlief in Verzweiflung,
　　　er hinterliess aber einen Uebermütigen.
　　Voll von Torheit und baar von Verstand
　　　war der, der durch seinen Entscheid das Volk abwendig
　　　　　　　　　　　　　　　　　　　　　　machte.
　　Und dann stand auf — kein Gedächtnis sei ihm! —
　　　der da sündigte und Israel sündigen machte.
　　Und er gab Ephraim den Anstoss zum Fall,
24ᵇ. 　　dass sie verstossen wurden aus ihrem Lande.
24ᵃ. Und ihre Sünde wurde sehr gross,
25. 　　und jeder Bosheit gaben sie sich hin.

48, 1. Bis dass aufstand ein Prophet wie Feuer,
　　　und sein Wort war wie ein glühender Ofen.
2. Und er zerbrach ihnen den Stab des Brodes
　　　und in seinem Eifer verminderte er sie.
3. Durch das Wort Gottes verschloss er den Himmel,
　　　und ebenso fiel dreimal Feuer herab.
4. Wie herrlich warst du, Elia, —
　　　und wer dir gleich ist mag sich rühmen! —
5. der du den Abgeschiedenen aus dem Tode erwecktest
　　　und aus der Hölle nach der Huld des Herrn;
6. der du Könige in die Grube hinabstürztest
　　　und Hochgeehrte von ihrem Krankenbett.
7. Der du auf dem Sinai die Strafen vernahmst
　　　und die Urteile der Rache auf dem Horeb;

8. der du die Könige der Vergeltung salbtest
   und einen Propheten zum Nachfolger an deiner Statt;
9. der du im Gewitter zur Höhe entrückt wurdest
   und in feurigen Kriegerscharen gen Himmel.
10. Der du bereit stehst nach der Schrift für die Zeit,
    um zu stillen den Zorn Gottes vor dem Grimm,
    um das Herz der Väter zu den Kindern zu bekehren
    und aufzurichten die Stämme Israels.
11. Selig wer dich sieht und stirbt,
    [aber seliger du selbst], denn [du] lebst!

12. Als Elia in der himmlischen Kammer verschwand,
    wurde Elisa mit seinem Geiste erfüllt.
    Doppelt so viel Zeichen tat er,
    und lauter Wunder gingen aus seinem Munde hervor.
    Sein Lebetage wich er vor Niemand,
    und kein Fleisch hatte Gewalt über seinen Geist.
13. Kein Ding war für ihn unmöglich,
    und von seinem Orte aus wirkte Prophetenwunder sein
    Fleisch.
14. Im Leben vollbrachte er Wunder
    und im Tode die erstaunlichsten Taten.

15. Bei alledem bekehrte sich das Volk nicht,
    und nicht liessen sie ab von ihrer Sünde,
    bis dass sie weggerissen wurden aus ihrem Lande
    und sie sich zerstreuten über die ganze Erde.
    Und es blieb für Juda ein Geringes,
    und noch hatte das Haus Davids einen Fürsten.
16. Einige aus ihm taten was dem Herrn gefiel,
    und andere übten unerhörten Frevel.

17. Ezechia befestigte seine Stadt,
    indem er Wasser in sie leitete
    und mit Erz die Felsen durchschlug
    und mit Bergen den Teich eindämmte.
18. In seinen Tagen zog herauf Sennacherib
    und sandte den Rabsake,
    und der streckte seine Hand gegen Sion aus
    und lästerte Gott in seinem Uebermut.

19. Da verzagten sie in ihrem Hochmut
    und sie wanden sich wie eine Gebärende
20. und sie riefen den höchsten Gott an
    und breiteten zu ihm aus die Hände.
    Und er hörte auf ihr Gebet
    und rettete sie durch Jesaja
21. und schlug das Heer Assurs
    und vertilgte sie durch die Pest.

22. Denn Ezechia tat was dem Herrn gefiel
    und hielt fest an den Wegen Davids,
    wie ihm befahl Jesaja,
    gross in Weissagung und zuverlässig in Offenbarung.
23. Denn [auch] durch ihn wurde die Sonne still gestellt,
    und wurde das Leben des Königs verlängert.
24. In gewaltigem Geiste schaute er die Zukunft
    und tröstete die Traurigen Sions.
25. Bis in Ewigkeit verkündete er das Künftige
    und das Verborgene, bevor es eintrat.

49, 1. Der Name Josias ist wie das duftende Räucherwerk,
    das wohlgemischte, das Werk des Apothekers.
    Ihn zu nennen ist der Kehle wie Honig süss
    und wie ein Lied beim Weingelage.
2. Denn er grämte sich über unsere Abtrünnigkeit
    und machte ein Ende den nichtigen Gräueln,
3. und gänzlich ergab er Gott sein Herz
    und in den Tagen des Frevels übte er Frömmigkeit.

4. Ausser David, Ezechia
    und Josia haben sie alle gefrevelt
    und verlassen das Gesetz des Höchsten,
    die Könige von Juda bis zuletzt.
5. Und sie gaben ihr Horn Anderen
    und ihre Ehre einem fremden Volke,
6. und die zündeten die heilige Stadt an,
    und es verödeten die Strassen nach ihr
    durch das Wort Jeremias, weil sie ihn verfolgten,
    und er war von Mutterleibe an zum Propheten gemacht,

7. auszurotten und zu zerstören und zu vertilgen,
und ebenso zu bauen, zu pflanzen und wiederzubringen.

8. Ezechiel sah ein Gesicht
und offenbarte die Wesen am Wagen.

9. Und auch Hiob [nenne ich als Propheten],
der alle Wege der Gerechtigkeit erfüllte.

10. Und auch die Zwölf Propheten —
mögen ihre Gebeine Sprossen treiben an ihrem Ort,
sie, die Jakob geheilt haben
und ihn gerettet durch gewisse Hoffnung.

11. Wie sollen wir den Zerubbabel preisen,
und er war wie ein Siegelring an der rechten Hand,

12. und auch den Josua, den Sohn Josadaks,
die in ihren Tagen das Gotteshaus bauten,
und den heiligen Tempel errichteten,
der bestimmt ist für ewige Herrlichkeit!

13. Nehemia — in Ehren sei sein Gedächtnis!
Er, der unsere Trümmer aufrichtete,
und unsere Ruinen wieder herstellte
und Türen und Riegel setzte.

14. Wenig wurden auf Erden erschaffen wie Henoch,
und auch er wurde leibhaftig entrückt.

15. Wie Joseph wurde wahrlich kein Mann geboren,
selbst seine Leiche wurde heimgesucht.

16. Sem und Seth wurden unter den Menschen geschaffen,
aber alle Wesen übertrifft die Herrlichkeit Adams.

50, 1. Das Haupt seiner Brüder und der Stolz seines Volkes
war Simon, der Sohn Johanans, der Priester,
zu dessen Zeit das Gotteshaus ausgebessert
und in dessen Tagen der Tempel befestigt ward,

2. zu dessen Zeit die Mauer gebaut wurde,
mit Eckzinnen wie ein Königspalast,

3. in dessen Tagen der Teich gegraben wurde,
ein Wasserbecken wie ein Meer mit seiner Fülle,

4. der für sein Volk sorgte gegen die Räuberei
und seine Stadt befestigte gegen Belagerung.

5. Wie herrlich war er, wenn er aus der Hütte hervorschaute,
    wenn er hinter dem Vorhang heraustrat,
6. wie der Morgenstern aus den Wolken
    und wie der Vollmond in den Festtagen,
7. wie die Sonne, die auf den Tempel Gottes scheint,
    und wie der Bogen, der in den Wolken sichtbar wird,
8. wie die Blütenzweige in den Tagen der Ähren
    und wie die Lilien an den Wasserbächen,
    wie das Gewächs des Libanon in den Sommertagen
9. und wie das Weihrauchfeuer auf der Pfanne,
    wie ein goldenes Kleinod, das (bunt) ausgelegt,
    das mit allerlei Edelsteinen besetzt ist,
10. wie eine grüne Olive, voll von Beeren,
    und wie ein Ölbaum, reich an Zweigen!

11. Wenn er die Prachtgewänder anlegte
    und in den höchsten Schmuck sich kleidete,
    wenn er den herrlichen Altar bestieg
    und den Umgang des Heiligtums [betrat],
12. wenn er die Opferstücke aus der Hand seiner Brüder hinnahm,
    während er bei den Holzstössen stand,
    rings um ihn der Kranz seiner Söhne,
    wie Cedernpflänzlinge auf dem Libanon,
    und wie Bachweiden ihn umgaben
13. alle Söhne Aharons in ihrer Pracht,
    die Feueropfer des Herrn in ihren Händen,
    vor der ganzen Gemeinde Israels.

14. Bis dass er den Dienst am Altar vollendet
    und die Opfer des Höchsten geschichtet hatte,
15. und nach der Kanne die Hand ausstreckte,
    und von Traubenblut die Spende goss,
    und sie ausschüttete an den Fuss des Altars,
    zu süssem Geruch für den höchsten Gott, —
16. da posaunten die Söhne Aharons,
    mit den Hörnern von getriebener Arbeit,
    sie posaunten mit gewaltigem Schall,
    um es ins Gedächtnis zu bringen vor dem Höchsten.

17. Alles Fleisch zusamt beeilte sich,
   und sie fielen auf das Angesicht zur Erde,
   sich niederzuwerfen vor dem Höchsten,
   vor dem Heiligen Israels.
18. Und die Sänger liessen ihre Stimme vernehmen
   und zur Musik lieblichen Jubel erklingen,
19. und es jubelte das ganze Laienvolk
   im Gebet vor dem Erbarmer.

   Bis dass er den Dienst des Herrn vollendet
   und seine Gebühr ihm nahe gebracht hatte,
20. da stieg er herab und erhob seine Hände
   über die ganze Gemeinde Israels,
   den Segen des Herrn auf seinen Lippen,
   und mit dem Namen des Herrn stand er herrlich da.
21. Und abermals fielen sie nieder, zu empfangen
   die [Rechtfertigung] Gottes durch ihn.

22. Und nun preiset den allmächtigen Gott,
   der wunderbar waltet auf Erden,
   der den Menschen aufzieht vom Mutterleibe an
   und aus ihm etwas macht nach seiner Huld!
23. Er gebe euch Weisheit ins Herz,
   und möge Friede unter euch sein!
24. Möge seine Gnade bei Simon bleiben,
   und er für ihn aufrecht halten den Pinehasbund,
   dass ihm nie ein Nachfolger fehle,
   noch seinen Nachkommen, solange der Himmel ist!

25. Zwei Völker verabscheut meine Seele,
   und das dritte ist ein Unvolk:
26. die Bewohner von Seir und Philistäa,
   und das verruchte Volk, das in Sichem wohnt.

27. Weise Lehre und kunstgerechte Sprüche
   von Jesus, dem Sohne Eleazars, des Sohnes Siras,
   was er [Göttliches verkündete] in der Deutung seines Herzens,
   und was er lehrte in Einsicht.
28. Selig der Mann, der über diese Worte nachdenkt!
   und wer sie zu Herzen nimmt, wird weise werden,

29. und wer sie tut, wird über alles erhaben sein,
     denn die Furcht des Herrn ist ihr Wesen.

51, 1. Ich will dir Bekenntnis geben, o Herr, du König,
     ich will dich preisen, du mein hülfreicher Gott,
     ich will rühmen deinen Namen, du Hort meines Lebens,
2.   weil du meine Seele vom Tode erlöstest.
Du bewahrtest mein Fleisch vor der Grube,
     und aus der Gewalt der Hölle rissest du meinen Fuss.
Du rettetest mich vor der Geissel der verläumderischen Zunge
     und vor den Lippen der lügnerischen Verräter.
Gegen meine Widersacher standest du mir bei
3.   und halfest mir nach deiner grossen Güte
aus der Schlinge derer, die auf [meinen Fall] lauerten,
     und aus der Gewalt derer, die mir nach dem Leben
                                                    trachteten,
     aus vielen Nöten, die mich trafen,
4.   aus der Bedrängnis der Flamme, die mich umringte,
aus der Glut eines Feuers, das nicht angeblasen,
5.   aus dem Schosse einer Flut, [die kein Wasser war],
vor den ruchlosen Lippen und den Lügenzettlern
6.   und den Pfeilen der trugvollen Zunge.

Nahe an das Totenreich kam meine Seele,
     und mein Leben an die unterste Hölle.
7. Ich wandte mich nach allen Seiten und da war kein Helfer —
     und ich schaute aus nach Beistand und da war keiner.
8. Ich gedachte aber an die Barmherzigkeit des Herrn
     und an seine Güte, die von Ewigkeit her ist,
der da rettete, die zu ihm flüchteten,
     und sie befreite aus allem Übel.
9. Und ich erhob von der Erde meine Stimme,
     und von den Toren der Hölle rief ich um Hülfe,
10. und ich rief: Herr, mein Vater bist du,
     [mein Gott und] mein hülfreicher Held.
Gib mich nicht preis zur Zeit der Not,
     am Tage von Sturz und Einsturz.

11. So will ich deinen Namen preisen immerdar
und dir lobsingen im Gebet.
Da hörte der Herr auf meine Stimme
und merkte auf mein Flehen,

12. und er befreite mich aus allem Übel
und rettete mich am Tage der Not.
Darum gebe ich Bekenntnis und will preisen
und benedeien den Namen des Herrn:

(1.) Gebt Bekenntnis dem Herrn, denn er ist gütig,
denn ewig währt seine Gnade.

(2.) Gebt Bekenntnis dem Gott der Lobpreisungen,
denn ewig währt seine Gnade.

(3.) Gebt Bekenntnis dem Hüter Israels,
denn ewig währt seine Gnade.

(4.) Gebt Bekenntnis dem Schöpfer des Alls,
denn ewig währt seine Gnade.

(5.) Gebt Bekenntnis dem Erlöser Israels,
denn ewig währt seine Gnade.

(6.) Gebt Bekenntnis dem, der die Zerstreuten Israels
sammelt,
denn ewig währt seine Gnade.

(7.) Gebt Bekenntnis dem, der seine Stadt und sein
Heiligtum baut,
denn ewig währt seine Gnade.

(8.) Gebt Bekenntnis dem, der dem Hause Davids ein
Horn sprossen lässt.,
denn ewig währt seine Gnade.

(9.) Gebt Bekenntnis dem, der die Söhne Sadoks erwählt hat, Priester zu sein,
denn ewig währt seine Gnade.

(10.) Gebt Bekenntnis dem Schilde Abrahams,
denn ewig währt seine Gnade.

(11.) Gebt Bekenntnis dem Felsen Isaaks,
denn ewig währt seine Gnade.

(12.) Gebt Bekenntnis dem Starken Jakobs,
denn ewig währt seine Gnade.

(13.) Gebt Bekenntnis dem, der Zion erwählt hat,
denn ewig währt seine Gnade.

(14.)   Gebt Bekenntnis dem König der Könige der Könige,
      denn ewig währt seine Gnade.
(15.)   Und er hat erhöht ein Horn seinem Volke,
      zum Ruhme für alle seine Frommen,
(16.)   für die Söhne Israels, das Volk, das ihm nahe ist, —
      Halleluja!

13. א   Als ich jung war und bevor ich auf Reisen ging,
      hatte ich Gefallen an ihr und suchte sie.
14. ב   In meiner Jugend bat ich im Gebet,
      und bis zum Ende will ich ihr nachtrachten.
15. ג   Sie gedieh wie eine reifende Traube,
      mein Herz freute sich an ihr.
   ד   Es trat mein Fuss in ihre [Fährte],
      von Jugend auf spürte ich ihr nach.
16. ה   Ich neigte ein wenig mein Ohr und lernte,
      und viel Erkenntnis erlangte ich.
17. ו   Und ihr Joch trug mir Ehre ein,
      und ich gebe Bekenntnis dem, der mich anstachelte.
18. ז   Ich war bedacht, sie wohl (zu erforschen),
      und ich wurde nicht zu Schanden, sondern ich fand sie.
19. ה   Meine Seele hing ihr an,
      und mein Angesicht wandte ich nicht von ihr ab.
   ט   (Ich liess mich nieder bei ihrem Hause)
      und in Ewigkeit werde ich von ihr nicht weichen.
   י   Meine Hand öffnete ihre Pforte,
      und ich trat ein zu ihr und betrachtete [sie].
20ᵃ. כ   Ich richtete meinen Sinn, ihr nachzufolgen,
   c   und unverfälscht fand ich sie.
   ᵇ ל   Verstand gewann ich mir durch ihre [Lenkung],
   d   darum werde ich nie von ihr lassen.
21. מ   Mein Inneres wogte, sie auszukundschaften,
      darum gewann ich sie zu gutem Besitz.
22. נ   Es gab mir der Herr den Erfolg meiner Lippen,
      und mit meiner Zunge preise ich ihn.
23. ס   Kehrt ein bei mir, ihr Unverständigen,
      und verweilet in meinem Lehrhause.

24. ע Wie lange wollt ihr dies und das entbehren,
       und soll eure Seele so durstig sein?
25. פ Ich tue meinen Mund auf und rede von ihr,
       erwerbt euch Weisheit umsonst!
26. צ Bringt euern Hals in ihr Joch,
       und möge eure Seele ihre Last tragen!
    ק Nahe ist sie denen, die sie suchen,
       und wer sich daran hingibt, findet sie.
27. ר Sehet mit euern Augen, dass ich mich wenig gemüht
       und viel Ruhe gefunden habe.
28. ש Höret meine Lehre, wenig an Zahl,
       und viel Silber und Gold sollt ihr mit ihr erwerben.
29. ת Möge meine Seele sich freuen an meinem Hörerkreis,
       und ihr sollt nicht zu Schanden werden, wenn ihr
                                    mein Lob singt.
30. . Tut euer Werk vor der Zeit,
       so wird Er euch den Lohn geben zur rechten Zeit.

Gepriesen sei der Herr in Ewigkeit, und gelobt sei sein Name in alle Zukunft!
Die Weisheit des Jesus des Sohnes Eleazars des Sohnes Siras.

Breinigsville, PA USA
29 December 2010
252387BV00005B/5/P

ספר חכמת

ישוע בן אלעזר בן סירא

בלשון עברית עם העתקה אשכנזית

הוציא לאור

רודָלף סמֶנד

פרופיסור באוניברסיטה בגטינגן

עם מלון עברי

ברלין

גיאורג ריימער

תרס"ו

Blatt 2 und 5 des Cod. B (= 34, 12—34, 31.
36, 24—37, 26)

veröffentlichte G. Margoliouth aus Erwerbungen des British Museum
in der Jewish Quarterly Review XII S. 1—33 (Oktober 1899).

Blatt 3 und 4 des Cod. A (7, 29 a—12, 1)

machte aus seinem Privatbesitz E. N. Adler ebenda S. 466—480
(April 1900) bekannt.

Blatt 1 und 4 des florilegistischen Cod. C,

die er nachträglich unter seinen Ausgrabungen gefunden hatte,
gab Schechter ebenda S. 456—465 (April 1900) heraus.

Blatt 2 des Cod. C,

das der Baron E. von Rothschild gekauft und der Bibliothek
des israelitischen Consistoriums in Paris geschenkt hatte, wurde
von Israel Lévi in der Revue des Etudes Juives XL S. 25—30
(Janvier-Mars 1900) veröffentlicht.

Blatt 3 des Cod. C

hat in der Jewish Quarterly Review XII S. 688—702 (July 1900)
M. Gaster aus seinem Privatbesitz bekannt gegeben.

Cod. D, nur ein Blatt (= 36, 29—38, 1 a),

das ebenfalls der Baron E. von Rothschild dem israelitischen
Consistorium in Paris geschenkt hat, wurde erkannt und heraus-
gegeben von Israel Lévi in der Revue des Études Juives XL
S. 1—25 Janvier-Mars 1900).

Schlechte Facsimiles der Oxforder Blätter des Cod. B
wurden 1897 ausgegeben (Collotype Facsimiles of the Oxford
Fragment of Ecclesiasticus. Oxford, Clarendon Press). Facsi-
miles sämtlicher Fragmente erschienen 1901 (Facsimiles of the
fragments hitherto recovered of the book of Ecclesiasticus in
Hebrew. Oxford, University Press. Cambridge, University Press).
Letztere waren z. T. schon den Publikationen der einzelnen
Fragmente beigegeben.

Einen vollständigen Abdruck aller Fragmente gab nach
eigener Lesung der Handschriften Israel Lévi: L'Ecclésiastique,
texte original hébreu, édité, traduit et commenté, I. II. Partie,
Paris 1898. 1901 (Bibliothèque de l'école des hautes études.

EINLEITUNG.

Von den hebräischen Sirach - Handschriften, die ich nach
S. Schechter mit A, B, C, D bezeichne, wurde zuerst

Blatt 7 des Cod. B (= 39, 15c—40, 8)[1]

bekannt. Von Frau A. S. Lewis und Frau M. D. Gibson er-
worben, wurde es von S. Schechter identifiziert und im Expositor
(July 1896 S. 1—15) veröffentlicht.

Blatt 8—16 des Cod. B (= 40, 9—49, 11)

gelangten fast gleichzeitig durch A. H. Sayce in die Bodleyanische
Bibliothek in Oxford. Sie wurden samt dem Blatt 7 heraus-
gegeben von A. E. Cowley und A. Neubauer (The Original Hebrew
of a portion of Ecclesiasticus, Oxford 1897). Diese Blätter und
alle später entdeckten Fragmente stammten aus der Geniza der
Synagoge in Alt-Kairo, die S. Schechter, damals Lector an der
Universität Cambridge, im J. 1897 vollständig ausgeräumt hat.[2]
Hierbei gelangten in die Cambridger Bibliothek

Blatt 1. 3. 4. 6. 17—19 des Cod. B (= 30, 11—34, 11.
35, 1b—36, 3. 32, 11—36, 26. 37, 27—38, 27b).

Ausserdem entdeckte Schechter unter seinen Funden

Blatt 1. 2. 5. 6 des Cod. A (= 3, 6b—7, 29a.
11, 34b—16, 26a).

Alle diese Stücke edierte er in Gemeinschaft mit C. Taylor (The
Wisdom of Ben Sira, portions of the book Ecclesiasticus, Cambridge 1899).[3]

---

[1] In der Zählung der Kapitel und Verse folge ich überall Tischendorf's
und Swete's Ausgaben der LXX.

[2] Vgl. seinen Bericht in der Times vom 3. August 1897.

[3] An einzelnen Stellen wurden Schechters und Taylors Lesungen
berichtigt von A. E. Cowley in der Jewish Quarterly Review XII S. 109 ff.

Blatt 2 und 5 des Cod. B (= 34, 12—34, 31.
36, 24—37, 26)

veröffentlichte G. Margoliouth aus Erwerbungen des British Museum
in der Jewish Quarterly Review XII S. 1—33 (Oktober 1899).

Blatt 3 und 4 des Cod. A (7, 29a—12, 1)

machte aus seinem Privatbesitz E. N. Adler ebenda S. 466—480
(April 1900) bekannt.

Blatt 1 und 4 des florilegistischen Cod. C,

die er nachträglich unter seinen Ausgrabungen gefunden hatte,
gab Schechter ebenda S. 456—465 (April 1900) heraus.

Blatt 2 des Cod. C,

das der Baron E. von Rothschild gekauft und der Bibliothek
des israelitischen Consistoriums in Paris geschenkt hatte, wurde
von Israel Lévi in der Revue des Etudes Juives XL S. 25—30
(Janvier-Mars 1900) veröffentlicht.

Blatt 3 des Cod. C

hat in der Jewish Quarterly Review XII S. 688—702 (July 1900)
M. Gaster aus seinem Privatbesitz bekannt gegeben.

Cod. D, nur ein Blatt (= 36, 29—38, 1a),

das ebenfalls der Baron E. von Rothschild dem israelitischen
Consistorium in Paris geschenkt hat, wurde erkannt und heraus-
gegeben von Israel Lévi in der Revue des Études Juives XL
S. 1—25 Janvier-Mars 1900).

Schlechte Facsimiles der Oxforder Blätter des Cod. B
wurden 1897 ausgegeben (Collotype Facsimiles of the Oxford
Fragment of Ecclesiasticus. Oxford, Clarendon Press). Facsi-
miles sämtlicher Fragmente erschienen 1901 (Facsimiles of the
fragments hitherto recovered of the book of Ecclesiasticus in
Hebrew. Oxford, University Press. Cambridge, University Press).
Letztere waren z. T. schon den Publikationen der einzelnen
Fragmente beigegeben.

Einen vollständigen Abdruck aller Fragmente gab nach
eigener Lesung der Handschriften Israel Lévi: L'Ecclésiastique,
texte original hébreu, édité, traduit et commenté, I. II. Partie,
Paris 1898. 1901 (Bibliothèque de l'école des hautes études.

Sciences réligieuses. Vol. X, Fasc. I. II). Ausserdem: The
Hebrew Text of the book of Ecclesiasticus edited with brief notes
and a select glossary by Israel Lévi, Leiden 1904 (Semitic
Study Series ed. by Gottheil and Jastrow, No. III). Ferner
N. Peters, Der hebräische Text des Ecclesiasticus untersucht,
herausgegeben, übersetzt und mit kritischen Noten versehen.
Freiburg i./Br. 1902. Ausserdem: Liber Jesu filii Sirach sive
Ecclesiasticus Hebraice ed. N. Peters, Friburgi Brisg. 1905.
Endlich: H. L. Strack, Die Sprüche Jesus', des Sohnes Sirachs.
Leipzig 1903 (Schriften des Institutum Judaicum in Berlin
No. 31).

Dass in den Fragmenten der Urtext, und nicht etwa eine
Rückübersetzung aus dem Griechischen oder Syrischen vorliegt,
erhellt auf Schritt und Tritt aus der Diktion des Hebräers, der
Eigenart seiner Sprache und der Ueberlegenheit des von ihm
gebotenen Sinnes. Betreffs des Syrers lässt sich obendrein
zeigen, dass er den Hebräer und den Griechen voraussetzt.
Uebrigens werden durch den hebräischen Text viele Ueber-
setzungsfehler des Griechen und des Syrers aufgeklärt. So
geht beim Griechen 41, 19 θεός auf אלה (= Fluch) zurück,
43, 4 ἐκφυσῶν auf נושבת (= Wohnland); beim Syrer 11, 27 תשכח
(sie findet) auf תשכח (= sie macht vergessen), 40, 13 קלילתא
(leichte) auf קלות (= Donnerschläge). Ebenso häufig sind Lese-
fehler, so beim Griechen 6, 30 עליה für עלה, 39, 30 בארץ für באוצר,
47, 18 אל (Gott) für על; beim Syrer z. B. 13, 16 מן (von) für מין,
36, 31 צבי für צבא.[1])

------

[1]) Israel Lévi, der zeitweilig den Hebräer im Ganzen für eine Retro-
version aus dem Syrischen erklärte, hat diese Behauptung später (L'Ecclésiastique II p. XVIII—XLV) im Wesentlichen auf das Gedicht 51, 13—30 ein-
geschränkt. Daneben will er noch manche Dubletten von Versen und auch
einzelne schlechte Lesarten aus Rückübersetzung erklären. Ich habe seine
Aufstellungen, soweit sie irgendwie discutabel sind, in meinem Kommentar
widerlegt. Uebrigens habe ich dort in den Prolegomena gezeigt, dass die
Dubletten des Hebräers, wenigstens zumeist, schon dem Syrer vorlagen. Die
Möglichkeit, dass der hebräische Text nach den Uebersetzungen korrigiert
wäre, ist an sich natürlich zuzugeben. Aber Beweise sind dafür nirgendwo
erbracht, und unglaublich ist es, dass ein Glossator, wie J. Lévi behauptet,
an manchen Stellen einen sinnvollen und leicht verständlichen Text nach dem

Den ungefähr 1616 Distichen des griechischen Vulgärtextes
stehen in den hebräischen Handschriften etwa 1056 echte Distichen
gegenüber, so dass einschliesslich der rabbinischen Citate 1064
hebräische Distichen erhalten sind. Darunter befinden sich 26,
die im Griechen fehlen. Im Ganzen besitzen wir also nahezu
zwei Drittel des Urtextes. An Umfang entspricht das dem Buche
Hiob, das 1070 masorethische Verse hat.

Die vier Handschriften sind sämtlich fragmentarisch, indessen ergänzen sie sich gegenseitig in sehr glücklicher Weise.
Allerdings geht D (nur ein Blatt) lediglich dem B in 36, 29—38, 1
parallel und dabei deckt er sich im Wesentlichen mit den Randlesarten des B. Der florilegistische Codex C gibt nur zur Hälfte
Stichen, die in A und B nicht vorkommen. Aber dabei ist sein
Text von eigenartigem Wert. Dagegen ist in A die erste Hälfte
des Buches zum grössten Teil erhalten, und ebenso in B die
zweite. Dass die Fragmente in solchem Grade einander ergänzen,
kann nicht auf blossem Zufall beruhen. Schwerlich hat der
letzte Eigentümer von den beiden Hälften des Buches viel mehr
besessen, als gegenwärtig in A und B vorliegt.

Wann die Fragmente in die Geniza gelangten, ist nicht
auszumachen. G. Margoliouth glaubt freilich in Cod. B jüngere
Randlesarten zu entdecken, die nicht vor dem 17. Jahrhundert
anzusetzen wären. Wie ich unten bei Besprechung des Cod. B
zeigen werde, ist das schwerlich zutreffend. Eine obere Grenze
für das Alter der Handschriften ist aber damit gegeben, dass sie
alle von Papier sind. Danach könnten sie frühestens aus dem
9. Jahrhundert stammen, was Adler (Jewish Quarterly Review XII
467) für A annimmt. Dagegen wird A von Schechter (The
Wisdom S. 8) in die Mitte des 11. Jahrhunderts oder noch
früher angesetzt. B ist nach Schechter (Expositor, July 1896
S. 4) spätestens zu Anfang des 12., nach Cowley-Neubauer (The
Original S. XII) frühestens gegen das Ende des 11. Jahrhunderts
geschrieben. Gaster (Jewish Quarterly Review XII 688 ff.) erklärt C für die älteste Handschrift, sie stammt nach ihm aus
dem Ende des 10. oder dem Anfang des 11. Jahrhunderts. Israel

---

Syrer in baaren Unsinn korrigiert hätte. Uebrigens ist beim Syrer zu 84, 18
מטל חנא natürlich nicht = כי זת, womit J. Lévi es identifiziert, sondern = על כן.

Lévi hält auch D für älter als das 12. oder gar als das 11. Jahrhundert (L'Ecclésiastique II S. IX). Die Schrift der Codices
wird für orientalisch erklärt, näher ist die Heimat der Fragmente
aus ihr wohl auch kaum zu bestimmen.

————

Cod. A besteht aus 6 Blättern, die sich aneinander anschliessen und den Text von 3, 6b bis 16, 26a umfassen. Ausserdem ist in A 2, 18d hinter 6, 17 erhalten, 23, 16 f hinter 12, 14,
und 27, 5. 6 hinter 6, 22. Das vorn fehlende Blatt enthielt, wenn
es vollständig beschrieben war, 1, 1—3, 6a in erweiterter Gestalt.
Denn in A entspricht je ein Blatt durchschnittlich 66 Disticha
des griechischen Vulgärtextes. Dagegen hat der griechische Vul-
gärtext in 1, 1—3, 6 nur 53, der erweiterte griechische Text 59,
der Syrer ebenfalls 59, die freilich von den griechischen z. Th.
ganz verschieden sind. Dies eventuelle Plus des A kann darauf
beruhen, dass er am Anfang des Buches wie späterhin mehrere
Distichen in doppelter Gestalt hatte.

Im Ganzen ist A gut erhalten, aber auf den Adler ge-
hörigen Blättern sind manche Stellen unlesbar oder auch zerstört.

Die Blätter sind 17,5 cm hoch und 11 breit, der beschriebene Raum durchschnittlich 15, 2 und 8,4 cm. Auf jeder
Seite stehen 28—29 Zeilen. Die Quadratschrift hat schwache
Neigung zur Kursive, die gewöhnlichen Buchstaben sind 2 mm
hoch. Der Text ist fortlaufend geschrieben; am Schluss der
Distichen steht ein Soph Pasuk[1]), selten ein einfacher Punkt (vgl.
z. B. 4, 14. 6, 10. 10, 10). Dahinter ist meistens ein kleiner
Zwischenraum freigelassen. Um ein Distichon auf der Seite zu
beendigen, sind zweimal ein oder zwei Wörter unter die Kolumne
gesetzt. Um die Zeile zu füllen, werden die Literae dilatabiles
gedehnt, mehrmals ist aber auch eine Lücke geblieben, die mit
einem leicht geschwungenen horizontalen Strich ausgefüllt ist
(7, 20. 11, 34. 16, 10. 15). Zweimal finden sich in der Zeile
grössere Lücken, die einen Abschnitt anzeigen sollen, eine Sethûma
hinter 4, 10, eine Pethûcha hinter 13, 1. Das Tetragrammaton er-

————

[1]) Er kommt noch im 12. Jahrhundert in nichtbiblischen Texten vor
(vgl. z. B. The Palaeographical Society ed. W. Wright, London 1875—83, Pl. XV).

scheint in der Gestalt ‎רֹ‎¹). Ferner ist ‎אל‎ meistens zu der be-
kannten Ligatur zusammengezogen.

Seltene Wörter sind zuweilen vokalisiert (wie ‎רִשׁע‎ 4, 29
vgl. ‎רֹשׁע‎ 11,12), aber auch gewöhnliche (wie ‎וְיֵצֵא לָהֶם‎ 7, 23). Hin
und wieder sind ganze Verse mit Vokalen und Accenten versehen
(wie 9, 3. 4. 10, 2. 11, 6—8). Auch vereinzelte Accente kommen
vor (wie 11, 10). Zuweilen widerspricht die Vokalisation den Kon-
sonanten (wie ‎נְטוֹחָה‎ 6, 22, ‎צָדָיךָ‎ 13,6, ‎שָׁרְוּת‎ 14,11). Die ‎בנדכפת‎ haben
sehr oft den Raphe-Strich, kaum einmal (11, 7) das Dagesch lene.

Fehlerhafte Buchstaben sind mit oberen (4, 21. 15, 14. 16, 8)
Punkten bezeichnet. Ein fehlerhaftes ‎על‎ hat 15, 19 obere und
untere Punkte. Sonst sind fehlerhafte Wörter horizontal durchgestrichen (3, 19. 14, 23. 16, 15), und die Korrektur eventuell
darübergesetzt (14, 18. 16, 22). Ausgelassene Buchstaben sind
über der Zeile nachgetragen (6, 11. 11, 34, 13, 2. 22. 14, 9. 15, 14),
ebenso Wörter (11, 21. 13, 2), einmal ein ganzer Vers (15, 9).
Einmal ist ein Vers am Rande nachgetragen (14, 18 cd); anderswo
zwei Wörter (10, 13). Sonderbar stehen 11, 25. 15, 12. 14 über
einzelnen Wörtern die Buchstaben ‎ט‎ und ‎ה‎. Da die betr. Wörter
beide Mal dieselbe Stelle im Verse einnehmen, so liegen wohl
die Anfangsbuchstaben von Accenten vor. Dann ist ‎ט‎ = Tifcha
praepositivum, das die Hs. 9, 3. 10, 2. 11, 6—8 an dieser Stelle
hat. Hinter ‎ה‎ wird ein mir unbekannter Name für Athnach
stecken.

Zu 8, 2 ist mit einem Ring über ‎לא‎ auf ein am Rande
stehendes ‎לֹ‎ ‎ק‎ verwiesen, sonst geschieht das mit ∴, das am
Rande bei der Variante wiederholt wird (so 3, 17). Aber bei
12, 14, wo die Variante getilgt ist, fehlt ∴ am Rande und im
Text, und 16, 13, wo das entsprechende Textwort unmittelbar
daneben steht, fehlt ∴ am Rande. Uebrigens erscheint ∴ bei
8, 7. 10, 1. 16 im Text und am Rande, ohne dass eine Variante
erkennbar wäre. Bei 8, 7 scheint freilich ein ‎מת‎ verwischt zu
sein. Ebenso steht 4, 26. 27. 6, 10. 11. 7, 2. 3. 10, 9. 10. 10, 11.
12. 11, 9. 10. 13, 22. 14, 15. 16 ein ∴ ohne Variante nur am
Rande, aber nicht im Text. Vielleicht standen hier überall in

---

¹) Ueber Alter und Heimat der Schreibweise ‎רֹ‎, vgl. Steinschneider,
Monatsschrift XL 130 ff., und dagegen Schechter, The Wisdom of Ben Sira S. 8.

der Vorlage Varianten, die der Kopist entweder nicht entziffern konnte oder nachzutragen vergass.

———

Vom Cod. B sind 19 Blätter erhalten, die 30, 11—36 (33), 3. 32 (35), 11—38, 27b. 39, 15c—51, 30 umfassen. Für die erste der beiden Lücken hat der griechische Text 68 Distichen, für die zweite 37. Da B auf jedem Blatt 36 Zeilen hat, denen regelmässig 36 Distichen entsprechen, so sind an erster Stelle zwei Blätter, an zweiter ein Blatt verloren gegangen. Hierbei ist zu berücksichtigen, dass B zuweilen auch zwei Distichen in einer Zeile hat und dass er anderswo, zur Bezeichnung eines Abschnittes, eine ganze Zeile frei lässt. Uebrigens fehlen in B wie in A manche Distichen, andere sind in doppelter Gestalt überliefert. Die Blätter des Cod. B sind sämtlich beschädigt. Durch Feuchtigkeit haben sie, namentlich im unteren Drittel, so stark gelitten, dass hier überall 1—6 Zeilen mehr oder weniger zerstört sind. Blatt 2, 5, 7, 16 haben dadurch den unteren Rand und damit 1 oder 2 Zeilen völlig eingebüsst. Von den etwa 680 Zeilen der Handschrift sind kaum $^3/_4$ unverletzt erhalten. Das den Frauen Lewis und Gibson gehörige Blatt (7) und die Oxforder Blätter (8—16) sind ausserdem stark beschmutzt und abgerieben. Ueberhaupt ist die dick aufgetragene Tinte öfter abgesprungen. Die Oxforder Blätter sind, um sie lesbarer zu machen, gereinigt und sodann mit durchsichtigem Stoff überklebt, um das brüchige Papier zusammenzufügen. Man hat sie aber vor ihrer Reinigung und Ueberklebung photographiert, und auf diesen Photographien beruhen die im J. 1897 ausgegebenen Facsimiles. Diese Facsimiles sind sehr schlecht ausgeführt, ich verdanke aber der Liberalität von Clarendon Press weit bessere photographische Kopien der Platten. Dagegen geben die Facsimiles von 1901 den gegenwärtigen Zustand der Blätter wieder, und eine Vergleichung zeigt, dass sie bei der Reinigung und Ueberklebung beschädigt sind. Manche Stellen sind auf den Photographien viel lesbarer als auf den Facsimiles von 1901 und in der Handschrift selbst. Uebrigens sind manche kleine Bruchstücke verloren gegangen. So sind z. B. auf der Photographie Fol. 8r (= Oxford 1r) 40, 23 ōȳ, v. 24 ѡ, v. 25 ὁ ϥ,

v. 26 𝔥𝔥 erhalten, die in der Handschrift bezw. dem Facsímile von 1901 fehlen.[1]) Allerdings fehlen die betr. Partikeln auch schon auf der Photographie von Fol. 8 v.

Der Schaden, den die Handschrift durch die Unbill der Zeiten erlitten hat, wird dadurch verringert, dass meistens nur die Zeilen zerstört sind, nicht aber das zwischen ihnen frei gebliebene Papier. Deshalb sind in den meisten Fällen Spuren der Buchstaben erhalten, die die zerstörten Wörter zu erraten gestatten. Aber eben damit stellt die Handschrift auch sehr viele Rätsel, deren Lösung nicht immer gelingt.

Die Blätter sind 19—19,3 cm hoch und 16,9—17,2 breit, der beschriebene Raum 15,5 und 13. In ihrer ganzen Breite sind die Blätter in Abständen von 5,5 mm für 18 Zeilen liniiert, dabei ist aber der Rand rechts und links durch vertikale Linien abgeschiert. Der Text ist in schöner Quadratschrift, die unter der Linie steht, mit Buchstaben von 3—4 mm Höhe stichisch geschrieben, so dass regelmässig zwei Stichen in einer Zeile stehen. Die Lücken zwischen den beiden Stichen sind nicht immer von gleicher Grösse. Auch ist die Schrift im zweiten Stichus öfter so zusammengedrängt, dass die Buchstaben nur $^3/_4$ oder $^2/_3$ des gewöhnlichen Raumes einnehmen. Ist daher der Schluss des ersten Stichus oder der zweite Stichus z. T. zerstört, so ist zuweilen nicht sicher zu bestimmen, wie viel Buchstaben fehlen. Uebrigens erstreckt sich die Textzeile öfter bis auf den linken Rand. Selten sind die Stichen unrichtig abgeteilt (39, 26. 45, 10 ab. 47, 22 cd. 50, 24 cd). Oefter ist aber der zweite Stichus ohne Zwischenraum an den ersten angeschlossen, so namentlich, wenn die Stichen zu lang waren (34, 20 cd. 34, 20 ab[2]. 35, 7. 37, 3. 42, 8 ab. 44, 16. 46, 19[2]. 47, 23 ef. 49, 7 cd. 50, 22 ab). Aber auch ohne Not ist das geschehen (37, 6. 38, 3. 46, 8 cd. 51, 25). Anderswo sind in die zweite Hälfte der Zeile zwei Stichen zusammengedrängt (35, 1 c 2 a. 46, 11 d. 12 b 51, 1 ab), einmal sogar drei (46, 20 bcd), oder es sind ohne Zwischenraum drei Stichen (34, 15 a. 16. 34, 19 a. 21. 35, 4. 45, 26 acd. 46, 18. 51, 20 cb d) oder gar vier (43, 30. 46, 19. 51, 12 [15] [16]) in die Zeile

---

[1]) Die Facsimiles von 1898 sind sehr schlecht lesbar, aber auch aus ihnen lässt sich der Verlust als solcher an dieser und an anderen Stellen leicht erkennen.

gepresst. In solchem Fall geht die Quadratschrift am Schluss
der Zeile meistens in eine minutiöse Kursive über. Dabei ist
43, 30 das letzte Wort sogar abgekürzt.

Die Distichen haben am Schluss überall den Soph Pasuk,
der 43, 30. 46, 19. 20, wo mehr als zwei Stichen in der Zeile
stehen, auch mitten in der Zeile vorkommt (vgl. auch zu 42, 6 a).
Zur Bezeichnung eines Abschnitts ist 34, 12. 38, 1. 24. 41, 14.
42, 9. 15. 44, 1. 51, 13 eine Zeile freigelassen. Es hätte das
namentlich auch bei 50, 1. 51, 1 geschehen sollen. Am Anfang
und am Schluss des Gebets 33 (36), 1—36, 23 steht bei 33, 1
über der Kolumne, die hier beginnt, und ebenso bei 36, 23 am
Rande ein פ. Augenscheinlich weist ׃ auf eine Stelle im Text
hin, wo פ (= פסקא oder פסוק, d. h. Lücke) vergessen war. Falsch
steht פ auch 51, 12 am Rande, wo kein neuer Abschnitt beginnt,
und ebenso bei 38, 13 über der Kolumne, wo vielmehr bei v. 16
ein Zwischenraum am Platze wäre. ⸗ Uebrigens stehen 34, 12.
41, 14. 44, 1 Ueberschriften in der leer gelassenen Zeile. Ich
habe das Alter der stichischen Schreibung, der Textabteilung
und der Ueberschriften in den Prolegomena meines Kommentars
erörtert.

Das Tetragrammaton wird ייי oder auch wohl ײַ geschrieben.
Vokalzeichen sind übrigens in B viel seltener als in A, und
finden sich nur vereinzelt, so im Text 30, 20. 36, 28. 38, 26.
39, 15. 40, 9. 10, am Rande 30, 17. 33, 6. 37, 3. 9. 41, 17.
Ausserdem steht 42, 3. 18 am Schluss des ersten Stichus ein ֹ,
das man wegen seiner Stellung in unbetonter Silbe für ein
babylonisches Cholem, sonst eher für ein Zakef halten sollte.
Es findet sich aber auch 38, 17, wo keine der beiden Deutungen
passt.

Getilgt sind einzelne Buchstaben 42, 3. 9, ein Wort 34, 14
durch vertikale Striche, mehrere 41, 14 durch ׳׳׳. Nachgetragen
sind einzelne Buchstaben über der Zeile 41, 20. 45, 23, und zwar
über den beiden Buchstaben, zwischen denen sie eingeschaltet
werden sollen; ebenso einzelne Wörter 43, 21 und 45, 9 am Rande.

Von besonderem Interesse ist der Varianten - Apparat der
Handschrift, da man annehmen darf, dass ihr hierin einigermassen
die vormasorethischen Handschriften der kanonischen Bücher

ähnlich waren. Auch Varianten stehen öfter über den Zeilen, so einzelne Buchstaben 34 (31), 19. 20 und am Rande 32 (35), 12. 37, 12, einzelne Wörter 38, 25. 41, 5. 42, 3. 47, 10 und am Rande 37, 5. Anderswo sind Varianten unter die Zeile gesetzt, so einzelne Wörter 30, 12. 32, 12. 42, 8, ein ganzer Stichus 36, 26. Aber die Hauptmasse der Varianten steht am Rande. Oefter finden sich da zwei oder gar drei Varianten zu demselben Wort, aber auch ganze Stichen und Distichen erscheinen in doppelter Variante wie 36, 24a. 41, 2cd. Zweimal sind mehrere Distichen auch zu dem Zweck am Rande aufgeführt, um auf eine andere Reihenfolge der Stichen hinzuweisen, so 42, 10. 25. 43, 1. Manche Distichen sind überhaupt nur am Rande erhalten, so 30, 19. 20a. 37, 5. 23. 43, 16. 44, 15.

Auf Randlesarten wird im Text durch einen Ring verwiesen. Weicht die Randlesart nur in einem Buchstaben ab, so steht der Ring wie in der Bibel regelmässig über dem betr. Buchstaben des Textworts. Beziehen sich auf ein Wort zwei oder drei Randlesarten, so erhält das betr. Textwort zwei oder drei Ringe (z. B. 43, 26a. 41, 2a). Bezieht sich eine Randlesart auf mehrere auf einander folgende Wörter, so erhält zuweilen jedes der betreffenden Wörter einen Ring (z. B. 43, 8a). Aber meistens steht in diesem Fall nur je ein Ring über dem Zwischenraum der betreffenden Wörter (41, 6a. 40, 14a). Zuweilen steht dieser Ring dann aber auch über dem Anfangsbuchstaben des zweiten Worts (40, 18). Ueber dem Zwischenraum zweier Wörter bedeutet der Ring ausserdem auch die Einschaltung eines Wortes (47, 9a), und ebenso steht er am Anfang des Stichus (44, 1b. 47, 8c) und am Schluss (44, 7a). Vor dem Verse zeigt er auch die Einschaltung eines Verses an (37, 6). Oefter sind aber auch ganze Stichen oder auch ein oder zwei Verse an den Rand geschrieben, ohne dass ihre Stelle im Text bezeichnet wäre.

Die Randlesarten stehen regelmässig in derselben Reihenfolge wie die entsprechenden Textwörter (doch vgl. 41, 12b). Sie stehen auch fast immer neben dem Stichus, zu dem sie gehören. Nur wegen Mangel an Raum steht eine Variante gelegentlich auf dem rechten Rande statt auf dem linken (so 41, 6b). Deshalb kann eine Variante auch wohl neben einem Verse stehen, zu

dem sie nicht gehört (42, 11a). Wie viel Textfehler aber aus
dieser Art von Glossierung entstehen mussten, leuchtet ein.

Oft sind Varianten, die sich auf mehrere Wörter beziehen,
in Abkürzungen geschrieben, die sich aus den entsprechenden
Textesworten erklären. Auf diese Weise scheinen durch Ueber-
sehen der Abkürzung zweimal Fehler in den Text eingedrungen
zu sein (35, 10. 32, 21). Gelegentlich finden sich am Rande aber
auch Abkürzungen, die sich aus dem Text nicht erklären (42,11).

Ueberall bleibt sich der Duktus der Randnoten nicht gleich.
So ist z. B. ישמין 41, 15b und רעה 34, 15 sehr flüchtig geschrieben.
G. Margoliouth (Jewish Quarterly Review XII S. 5. 7. 9) meinte
das letztere und das קנה 36, 29 nicht vor dem 17. Jahrhundert an-
setzen zu dürfen. Auch bei פחד und תחרפהו 34, 30. 31 glaubte
er jüngere Tinte zu bemerken. Aber das קנה 36, 29 ist von den
übrigen Varianten in 36, 29—38, 1, die sich mit Cod. D decken,
nicht zu trennen, und jenes פחד und תחרפהו weicht in den Schrift-
zügen von stark verblassten Varianten nicht ab. In der Hauptsache sind die Varianten jedenfalls von derselben Hand geschrieben
wie der Text. Bezeichnend ist, dass 43, 30 das letzte Wort im
Text wegen Raummangels in Abkürzung geschrieben ist, in
Rücksicht auf die Variante, in der es ausgeschrieben steht.

Die weitaus meisten Randlesarten werden aus einer Handschrift stammen, die dem Cod. D nächstverwandt war. Wenigstens
finden sich in B zu 36, 29—38, 1 nur wenige Varianten, die in
D fehlen. Es ist das aber dieselbe Handschrift, die nach der
persischen Randbemerkung zu 45, 8 nur bis zu dieser Stelle
reichte. Denn später finden sich Randlesarten nur vereinzelt
(47, 8. 9. 15). Persische Randbemerkungen hat B an mehreren
Stellen. Für ihre Erklärung bin ich meinem Kollegen Friedrich
Andreas verpflichtet. Ich meinte früher, die Handschrift selbst
stamme nicht aus dem persischen Sprachgebiet, weil die Schreib-
fehler der Randbemerkungen auf einen des Persischen unkundigen
Abschreiber hinwiesen. Nach Andreas könnte sie trotzdem sogar
das Autograph des Glossators sein. Jedenfalls bietet die Hs.
einen Text, der zunächst im persischen Sprachgebiet seine Heimat
hatte. Sprachlich anstandslos ist die Bemerkung zu einem
apokryphen Verse, der bei 40, 21—26 am Rande steht. Es heisst
da: מי מאניד כו אין נא בינוסכתי אצל בוד אילא כֹו (sic) קול [מ]י גופת d. h.

es scheint, dass dies nicht in der ursprünglichen Handschrift
stand, sondern dass es mündlich überliefert ist. Bei 45, 8 ist
angemerkt: אין נוסכת תא אידר בוד d. h. diese Handschrift ist (reicht)
bis hierher. Dabei ist תא über der Zeile nachgetragen. Auf
35 (32), 1 a b, die gegenwärtig in der Hs. zerstört sind[1]), folgen
in Einer Zeile v. 1 b c 2 a. Dazu ist bemerkt: נ[סם]א אבא נֿ[א]
[ר]ֿר נוסכהא פסוק אֿיסת [א]ן d. h wohl: dieser Halbvers (= v. 1 b)
samt diesem Vers (= v. 1 c. 2 a) ist aus einer anderen Handschrift. Das soll wohl besagen, dass die Wiederholung von
v. 1 b ungehörig ist. Es sollte aber heissen ידינר, was schwerlich
da steht. Auch 32 (35), 26 stand doppelt in der Handschrift,
hier ist die Wiederholung gegenwärtig zumeist zerstört. Dazu ist
bemerkt: אין פסוק אז נוסכתהא ידינ[ר] ואידר זא הישתה בוד וכי נבישתה.
Man muss mit Bacher או für או lesen und erhält dann: Dieser
Vers ist aus anderen Handschriften und war hier weggelassen
und nicht geschrieben. Auch das soll wohl nur besagen, dass
die Wiederholung unecht ist. Ohne Zweifel hat also dieser persische Glossator die meisten Randlesarten beigefügt, die sich in
B finden, und zwar nach jenem Exemplar, das bei 45, 8 ab-
brach. Vielleicht war „diese Handschrift" geradezu Cod. D. Nur
doppelte und dreifache Randlesarten können aus D kaum stammen, da er zu 36, 29—38, 1 keine Varianten hat. Einige Randlesarten fand der Glossator aber wohl schon neben dem Text
des B vor, wie die wenigen, die gegenwärtig noch hinter 45, 8
vorkommen.

Cod. C besteht aus 4 vereinzelten Blättern, die folgende
Stücke enthalten: 1) 4, 23 b. 30. 31. 5, 4—7. 9—13. 36, 24 a;
2) 6, 18 b teilw. [19. 28. 35. 7, 1. 2. 4. 6 a b. 17. 20. 21. 23—25],
worauf ...ת אל folgt; 3) 18, 31 b teilw. — 19, 2 a. 3 b. 20, 5—7.
[37, 19. 22. 24. 26]. 20, 13, worauf חכמה folgt; 4) 25, 8. 13.
17—22. 23 c d. 24. 26, 1. 2 a. Von diesen Versen kommen die
eingeklammerten auch in A, B und D vor. Der Florilegist hat ihm
zusagende Sprüche nach der Reihenfolge des Textes ausgezogen.
Nur ist 36, 24 an 5, 13 angeschlossen, und 20, 7 und 20, 13 sind
durch 37, 19. 22. 24. 26 von einander getrennt. Das beruht

---

[1]) Als sicher erscheint freilich nur, dass in der ersten Hälfte der Zeile
35, 1 a stand; ob v. 1 b folgte, ist zweifelhaft.

wahrscheinlich darauf, dass seine Vorlage mit Parallelstellen
glossiert war, wie sich das überall in der Geschichte des Sirach-
textes nachweisen lässt.

Die Blätter sind 14 cm hoch und 10 cm breit, jede Seite
hat 12 (fol. 1 v aber 11) Zeilen. Der Text ist in schöner
Quadratschrift mit Buchstaben von 4—5 mm Höhe fortlaufend geschrieben. Um die Zeile zu füllen sind einzelne Buchstaben
(auch ר, ע und ר, weniger ל) in die Breite gezogen, aber zuweilen sind grössere Lücken geblieben. Anderswo sind die Zeilen
überfüllt und auch über das gewöhnliche Mass verlängert, so
dass die Zahl der Buchstaben zwischen 12 und 23 schwankt.
Am Schluss der Distichen steht ein oberer Punkt (nur 5, 4 der
Soph Pasuk), hinter dem zuweilen ein etwas grösserer Zwischenraum frei gelassen ist. Das Tetragrammaton ist 5, 4 ״׳ geschrieben. Blatt 2 ist am rechten, Blatt 3 am rechten und
linken Rande verletzt, von Blatt 4 fehlt die linke obere Ecke
bis über die halbe Breite und Höhe des Blattes hinaus.

Cod. D, nur ein Blatt von 16 cm Höhe und 12 cm Breite,
enthält in 2 × 20 (19) Zeilen 36, 29—38, 1 a. Die Buchstaben
sind meist 3 mm hoch; die Schrift nähert sich aber stark der
rabbinischen, so namentlich bei ל und bei ז, dessen Kopf oft mit
den Füssen der gewöhnlichen Buchstaben in gleicher Höhe steht.
Der Text ist fortlaufend geschrieben in Zeilen von ungleicher
Länge; Dehnung der Buchstaben ist selten, sie kommt bei כ, ר,
ה, ם, נ vor. Die Distichen haben am Schluss den Soph Pasuk;
einzelne Wörter sind vokalisiert, 37, 3 hat Vokale und Accente.
Einmal ist ein Buchstabe über der Zeile nachgetragen (37, 27);
am Rande steht ein unechtes Distichon, das eine Ergänzung zu
37, 25 bilden soll. Abgesehen von den ersten beiden Zeilen,
die z. T. durchlöchert sind, ist das Blatt meistens mit Sicherheit
zu lesen.

Wie oben (S. XI) schon bemerkt ist, stimmt D fast überall
mit den Randlesarten des B überein, d. h. mit der Handschrift, die
der persische Glossator mit B verglichen hat. Danach ist auch für
den Text des D zunächst persische Provenienz zu vermuten. Es ist
aber weiter aus den Anmerkungen dieses Glossators zu schliessen,
dass, abgesehen von den von ihm notierten Abweichungen, jene

Handschrift mit dem sehr eigenartigen Text des B, der auf
Addition verschiedener Rezensionen beruht, übereinstimmte. Persische Provenienz ist aber auch für den Text des A anzunehmen,
weil er im Wesentlichen dieselbe Eigenart zeigt wie der des B,
und weil A uud B in so auffälliger Weise einander ergänzen.
Nach allem, was wir über die Geschichte des Buches Sirach
wissen, ist es unwahrscheinlich, dass es in so später Zeit an
verschiedenen Orten eigentliche Sirachtexte gab. Vermutlich sind
A, B und D, bezw. ihre Vorlagen, von vornherein als Fragmente
in Kairo eingeführt. Es lässt sich freilich auch zeigen, dass die
Addition von verschiedenen Textrezensionen, die in A und B
vorliegt, älter ist als die syrische Uebersetzung. Dagegen hat
C einen wesentlich anderen und älteren Text als die übrigen
Handschriften. Für ihn kann man daher auch eine andere
Herkunft vermuten. Ich verweise auch dafür auf die Prolegomena
meines Kommentars.

Die Orthographie der Handschriften ist vielfach die neuhebräische. So steht 47, 17 המערתה für השערתה, 43, 4 am Rande
יסיק für יׁשיק (so 43, 21 im Text), umgekehrt 11, 10 עׁשק für עסק,
38, 4 am Rande שמים für סמים. Vgl. auch חסף 42,1 mit חׁשף 6,9.
Namentlich sind aber die Vokalbuchstaben in neuhebräischer
Weise gesetzt.

So wird ō bei den Nomina segolata weit mehr als im Kanon
mit ו geschrieben. Vgl. אוכל 36, 23, אומר 42, 15, אונם 20, 4, יׁשׁר
48, 16, כוסר 46, 19, נועם 35,6, עׁשׁר 30, 19, פועל 42,15, צוׁרך 38,12
u. ö., שורש 40, 15, תואר 16, 1 u. ö. Ebenso in den Pausalformen
חולי 37, 30, יופי 45, 12. Vgl. ferner שבולת 5, 9, חוק 14, 12 u. ö.,
עול (Joch) 40, 1, רוב (Menge) öfter, רוע 42, 14, auch das Imperf.
ירון 47, 10.

Ferner ē mit י. Zweifelhaft sind Jussivformen med. ו wie
תאיר 7, 24, תמיר 7, 18, תריב 8, 1, da solche Formen im Kanon
öfter mit î vokalisiert sind. Ebenso steht es mit תכלים 8, 5, תביט
9, 8, תרניל 8,4. Aber anders verhält es sich schon mit ויאׁון 51,11,
und Jussivformen des Hifil von עע wie תעין 8, 16, תריע 12, 1.
38, 21. Dasselbe in Imperativformen wie הוציא 7,25, הׁשׁים 7, 32,
והבניע 33, 9, העלים 9, 8; von עע gehört hierher הקיר 12,5. Das י
erscheint aber auch in Fällen wie יסיר (Impt. Piel) 7, 23, רציץ

30, 12, היעצה (Impt. Nifal) 4, 28, יאמעו (Nifal) 36, 21, הסתיר 42, 12,
und bei עע auch im Perf. Hifil השיע 13, 6, sogar in וחן (und gib)
14, 16. Vgl. auch רְעִי (= רְעֵה Impt. Kal) 38, 1. Ferner in Nomina wie חיך 6, 5, ריע (Freund) 5, 12. 10, 6. 12, 9. 37, 2, מיעים
40, 29, ובכן (und dann) 35, 2, weiter נדיר 36, 30, חביר 37, 6, שינה
34, 20, wonach wohl חסיה 4, 2 und בחסיר 13, 8 zu verstehen sind.
Vgl. auch מסכן 4, 3, und רשיש 4, 29 mit רשש 11, 12, ferner מהושע
41, 21. Beim Suffix des Imperfekts findet sich וינעריהו 11, 12,
ebenso וראיהו 37, 24.

Sodann ê mit י beim Nominalsuffix der 2. Sing. masc. in
der Pause, wie עונך 3, 15, בלשוניך 4, 29, ריעיך 5, 12, תמימך 7, 6,
דרכיך und בבריתיך 11, 34, שבתיך 36, 18, הניך 38, 11, חקך 41, 2. 41, 3.
Vgl. aber auch מעינת 9, 4. Man könnte danach auch רפי 4, 29
(= רְפֵה), und תשתיע 9, 10 verstehen. 10, 6 ist תשלים vokalisiert,
וחין 14, 16.

Für ŏ steht ו in Fällen wie הורשית 3, 22, מסתר 41, 14, בעושה
14, 16, צורבו 37, 8. 39, 30; aber auch in Fällen wie העוני 13, 24,
בחולי 38, 9.

Für ū findet sich ו, wobei überall Dagesch forte folgt:
יחובר 13, 16. 17, מגולין 16, 15, מסותר 39, 19. 41, 14, תפותה 42, 10,
משובח 51, 30. Vgl. auch צוותה 7, 31; anders ist wohl יסתונר 38, 15.
Sodann עבודה 4, 30, עקובה 6, 20, עולו 30, 13, חוקן 41, 2, תוקף 41, 3,
מערומיהם 42, 18, כהונה 45, 24, דובים 47, 3.

Ebenso für ī ein י bei folgendem Dagesch forte in היבע
4, 25, איותה (2. masc.) 6, 37, תיניך 8, 3, ריוחה 39, 22, אימץ 42, 17,
תיקן 47, 9, ניבע 50, 27, ferner in ניסים 6, 7 und ניסוי 36, 1. 44, 20,
מינים 39, 15, צינת 43, 20. Vgl. תשתיע 9, 10. Aber dieselbe Er-
scheinung findet sich in ייחן 4, 15 und תיש 7, 14, wo kein Dagesch folgte.

Ferner findet sich וו für verdoppeltes ו in צוותה 7, 31 (wo
freilich ū vorhergeht), aber auch für einfaches konsonantisches ו
in מוות 15, 17 (vgl. auch קווך 36, 21). Ebenso יי für verdoppeltes
י in חייב 8, 5, פייג 30, 23 und תסתייר 8, 17. 9, 4. 14. Danach wird
תבייש 8, 6 zu verstehen sein, wogegen תשיים 6, 32 fehlerhaft ist.

Nach aramäischer Orthographie findet sich 15, 19. 35, 3 הו
für הוא, 7, 15 הי für היא.

Viel seltener finden sich defektive Schreibungen wie עקרת
(= עקרות) 37, 17, מאבתם (= מאבותם) 8, 9, וישב (= ויושב) 10, 14,

תשיבנו (= תשיבנו) 11, 1, וברב (= וברב) 11, 9, תעלה (= תעלה) 30, 23
(vgl. dag. 41, 14), יעד (= יעד) 36, 28. Defektiv ist namentlich
das Partizipium des Kal öfter geschrieben, wie חקר 14, 22. Vgl.
ferner איותה (= אויתה) 6, 37, וישיתתו (= וישיתתו) 15, 14, שם (= שים)
34, 16. Auch û ist zuweilen nicht ausgedrückt, wie in בעלה
(= בעולה) 9, 9, נגע (= נגוע) 30, 14, ישאלך (= ישאלוך) 35, 7. Der
Verfasser selbst scheint die Vokalbuchstaben aber sehr selten
gesetzt zu haben. Der Enkel verlas 40, 11 ממרם אל מרם (= ממרום
אל מרום) in ממים אל מים, ebenso 21, 14 בר (= בור) in בד. Er verlas
auch 6, 30. 51, 17 עלה (= עֲלָה) in עֲלָה (= עֲלָיָה), ebenso 30, 13
עלו (= עֲלֹו) in עָלָי (= עָלָיו).

Die vorliegende Ausgabe beruht zum grössten Teil auf den
Facsimiles von 1901 (s. o. S. II), die mit den Originalen in
der Hauptsache gleichwertig sind. Aus Autopsie kenne ich nur
die Oxforder Blätter des Cod. B (= fol. 8—16), die ich im März
1897 in der Bodleiana untersucht habe. Ich konnte dabei die
Lesung Cowley's und Neubauer's an manchen Stellen verbessern.
Im Vorteil war ich gegenüber den ersten Herausgebern dadurch,
dass ich aus mehrjähriger Arbeit mit dem Griechen und dem
Syrer vertraut war. Zu Gute kam mir aber auch die bereitwillige
Unterstützung, die ich in Oxford fand. Der Initiative Neubauer's
hatte ich es zu verdanken, dass mir von Clarendon Press Abzüge der Photographien angeboten wurden, die man von den
Oxforder Blättern vor ihrer Reinigung und Ueberklebung genommen hatte (vgl. oben S. VII). Die Abzüge wurden mir
später als Geschenk nach Göttingen nachgesandt. Ausserdem
schenkten mir Frau Lewis und Frau Gibson Photographien des
in ihrem Besitz befindlichen Blattes, das ich wegen ihrer Ab-
wesenheit nicht hatte sehen können. Auf Grund dieses Materials
konnte ich die Lesungen Cowley's und Neubauer's noch weiter
ergänzen und verbessern, und so entstand der Text, den ich in
den Abhandlungen der Göttinger Gesellschaft der Wissenschaften
von 1897 veröffentlicht habe (auch separat: Das hebräische
Fragment der Weisheit des Jesus Sirach, Berlin 1897).

Die Stellen, an denen ich bezüglich der Oxforder Blätter
von Cowley und Neubauer abwich, hatte ich zumeist schon in
der Theologischen Literatur-Zeitung 1897, 265ff. aufgezählt.

Danach nahmen die Herausgeber in der Jewish Quarterly Review
IX 563 ff. zu 73 meiner Lesungen Stellung, wobei sie 18 ohne
Reserve anerkannten, 29 für nur möglich, z. T. aber auch für
wahrscheinlich, erklärten, wogegen sie 26 ablehnten. An den
angezweifelten Lesungen habe ich im Besitz der Facsimiles von
1901 wenig zu ändern gefunden. Bezüglich der bestrittenen
hatte ich in 3 Fällen Israel Lévi auf meiner Seite, der mit mir
40, 22 [ס]י, 42,11 b Rand מ und 49,7 ולהשיב las, übrigens 44,20
בבריתה für möglich erklärte. Zu 42,9 wurde meine Lesung
. . . ש תמריע später durch die Entdeckung des Originals zu 34,1
bestätigt. Geirrt hatte ich freilich auch. Namentlich hatte ich,
als ich in Göttingen im Besitz der Photographien war, die ich
nun mit den Oxforder Blättern nicht mehr vergleichen konnte,
die Lesbarkeit der Photographien hin und wieder überschätzt,
und nach den Facsimiles von 1901 habe ich den Widerspruch
Cowley's und Neubauer's für etwa 13 Stellen als mehr oder weniger
berechtigt anerkennen müssen. Falsch las ich 40, 26 מעין für
מ[ש]ק, 41, 1 מעונתו für מבונתו, 41, 19 Rand מעש für מתע, 43, 1
להביט für מרבית, 45, 13 הוא בן für האמן, 47, 23 מיועש für מיואש.
Irrig hielt ich 45,20a einen Riss im Papier für den Schaft eines ק.
Ebenso hatte ich 40, 19 שגר als sehr wahrscheinlich, עוגר als
nicht ganz unmöglich bezeichnet. Aber שגר war zweifellos richtig.
Diese beiden Versehen habe ich damals sofort bemerkt und
korrigiert. In den 5 übrigen Fällen hatte ich nur teilweise
geirrt. Falsch kombinierte ich 40, 26a aus den Fetzen [ו]יגילל
ללב statt לב [ו]יגולל, aber mit meinem Widerspruch gegen [ו]יגיל
hatte ich Recht. Falsch las ich 43, 7 הופם (Cowley - Neubauer
הפמץ), es steht aber da נ. חף ץ. In falscher Abschätzung des
Raumes[1]) nahm ich 45, 23 b vor שלישי ein [כבוד] נחל statt [דר]נהל an.
Ebenso las ich 47,23 schlecht מנח בן אח[רין] statt מנח [אח]רין, aber
das von mir gelesene מנחן ist so gut wie sicher. Genarrt wurde
ich von der Photographie bei 48, 11, wo ich [ו]נ[אש]רי las.
Von אש steht nach dem Facsimile nichts da, Spuren führen aber
mit Wahrscheinlichkeit auf [ואשרי]ך, was dann Andere auf meiner
Spur angenommen haben.

---

[1]) Diesen Fehler hat mir Peters hier und 43, 32 nachgewiesen.

In meine Ausgabe von 1897 habe ich auch das Blatt
Lewis-Gibson (= Fol. 7 des Cod. B) einbezogen, das ich nur
aus den mir geschenkten Photographien kannte. Auch hier konnte
ich die Lesung des zerfetzten und mit Schmutz überzogenen
Blattes an einigen Stellen verbessern, aber daneben blieben mir
Irrtümer nicht erspart, deren ich durch die Facsimiles von 1901
überführt wurde. Ich habe damals 39, 17c falsch עֲל für נר gelesen.
39, 20b sogar סגורים für מסמר, und 40, 6 am Rande [ה]לתגומ für לֹקָה.

Für die Oxforder Blätter habe ich in der damaligen Ausgabe die Lesung Cowley's und Neubauer's auf Grund der Photographien noch weiter ergänzt und geändert, als das in der
Theologischen Literatur-Zeitung 1897, 265ff. geschehen war. Ich
las dabei 42, 1a am Rande falsch אור für סור (Cowley-Neubauer
סור). Ebenda fügte ich im Text am Schluss [ו]ה[ס] hinzu, aber
statt ה stand da wohl ein anderer Buchstabe und die Ergänzung
war somit unrichtig.

Sodann fand ich auf den Photographien an manchen Stellen
Spuren von weiteren Varianten, die auf den Blättern selbst
durch die mit ihnen vorgenommene Reinigung und Ueberklebung
grossenteils unkenntlich geworden sind. In Oxford hatte ich
wenig oder nichts von ihnen bemerkt, und Cowley und Neubauer
nahmen von ihnen keine Notiz. Unlesbar waren diese Varianten
zumeist auch schon bei Einlieferung der Blätter in die Bodleiana,
wie die damals angefertigten Photographien beweisen. Dass
aber auf diesen Blättern im Laufe der Zeit eine ganze Anzahl
von Varianten durch Abnutzung der Handschrift mehr oder
weniger zerstört sind, ergibt sich nicht nur aus den Photographien,
sondern auch aus den Facsimiles von 1901.

Als Wegleiter dienen zunächst die Ringe, die im Text auf
Randlesarten hinweisen. 40, 29b haben Photogr. und Facs.
אֵין חיין, die Photogr. auch למעות חיים. Am Rande standen in zwei
Zeilen Varianten, von denen auf der Photogr. am Anfang א, am
Schluss ן zu erkennen ist. Spuren finden sich auch auf dem
Facs. 40, 17b haben Photogr. und Facs. צֹדקה. Auf der Photogr.
ist am Rande צ[ד]ק deutlich, auf dem Facs. ist nichts zu erkennen.
44, 23e hat die Photogr. (und das Facsimile weniger deutlich)
שֵנים; am Rande hat die Photogr. לֹשני[ם]. 47, 15a haben beide

בנ[סש]ך; auf der Photogr. am Rande בֿ. 42,10c haben beide ת[תרֿ],
von der Randlesart ist bei beiden nichts zu entziffern. 43, 24a
hat die Photogr. לשטעֿ, 43, 26b יֿעל; die Randlesart ist beide
Mal nicht zu entziffern. 42, 10b hat die Photogr. (und das
Facs.?) לֿ[א]; am Rande ist nichts zu erkennen.

In der Handschrift bezw. auf den Facsimiles sind öfter
Ringe unkenntlich geworden, die auf den Photographien noch
sichtbar sind. Zuweilen sind aber auch auf den Photographien
die Ringe unsicher, während die Varianten noch einigermassen
erkennbar sind. So hat die Photogr. 44, 23d ויציבהו, am Rande
ויש[ש][מ]הֿ, was vielleicht der Anfang einer Variante zum ganzen
Stichus ist. Bei 43, 7b. 8b steht am Rande בתשובתו, das die
Herausgeber mit Recht auf das in v. 8b etwas tiefer stehende
בהשתגותו bezogen haben. Wegen Mangel an Raum ist die Variante
höher gestellt. Aber über בת 2⁰ in בתשובתו steht ein תֿע; das ע
ist z. T. auch auf dem Facsimile erkennbar. Die Photogr. hat
v. 7b im Text über ע in עוסה anscheinend einen Ring. Vielleicht
stand am Rande תע = תעוסה. 43, 8d gehört zu מרצף (= Photogr.
und Facs.) am Rande מעיץ. Aber dahinter und darunter folgten
anscheinend noch andere Varianten. Hinter ץ steht nach der
Photogr. wohl ein לֿ. Im Text hat die Photogr. מֿזהֿירתו רקיע מֿרצֿף.
Aehnlich findet sich bei 40, 26d am Rande ןֿ, bei 40, 27b לֿ,
bei 42, 11f בֿ∵ בֿ, bei 44, 22c ןֿ.

Bei dieser freilich unvermeidlichen, aber auch höchst
mühseligen und für die Textkritik nahezu fruchtlosen Suche
nach weiteren Varianten bin ich öfter in Irrtümer verfallen.
Zuweilen erscheint auf den Photographien die Faser des abge-
nutzten und beschmutzten Papiers in Gestalt von Ringen und
wohl auch von Buchstaben. Deshalb sind mir hier durch Vergleichung der Facsimiles von 1901 mehrere Lesungen als unsicher
oder auch als falsch erwiesen. Ich hatte 40, 9a einen Ring
vermutet, 40, 9b. 10a. 11a Ringe angenommen und danach hier
überall auf zerstörte Randlesarten geschlossen. Das alles gebe
ich jetzt auf. 40, 17b las ich früher am Rande תֿ עלֿ[ו] צֿדֿק,
jetzt als sicher nur דק; 42, 11f früher [מ]סֿבֿיב, jetzt בֿ∵; 43, 7b
früher מ ... עֿ, jetzt תֿע; 43, 8d ... בֿ רקיע לֿבֿל, jetzt nur לֿ 1⁰. Das

von mir gelesene ק war in Wahrheit der Schaft von ל in אל
v. 9 b. Ebenso wage ich 43, 26 b ר כלל[י] nicht mehr zu lesen,
wenn ich auch an der Existenz einer Variante nicht zweifle.
44,22 c las ich früher נֹתֵן, jetzt ן; der Ring über נתנו ist zweifelhaft.
44, 21 b las ich כֹל עֲמִים als Variante zu גוים. Aber nach dem
Facs. steht eher über בורעו als über גוים ein Ring, und am Rande,
wenn überhaupt etwas, etwas ganz anderes. Der Vorzug der
Photographien war zugleich ihr Fehler.

· Im Uebrigen halte ich an meinen früheren Lesungen fest,
die meisten und wichtigsten wurden auch bestätigt durch die
Facsimiles von 1901, nach denen ich überdies die Lesung des
Cod. B, auch bezüglich der Cambridger und der Londoner
Blätter, noch vielfach ergänzen und verbessern konnte. Da diese
sehr billigen Facsimiles überall leicht zugänglich sind, so ist
für die grosse Mehrzahl der im Folgenden gegebenen Lesungen
Jedermann ein Urteil ermöglicht. Für Fol. 8—16 des Cod. B
kann ich mich betreffs mancher Lesung freilich auch jetzt nur
auf die erwähnten Photographien beziehen und zwar aus den
oben S. VII f. angegeben Gründen.

Unsichere Buchstaben bezeichne ich mit darüber gesetzten
Strichen, unlesbare oder zerstörte Stellen mit Punkten, wobei jedesmal ein Punkt der mittleren Grösse eines Buchstabens entspricht. Mit Klammern bezeichne ich Ergänzungen,
deren Umfang, wo nicht ausdrücklich das Gegenteil angegeben
ist, mit dem Umfang von Lücken in den Handschriften über-
einstimmt. Obwohl Cod. A das Tetragrammaton יי, schreibt, habe
ich der vermutlich älteren Schreibweise des Cod. B entsprechend
überall ייי drucken lassen. Die Vocale und Accente der Handschriften habe ich nur da wiedergegeben, wo sie für die Ueberlieferung von Interesse sind. Ueberall habe ich den Text stichisch setzen lassen und dabei auch die strophische Gliederung,
die für das Verständnis und die Kritik des Textes von grosser
Bedeutung ist, zur Anschauung gebracht. Ich habe deshalb auch
oft Absätze gemacht, die sich in den Handschriften nur selten
und zwar nur da finden, wo ich es ausdrücklich bemerkt habe.

Im Apparat habe ich mit „Rand" (event. Rand [1], Rand [2]) oder
auch blossem R die Randlesarten der Codd. A und B bezeichnet.
Ueberall habe ich auf die talmudischen und rabbinischen
Citate Bezug genommen; vollständig abgedruckt habe ich sie im
Text, soweit sie durch die Handschriften nicht gedeckt sind.
Für die Varianten der talmudischen Citate folge ich Rabbino-
vicz sowie den Mitteilungen S. Schechter's in der Jewish Quarterly Review III 682 ff. Die Citate aus Saadia beziehen sich
auf den Sepher ha-galui in Harkavy's Leben und Werke Saadia's
Gaon, Petersburg und Berlin 1891 (= Studien und Mitteilungen
aus der K. öffentlichen Bibliothek zu St. Petersburg V, 1). Die
Citate aus R. Nissim gehen auf den Sepher ma'asîjoth nach
dem Warschauer Druck von 1886. Unzugänglich blieben mir
für 21, 22. 23 die Pirke de - rabbenu ha - kadosch, sowie die
Nachalath Aboth des Abarbanel. Der jüngere Buxtorf citiert in
seinem Florilegium Hebraicum p. 29, wie ich zu spät gesehen
habe, aus letzterer Schrift fol. 200, 1 אשרי המדבר על אזן שמעת ⸗
Sir. 25, 9 b. Eigentlich hätte ich auch für 28, 12 a den Wortlaut
des in Vajikra Rabba (XXXIII fol. 203 b) und an mehreren
Stellen des Jalkut vorkommenden Citats aufnehmen sollen. Denn
נפח בה וכבתה רקק בה ובעיה ist vielleicht genau das Original von
ἐὰν φυσήσῃς σπινθῆρα ἐκκαήσεται, καὶ ἐὰν πτύσῃς ἐπ' αὐτὸν σβεσθήσεται.
Wenigstens steht jener hebräische Wortlaut dem Ursprünglichen
näher als der griechische.

Emendationen, die ich anderen verdanke, habe ich als solche
bezeichnet. Selbstverständliche Aenderungen auf ihren ersten
Autor zurückzuführen erschien mir aber überflüssig. Der be-
kannte Urheber von תלים 7, 18 ist aus Versehen ungenannt ge-
geblieben, ich habe das im Glossar nachgeholt.

Da die Druckerei für die im Apparat angenommene hebräische Schrift keine Vokalzeichen besass, mussten die vokali-
sierten Wörter in grösserer Schrift gedruckt werden. Beim
Reindruck haben sich einzelne Striche verschoben. Uebrigens
sind mir über anderen unerwarteten Schwierigkeiten des Druckes
eine Anzahl von Druckfehlern und Versehen entgangen, die freilich
zumeist von keiner Bedeutung sind, die ich aber ebenfalls
alle hier aufführe.

S. 1. 3, 12. Das התחזק der Handschrift ist beizubehalten.
— S. 2. Anm. zu 4, 1—2. Ich hätte deutlicher sagen sollen,
dass ich עיני מר רוח für רוח מר — נפש gesetzt habe. — S. 3. Anm.
zu 4, 25. Die Handschrift hat עם האל. Ich hätte übrigens die
fehlerhafte Lesart im Text belassen sollen, weil die Emendation
על האמת etwas unsicher ist. — S. 4 Anm. zu 5, 6. C hat יניח. —
S. 5. Anm. zu 6, 7. Die Handschrift hat בניסן. — S. 8. 8, 12.
Die Handschrift hat תלוה. — 8, 14. Die Handschrift hat יש[מם]. —
S. 9. Anm. zu 9, 8. בעד אשה hat die Handschrift. — S. 10. Anm.
zu 10, 2. Die Handschrift hat ישבין. — S. 11. Anm. zu 10, 16.
Die Handschrift hat קעקע. — S. 11. Anm. zu 10, 28. Die Handschrift
hat ויתן לך. — S. 12. Anm. zu 11, 12. Die Handschrift hat
hier ר'שש. — S. 12. Anm. 11, 15. Die Handschrift hat כמה[ח]. —
S. 13. 11, 22. Die Handschrift hat בגרל. — S. 14. Anm. Z. 1. Die
Handschrift hat כזאב. — Ebenda Z. 2. Die Handschrift hat ירבו. —
Ebenda Z. 3. Die Handschrift hat לכל. — Ebenda zu 11, 34. Die
Handschrift hat צרי. — Ebenda zu 12, 11. Die Handschrift interpungiert (:) hinter a, c und d, nicht hinter b. — S. 15. Anm. Z. 1.
Die Handschrift interpungiert (.) hinter עמך. — S. 15. 13, 7. Lies
עד*. — S. 17. Anm. zu 14, 11. Z. 3. Lies לך für ולך. — S. 18.
Anm. 15, 9 ist zwischen den Zeilen nachgetragen. — Ebenda
zu 15, 15. Die Handschrift hat אם (nicht ואם). — S. 19. 16, 15
ist לא doppelt geschrieben, das erste Mal gestrichen. — S. 19.
Ein Zwischenraum, der vor 16, 17 im Druck gelassen war, ist
beim Umbrechen der Seiten weggefallen. — S. 21. Anm. zu
20, 4. Streiche: oder — חמד. — S. 21. 20, 5. Die Handschrift
hat יש [מחרי]ש. — S. 21. 20, 7. Die Handschrift hat שמור. —
S. 21. Anm. zu 21, 23b. Die Handschrift hat וכבוד. — S. 22.
25, 20. Lies חול. — S. 22. 25, 23. Die Handschrift hat
וכ[שלן]. — S. 24. Anm. Z. 2 v. u. Die Handschrift hat ולהושיע,
was freilich = ולהרשיע ist. — S. 31. 36, 22. Lies עמך. — S. 39.
40, 15. Lies תשורש. — S. 43. Anm. zu 42, 9. Ich ziehe ממשמן
dem ממשנת vor. — Uebrigens bitte ich hinter 8, 2d. 9, 13f.
10, 13b den Soph Pasuk nachzutragen.

Göttingen, Juni 1906. Rudolf Smend.

חכמת ישוע בן אלעזר בן סירא

ᵈוכשטו כן מעשיו:¹   18 2

A   * מניח אמו: 6 3

    7

8	עבור ישיגוך כל ברכות: בני במאמר ובמעשה כבד אביך
9	וקללת אם תנתש נטע: ברכת אב תיסד שרש
10	כי לא כבוד הוא לך: אל תתכבד בקלון אביך
11	ומרבה חטא מקלה אמו: כבוד איש כבוד אביו
12	ואל תעצבהו כל ימי חייו: בני החזק בכבוד אביך
13	ואל תכלים אותו כל ימי חייו: וגם אם יחסר מדעו עזוב לו
14	ותמור חטאת היא תנטע: צדקת אב לא תמחה
15	כחם על כפור להשבית עוניך: ביום צרה תזכר לך
16	ומכעיס בוראו מקלה אמו: כי מזיד בוזה אביו.
17	ותאהב מנותן מתנות: בני בעשרך התהלך בענוה
18	ולפני אל תמצא רחמים: מעט נפשך בכל גדולה
20ᵃ	ⁱ19 ולענוים יגלה סודו: כי רבים רחמי אלהים
21	וחזק מטך אל תחקור:² נמלא מטך אל תדרוש
22	ואין לך עסק בנסתרות:³ במה שהורשית התבונן
23	כי רב מטך הראית: ביותר מטך אל תמר
24	ודמיונות רעות מתעות: כי רבים עשתוני בני אדם

¹ A (hinter 6, 17).   * A 1 r (Cambr.).   ² 21. 22 B. Chag. 13 a.
J. Chag. 77 c. Ber. R. 10 a. Jalk. Job. 150 a.   Saadia 179, 18.   ³ 22 b J.
Sota 22 a.

~ בשיבת ich vermute [בכבוד. — התחזק .12 — מקלל. 11 — מכבד [מניח 6 3
תעזבהו — .חייך 18 חייו ימי כל [lies etwa כוחך בכל — .14 תגתע R wie oben. —
16 Lies כמזיד. — מקלה [מקלל. 18 עולם גדולה כל מכל. — 19 יגלה doppelt, an
erster Stelle gestrichen. — 21 נמלא [מלאות. — וחזק] ומכסה.
במופלא מטך אל תדרש   [ו]במכוסה מטך אל תחקר: B. Chag. Saadia
פליאה ממך מה תרע   עמוקה משאול אל (al. מה) תחקר: J. Chag.
בגדול ממך אל תדרוש   בחזק ממך אל (al. בכל) תחקור: Ber. R. Jalk.
במופלא ממך אל (al. בכל) תרע   במכוסה ממך אל (al. בכל) תשאל (תגלה Jalk.):
~ לא יש (שאין) אין Saadia. — Ber. R. und J. Chag. באשר חרשיתה Saadia 22
רעות. 24 — וביותר 28

ובאין דעת תחסר חכמה: A	25	באין אישון יחסר אור
ואוהב מובות ינהג בהם:	26	לב כבד תבאש אחריתו
ומתהולל מוסיף עון על עון:	27	לב כבד ירבו מכאביו
כי ממטע רע נטעו:	28	מכת לץ אין לה רפואה
ואזן מקשבת לחכמה תשמח:	29	לב חכם יבין משלי חכמים
כן צדקה תכפר חטאת:	30	אש לוהטת יכבו מים
ובעת מוטו ימצא משען:	31	פועל טוב יקראנו בדרכיו
ואל תדאיב עיני מר רוח:	4 1	בני אל תלעג לחיי עני
ואל תחמיר מעי דך:	2	נפש חסירה אל תפיח
ואל תמנע מתן ממסכין:	3	קרב עני אל תכאיב
ואל תתעלם ממדכדך נפש:	4	אל תבזה שאילות דל
ולא תתן לו מקום לקללך:	5	
ובקול צעקתו ישמע צורו:	6	צועק מר רוח בכאב נפשו
ולשלטון עיר הכאף ראש:	7	האהב נפשך לעדה
והשיבהו שלום בענוה:	8	הט לעני אזנך
ואל תקוץ רוחך במשפט יושר:	9	הושע מוצק ממציקיו
ותמור בעל לאלמנות:	10ᵃ היה כאב ליתומים
ויחנך ויצילך משחת:	10*ᵇ ואל יקראך בן
ותעיד לכל מבינים בה:	11	חכמות למדה בניה
ומשחרי יפיקו רצון מייי:	12	אהבי אהבו חיים
ויחנו בברכת ייי:	13	תומכי ימצאו כבוד
ואל אוהב מאהבי:	14	משרתי קדש משרתי
ומאזין לי ייחן בחדרי מבית:	15	שומע לי ישפט אמת

* A 1 v (Cambr.)

.אל תרוץ לרפאות מכת לץ כי אין וגו׳ 28 — מתחולל 27 — .25 steht hinter 27
— 31 פועל] ich vermute גומל — 4, 1 Ich vermute תגרע חיי 1 — 1-2 נפש עני
.וסר נפש — 2-4 Hinter 2a steht 4b, interpungirt ist hinter 4b und דעה: וסר נפש
hinter 3a. — 2 תפוח — ואל] תחמיר — auf dem Facs. nicht zu erkennen.
— מטרכבי. — ולא תבזה שאולות (sic) דל 4 — ממסכינך — ואל] וקרב 3
6 צורו] vielleicht ist יוצרו zu lesen. — 7 לנפשך — עוד — 9 תקוץ] ich vermute
תקצר — 11 In der Hs. ein Absatz (d. h. eine Lücke in der Zeile). —
קדש׳ 14 — מייי .add — ומבקשית] ומשחרי — תמכיה 13 — כבוד] אהביה 12
.משרתיה — ואלהו במא ויהא — 15 ישפט] lies ישבן oder dgl.

16

ולפנים אבחינו בנסיונות: (C) A	כי בהתנכר אלך עמו	17ᵃ
ויסרתיהו באסורים:		17ᶜ
	עד עת ימלא לבו בי	17ᵉ
וגליתי לו מסתרי:	אשוב אאשרנו	18
ואסגירנו לשדדים:	אם יסור ונטשתיהו	19
ועל נפשך אל תבוש:	בני עת המון שמר ופחד מרע	20
ויש בשת כבוד וחן:	כי יש בשת משאת עון	21
ואל תבוש למכשוליך:	אל תשא פנים על נפשך	22
ואל תצפין את חכמתך:¹	אל תמנע דבר בעתו	23
ותבונה במענה לשון:	כי באומר נודעת חכמה	24
ועל אולתך היכנע:	אל תסרב על האמת	25
ואל תעמוד לפני שבלת:	אל תבוש לשוב מעון	26
ואל תשא פני מושלים:	אל תצע לנבל נפשך	27
וייי ילחם לך:	עד המות היעצה על הצדק	28
ורפי ורשיש במלאכתך:	אל תהי גבהן בלשוניך	29
ומוזר ומתירא בעבודתך:²	אל תהי כאריה בביתך	30
ובעת השב קפוצה:	אל תהי ידך מושטת לקחת	31

ואל תאמר יש לאל ידי:	אל תשען על חילך	1 5
ללכת בחמודות נפשך:	אל תלך אחרי לבך וכוחך	2
כי ייי מבקש נרדפים:	אל תאמר מי יוכל כחי	3

¹ auch C 1 r. ² 30. 31 auch C 1 r.

17 יבחרנו. — ועד. — c steht zwischen 19ᵃ und der Variante dazu. —
18 אאשרנו] ich vermute אישר עמו. — 19 ונטותיה. — Variante zu a: אם יסור
— ואל [ועל. — 20 Schechter vermutet חמן für המון. — מאחרי אשליכהו
[בעתו ואל. — 22 פניך. — תבוש [תכשל. — 23 (s. z. 15, 14). — בשאת [1° בשת 21
[על האמת. — 25 C תקפוץ. [תצפין — בעת צרך ואל, ursprünglich wohl בעולם אל
אל על. — 26 27 Neben 26 b 27 stehen zwei ‚, Rand-
lesarten sind aber nicht zu erkennen. — 27 תשא פני חמאן. — Vor und
hinter 28 stehen 8, 14 und 5, 14 ab. — נלחם. — 29 רשיש. — 80 C כאריה, A ככלב.
פתוחה, A מושטת C 31. — במלאכתך, A בעבודתך, C ומתחזז. — ומוזר ומתירא C nur A —
לקחת, A לשאת. — קפורה, C wie oben, aber וקפוצה בתוך מתן A, — 5, 2 praem.
כחו 8 — נפשך [רעת. — ועיניך [וכוחך. — אל תשען על כוחך ללכת אחר תאות נפשך

			A (C)
אל תאמר חטאתי ומה היה לי	4	כי יי ארך אפים הוא:¹	
אל סליחה אל תבטח	5	להוסיף עון על עון:²	
ואמרת רחמיו רבים	ᵃ6	לרוב עונותי יסלח:	
כי רחמים ואף עמו	ᶜ6	ועל רשעים ינוח רגזו:	
אל תאחר לשוב אליו	ᵃ7	ואל תתעבר מיום אל יום:	
כי פתאום יצא זעמו	ᶜ7	ובעת נקם תספה:	
אל תבטח על נכסי שקר	8	כי לא יועילו ביום עברה:	
אל תהי זורה לכל רוח	9	ואל תלך לכל שביל:³	
היה סמוך על דעתך	10	*ואחד יהי דברך:	
היה ממהר בשמועה	11	ובארך רוח השב פתגם:	
אם יש אתך ענה רעך	12	ואם אין ידך על פיך:	
כבוד וקלון ביד בוטא	13	ולשון אדם מפלתו:	
אל תקרא בעל שתים	ᵃ14	ובלשונך אל תרגל:	
כי על גנב נבראה בשת	ᶜ14	וחרפה רעה על בעל שתים:	
מעט והרבה אל תשחת	15	16 ותחת אוהב אל תהי שונא[:]	
שם רע חרפה וקלון תוריש	ᵇ1	כן איש רע בעל שתים:	
אל תפול ביד נפשך	2	ותבער כשור חילך:	
עליך תאכל ופריך תשרש	3	והניחתך כעץ יבש:	
כי נפש עזה תשחת בעליה	4	ושמחת שונא תשיגנו:	
חיך ערב ירבה אוהב	5	ושפתי חן שואלי שלום:	

¹ 4—7 auch C 1 r v. ² 5. 6. Saadia 177, 19. Nissim 77. ³ 9—18 auch
C 1 v. * A 2 r (Cambr.).

4 C יחיה לו, A מאומה לי .יעשה—.C ייי, A אל—.5 Saadia ואל סליחה, Nissim
ובס. — 6 A hat a und b auch vor 5 (= A¹). — AC ואמרת, Nissim ותאמר,
A¹ע. [עמו — .וכל עונותי ימחח A¹. — רבים ייי A¹, רחום ייי A¹. — C אל תאמר.
— d in A auch 16, 11 (= A¹). — CA¹ ועל, A ואל. — A ינוח, C יניח, A¹ יגיה. —
רגזו] Saadia und Nissim עזו. — 7 A אל יום, C ליום. — C ובעת, A וביום. —
על דעתך A ist [10 In A ist תהיה, A¹ תחי C 9
aus לדעתך corrigiert, C על דבריך. — C ואחר und דבריך. — 11 A ממהר, C נכון. —
ריעיך C 12 — .בשמועה טובה A nur לחאזין. — C für b: ובארך ענה תענה נכונה C
— [אין] C add. שם. — 13 A ביוד. — C בוטה und מפלימו. — 14 Hinter 4, 28
hat ואל לשונך.—תרגל] add. רע, das hinter 4, 28 fehlt. — חרפה [וחרפה רעה על
תירש. — Vielleicht .וקלן תוריש חרפה [חרפה וקלון תוריש 6, 1 — רעתו.
2 ותבעה [ותעבה. — כשור .om — i. f. add. עליך. — 3 Interpunction hinter a,
nicht hinter b. — 4 תשיגם [entweder תשימנו oder תעשנו. — 5 שואלי.

A (C)

ובעל סודך אחד מאלף: ¹	אנשי שלומך יהיו רבים 6
ואל תמהר לבטח עליו:	קנית אוהב בנסיון קנהו 7
ולא יעמוד ביום צרה:	כי יש אוהב כפי עת 8
ואת ריב חרפתך יחשוף:	יש אוהב נהפך לשנא 9
ולא ימצא ביום רעה:	יש אוהב חבר שלחן 10
ובדעתך יתגדה ממך:	בטובתך הוא כמוך 11
ומפניך יסתר:	אם תשיגך רעה יהפך בך 12
ומאהביך השמר: ²	משנאיך הבדל 13
ומוצאו מצא הון:	אוהב אמונה אוהב תקוף 14
ואין משקל לטובתו:	לאוהב אמונה אין מחיר 15
ירא אל ישיגנו:	צרור חיים אוהב אמונה 16
כי כמוהו כן רעהו:	17
	18
'תשיג חכמה': ³	
וקוה לרב תבואתה:	כחורש וכקוצר קרב אליה 19ª
ולמחר תאכל פריה: ⁴	כי בעבודתה מעט תעמל 19ᶜ
ולא יכלכלנה חסר לב:	עקובה היא לאויל 20
ולא יאחר להשליכה: ⁵	כאבן משא תהיה עליו 21
ולא לרבים היא נכוחה:	כי החכמה כשמה כן היא 22
	23
	24
ואל תקץ בתחבולתיה:	הם שכמך ושאה 25
	26
והחזקתה ואל תרפה:	דרש וחקר בקש ומצא 27

¹6. B. Jeb. 63 b. B. Sanh. 100 b. Alfab. II ג.   6—8. Saadia 179, 1.
²13 Saadia 179, 8.   ³C 2 r.   ⁴19 auch C 2 r.

[אנשי Talm. דורשי (al. מבקשי). — Alf. B. Sira II אלף מני לאחד סודך גלה 6
ואם רבים דורשי שלומך. Die Uebrigen stellen רבים יחיו vorauf und haben für b
wie das Alfabet. — 7 בניסן, Saadia במסה. — 8 ואל, Saadia ולא. — 11 הוא
aus הא corrigiert.— 10. 11 Neben der Zeile von ביום bis ממך fehlt eine Variante,
die vielleicht zu יתגדה gehörte. — 11b Lies etwa ובעבודתך יתגדב. — 13 [השמר
Saadia הזהר. — 14 אוהב 2°] ich vermute אוהל. — 16 ימצא. — 17 auf
b folgt 2, 18 d. — 18 fehlt in A ganz. — 19 C לרוב. — A בעבודתה. — [תעמל
AC תעבוד. — 22 [החכמה המוסר. — הוא [1° היא. — נכֹחָה. — Statt 23. 24 folgen
27, 4. .5. — 25 [בתחבולתיה ich vermute בחבלותיה.

A (C)	28
ותהפך לך לתענוג: ¹	כי לאחור תמצא מנוחתה
וחבלתה בגדי כתם:	29 והיתה לך רשתה מכון עז
ומוסרתיה פתיל תכלת:	30 עדי זהב עולה
ועטרת תפארת תעטרנה:	31 *בגדי כבוד תלבשנה
ואם תשים לבך תערם:	32 אם תחפוץ בני תתחכם
ואם] תטה אזנך תוסר:	33 אם תובא לשמע [תקבל
	34
ומשל בינה אל יצאך: ²	35 כל שיחה חפוץ לשמע
ותשחוק בסיפו רגלך:	36 ראה מי יבין ושחריהו
ובמצותיו הגה תמיד:	37* והתבוננת ביראת עליון
ואשר אויתה יחכמך:	37° והוא יבין לבך
2 רחק מעון ויט ממך: ³	7 1 אל תעש רע ואל ישיגך רע
פן תקצרדהו שבעתים:	8 אל תזרע חרושי על אח
וכן ממלך מושב כבוד: ⁴	4 אל תבקש מאל ממשלת
ולפני מלך אל תתבונן:	5 אל תצמדק לפני אל
אם אין לך חיל להשבית זדון: ⁵	6* אל תבקש להיות מושל
ונתתה בצע בתמיך:	6° פן תגור מפני נדיב
ואל תפילך בקהלה:	7 אל תרשיעך בעדת שער
כי באחת לא תנקה:	8 אל תקשור לשנות חט
	9
ובצדקה אל תתעבר:	10 אל תתקצר בתפלה

¹ 28 auch C 2r. * A 2 v (Cambr.). ² 35 auch C 2r. ³ 1—2 auch C 2r.
1 Ber. R. XXII 26 b. Alfab. I ם. ⁴ 4 auch C 2r. ⁵ 6 a b auch C 2r.

28 A ונתפך — 29 Ich vermute וחבלותיה. — 30 עלי] עדי. — 32 תתחכם] ich
vermute תשיים. — 33 Hinter לשמע ist אם תקבל oder אם תקח ausgefallen.
תשר] תוסר. — 35 C לשמוע. — 36 מי] מה. — תמה] תוסר] ich vermute תטה. — תתחכם
איותה. — ובמצוותיו וחגה. — התבונן] ich vermute 37 בסיפי.
7, 1—8 Neben der Zeile von ואל ישיגך bis חרושי על ist eine Randlesart
zerstört. — 1 Vgl. auch Vajikra R. XXII 190 c, Bamidbar R. XVIII 272 d.
Koheleth R. V 97 b. Tanchuma (Frankfurt a. O. 1701) חקת 69 a. Die Rabbinen
haben: וטב לביש אין עבדת. Koh. R. add. טב לביש לא תעבד וביש לא (ו)ממי לך
עבדת (א)ביש. Vgl. Buber zu Tanch. l. l. — A רעה] ואל. — תעש לך רעה. — C zerstört. —
ich חרושי על אח] תדע — תדע] תזרע 3 — C zerstört. — 2 A הרחק. — ים] 2° A רע
vermute רעה. — ופני—מלך. — 4 C כמלך. — כבוד] in C zerstört. — 5 אל] ich
vermute חרושי חסם על. — C זרון. — C שופט vermute ich שומש. — C om.; מושל] 6 ich vermute תתחכם. — תחבונן]
ונתונה. — 7 ואל] שער [שער ואל. — חם] ich vermute חמאת (Peters).

#		
11	אל תבז לאנוש במר רוח	זכר כי יש מרים ומשפיל: (C) A
12	אל תחרוש חמס על אח	וכן על רע וחבר יחדו:
13	אל תחפץ לכחש כל כחש	כי תקותו לא תנעם:
14	אל תסוד בעדת שרים	ואל תישן דבר בתפלה:
15	אל תקוץ בצבא מלאכה	ועבדה כי מאל נחלקה:
16	אל תחשובך במתי עם	זכור עברון לא יתעבר:
17	מאד מאד השפיל גאוה	כי תקות אנוש רמה:¹
18	אל תמיר אוהב במחיר	ואח תלים בזהב אופיר:
19	אל תמאס אשה משכלת	וטובת חן מפנינים:
20	אל תרע עבד עובד באמת	וכן שכיר נותן נפשו:
21	עבד משכיל אהוב כנפשך	ואל תמנע ממנו חופש:
22	בהמה לך ראה בעיניך	ואם אמנה היא העמידה:
23	בנים לך יסיר אותם	ושא להם נשים בנעוריהם:³
24	בנות לך נצור שארם	ואל תאיר אלהם פנים:
25	הוצא בת ויצא עסק	ואל גבר נבון זבדה:
26	אשה לך אל תתעבה	ושנואה אל תאמן בה:
27		
28		
29	בכל לבך פחד *אל	ואת כהניו הקדיש:
30	בכל מאודך אהוב עושך	ואת משרתיו לא תעזב:
31ᵃ	כבד אל והדר כהן	ותן ח[ל]קם כאשר צוותה:
31ᶜ	לחם אש[מ]ים ותרומת יד	[זבח]ו צדק ותרומת קדש:
32	וגם לאב[יון הו]ש[י]ם יד	למען תשלם ברכתך:

¹ 17 auch C 2 v. M. Aboth 4, 7.   ² 20. 21 auch C. 2 v.   ³ 23—25 auch C 2 v.   * A 3 r (Adler).

—.מלאכת עבדה הי כאל -- .תאיץ [תקוץ — .15 steht hinter 8. — על [כל] 18
16 Schechter תחשיבך. — עם] ich vermute שוא oder און. — עברון. — 17 C
אל תאיץ add.—.מאד מאד חי שפל רוח שתקות אנוש רמה Aboth: רמה.—לרמה C השפל.
—באמת A [עבד]—.תדע A 20 — תלו [תלים 18 — .לאמר לפרץ גל אל אל ורצה דרכו
—כנפש אל (A ל.) AC [כנפשך ואל [אהוב A חבב.—שוכר A.—אמת [AC באמת
A חפש 22—.עיניך C 23 יסר—. C om. נשים—.C 24 בנים, das er zu v. 23 zieht.—
C . . . ג.—נבון גבר נבון C ,זבדה גבר חברה A.—הוצא ת. C 25 שאר . . . תאר להם C
81 Spuren von זבח.

A וגם ממת אל תמנע חסד: חן מתן לפני כל חי   33

ועם אבלים תתאבל: אל תתאחר מבוכים   34

כי ממנו תאהב: אל תשא לב מאוהב   35

ולעולם לא תשחת: בכל מעשיך זכור אחרית   36

למה תפול בידו: אל תריב עם איש גדול   1 8

פן ישקל מחירך ואבדת: א[ל] [ת]חרש ע[ל] איש לו הון   2
וה[ון] השנה ל[ב] נ[די]בים   כי רבים הפחיז זהב

ואל תתן על אש ע[ץ]:   אל תינץ עם איש לשון   3

פן יבוז לנדיבים: אל[ת]רג[י]ל עם איש אויל   4

זכר כי כלנו חייבים: אל תכלים איש שב מפשע   5

כי ממנו מזקנים: אל תבייש אנו[ש] י[ש]יש   6

זכר כלנו נאספים: אל תתהלל על גוע   7

ובחידתיהם התרטש: [א]ל תמש שיחת חכמים   8
להתיצב לפני שרים: כי ממנו תלמד לקח

אשר שמעו מאבתם: אל תמאס בשמועת שבים   9
בעת צ[ורך] להשיב פתגם: כי ממנו תקח שכל

פן תבער בשביב אשו: אל תצלח בגחלת רשע   10

להושיבו כאורב לפיך: אל תזוח מפני לץ   11

ואם הלוית כמאבד: אל תלוה איש חזק ממך   12

ואם ערבת כמשלם: אל תערב יתר ממך   13

כי כרצונו [ישפט]:   אל תשפט עם שופט   14

פן תכביד את רעתך: עם אכזרי אל תלך [בדרך]   15
ובאולתו תספה: כי הוא נכח פניו ילך

___

33 חן] תן. — Vielleicht steht התאבל da. — 35 In מאוהב ist die
linke Vertikale des ה nicht deutlich, aber ר (Peters) unwahrscheinlich.
8, 1 גדול] add. עם אל תריב ל[ל]בֹ על תשוב למה Lies
לנדיבים 4 משקלך] ich vermute מחירך. — 2 לו] לא, R ק לֹ. — קשה מ[מך]
ist verderbt. — 6. מזקנים] נמנה. — גוע] 7 am Rande ist anscheinend ein
מת verwischt. — 8 In der Hs. kein Zwischenraum. — 9 בשמיעת. — 10 בגחלת.
אל תשב עם שופט עול כי כאשר 14 lautet hinter 4, 27: — כשביב. — 11 לפניך.
מן — בדרך. — 15 om. כרצונו תשפוט עמו. — מן ist über der Zeile nachgetragen.

A

ᵃ16	עם בעל אף אל תעיז מצח	ואל תרכב עמו בדרך:
ᶜ16	כי קל בעיניו דמים	ובאין מציל ישחיתך:
17	עם פותה אל תסתייד	כי לא יוכל לכסות סודך:
18	לפני זר אל תעש רז	כי לא תדע מה ילד ספו:
19	לכל בשר אל תגל לבך	ואל תדיח מעליך הטובה:
1 9	אל תקנא את אשת חיקך	פן תלמד עליך רעה:
2	אל תתן *לאשה נפשך	להדריכה על במותיך:
3	אל תקרב אל אשה זרה	פן תפול במצודתיה:¹
4	[ע]ם מנגינת אל תסתייד	פן תלכד בלקוחתיה:
5	בבתולה אל תתבונן	פן תוקש בעונשיה:
6	אל תתן לזונה נפשך	פן תסיב את נחלתך:
7	אל תתנבט במבואי עיר	ואל תשוטט ברחבותיה:
ᵃ8	העלים עין מאשת חן²	ואל תבים אל יפי לא לך:
ᶜ8	בתאר אשה [ה]שחתו רבים²	ובן אהבה כאש תלהט:
ᵃ9	עם בעלה אל תמ אציל	ואל [ת]סֹב עמה שכור:³
ᶜ9	פן תמֹה [א]ליה לב	ובדמים תטה אל שחת:
10	אל תמש אוהב ישן	כי ח[ד]ש לא ידו[ע]נ[י]ך:
ᶜ10	יי[ן] חדש אוהב חדש	וישן אחר ת[ש]תינו:
11	[ואל] תקֹנא באיש רשע	כי לא תדע מה יומו:
12	אל [תתבחר] בֹזדון מצליח	זכר כי עד מֹות לא ינקה:

* A 8 v (Adler). ¹ (8b) 4b. B. Jeb. 63b. B. Sanh. 100b. Alfab. B. Sir
II ח. ² 8 a c. B. Jebam. 68 b. B. Sanh. 100 b. Alfab. B. Sira II ב
ᵃ9 a b B. Jebam. 63 b. B. Sanh. 100 b.

16 בדרך] lies במדבר oder dgl. —19 Lies ידיח. — 9, 2 תתן] תקנא. — 8 Vielleicht
תקרח. — 8 4 Talm. und Alfab. 4 — מנגינת] זונה. —
6 תסוב. — עם מנעינת אל תדמוך סן ישרסך כָּסִיסִיהָ i. f. add. בלסוחתיָה.
7 ביתח אחר ולשומם עיניך במראה להתנבל. — 8. Talm. und Alfab. עיניך. —
Talm. und — כי בתואר אשה יפח Talm., בתואר אשה יפח Alfab. בער אשה]
Alfab, רבים תושחתו Talm. und Alf. add. ועצומים כל הרוגיה (= Prv. 7, 26). —
אל תמ אצל בעלה למסך (לסשוך al. עמו (עמה al. יין ושכר. — 9 Talm. אהביה באש. —
Die älteren Ausgaben haben אצלח und lassen בעלה aus, aber es findet sich
auch die Lesart בעלה עם אצלח. Sodann haben die ältern Raschi-Ausgaben עמה
für עמו, auch fehlt ו יין bei einigen Zeugen. — תמעם. — תמ אציל. — ת]סֹב עמו].
תשתינו vielleicht ist ך aus ם corrigiert. — 10 ידו[ע]נ[י]ך]
ist vocalisiert. —12 תבחר] das Wort ist zerstört. — עד] עת.
תמה oder תשחת lies [תשה 2°]. — תמה

A

רחק מאיש [שלי]ט להרו[ג]	ואל תפחד פחדי מות:	18ᵃ
ואם קרבת אל תאשם	פן יקח [א]ת נשמתך:	18ᵉ
דע כי בין פחים תצעד	ועל רשת תתה[ל]ך	18ᵉ
ככחך ענה רעך	ועם חכמים הסתייד:	14
עם נבון יהי חשבונך	וכל סודך בינותם:	15
אנשי צדק בעלי לחמך	וביראת אלהים תפארתך:	16
בחכמי ידים יחשך יושר	ומוש[ל] ב[ע]מו חכם חכם ביטה:	17
נורא בעיר איש לשון	ונושא על פיהו ישונא:	18
שופט חכם יוסר עמו	וממשלת מבין סדורה:	10 1
כשופט עם בן מליציו	וכראש עיר כן יושביה:	2
מלך פרוע ישחית עמו	ועיר נושבת בשכל שריה:	3
ביד אלהים ממשלת תבל	ואיש לעת יעמיד עליה:	4
ביד אלהים ממשלת כל גבר	ולפני מחוקק ישית הודו:	5
[ב]כל פשע אל תשלים רע לריע ואל תהלך בדרך גאוה:		6
שנואה לאדון ואנשים גאוה	ומשניהם מעל עשק:	7
מלכות מגוי אל גוי תסוב	בגלל חמס גאוה:	8
מה יגאה עפר ואפר	אשר בחייו יורם גויו:	9
שמץ מחלה יצהיב רופא	מלך היום ומחר יפול:	10
במות אדם ינחל רמה	ותולעה כנים ורמש:	11
תחלת גאון אדם *מעז	ומעשדהו יסור לבו:	12
כי מקוה זדון חטא	ומקורו יביע זמה	18ᵃ

*A 4 r (Adler).

---

18 [אל] לא. — Ueber פח in פחדי eine Horizontale, vielleicht = ב oder
dgl. — 15 [בינותם] lies etwa בתורת עליון. — 17 Interpungirt ist hinter
חכם statt hinter ביטה. — 18 [בעיר] בעד. — ונשא [ונשא]. — 10, 1. [חכם] עם. — Lies
סדירה [סדורה]?, aber über י und am Rande ein ▴.—2 steht hinter 8. — 3 [עמו] עיר.
— 4 steht hinter 5. — 5 [ממשלת] vielleicht ist מצלחת zu lesen. — 6 Vor
כל ist vielleicht ein Buchstabe zerstört.—תשלים (so) ist verderbt, übrigens
entweder רע oder לריע zu streichen. — 9 [גויו] am Rande und vielleicht über י ein
▴ .—11 [כנים] am Rande und vielleicht über נ ein ▴ . — 12מַעֹז וּמַעְשֵׂהוּ .—מלבו
— 13 [הפליא] מלא לבו, aber ו ist über der Zeile nachgetragen. Ueber ב וּמְקֹרוֹ.—
vielleicht ein ▴, und am Rande ▴ mit ויכא רע (auf dem Facs. ist רע ausgefallen).

A

ויכהו עד כלה:	13c	על כן הפליא אלה[י]ם נגעו
וישב עניים תחתם:	14	כסא גאים הפך אלהים
	15	
וישרשם עד קרקע ארץ:	16	עקבת גאים ממסם אלהים
וישבת מארץ זכרם:	17	נסחם מארץ ויתשם
ועזות אף לילוד אשה:	18	לא נחלק לאנוש זדון
[זרע נכבד ירא אלהים:	19a	זרע נכבד מה זרע לאנוש
זרע נקלה עובר מצוה:	19c	זרע נקלה מה זרע לאנוש]
וירא אלהים בע[טו]:	20	בין אחים ראשם נכבד
תפארתם יר[את] אלהים:	22	גר וזד נכרי ורש
ואין לכבד [כ]ל איש חמס:	23	אין לבזות דל מ[שכי]ל
[ואי]ן גדול מׄ[י]רא אלהים:	24	[נדיב] מושל ושופט נכבדו
[נו]ס[ר] לא יתאונן:	25	עבד משכיל חורים יעבדו
ואל [ת]תכב[ב]ד במו] עד צרכך:	26	אל תתחכם לעבׄד חפצך
מ[סת]כבד [וח]ס[ר] מזון:	27	טוב עובד ויותר הון
ותן לה ט[עם] כיוצא בה:	28	בני בענוה כבד נפשך
ומי יכבד מקלה נפשו:	29	מרשיע נפשו מי יצדיקנו

ויש נכבד בגלל עשׄרו:	30	יש דל נכבד בגלל שכלו
ונקלה בעשרו [בדלותו] איככה:	31	נכבד [בדלותו] בעשרו איככה
ובין נדיבים תשיבנו:¹	11,1	חכמת דל תשא ראשו

---

¹ 1b B. Berachoth 48a. J. Berachoth 11b. J. Nazir 54b.

נִגְעוֹ (so). — כלה. — 16 גוים [גאים. — Ueber ממסם und am Rande ein ג. —
מאדם [מארץ ist Für eines der beiden. — ישבת. — 17 וסחם. — ארץ קרקע und ושרשם
oder מאנוש zu lesen; ich vermute für das zweite. — 18 [נחלק. — Lies עזו? —
19 b und c fehlen. — 22 Ich vermute חר. — 23 [ח]כם] חמם. — 24 [נדיב] das Wort ist
zerstört. — 25 לא . ס . . ועבד חורם. Hinter ס könnten auch zwei Buchstaben
fehlen, aber לא war wohl stark in die Breite gezogen. Vor [נו]ס[ר] ist וחכם
oder ונכן ausgefallen. — 27 [מזון] מתן — 28 [לח] ויתן. — 31 בדלותו 1° und 2° fehlen,
für בעשרו 2° steht בעיניו da. — i. f. add. [חמ]כבד בדלותו בעשרו מתכבד יתר ונקלה
סלסליח ותרוממך ובין נדיבים (al. נגידים) תשיבך Tal. 1 ,11. — בעשרו בדלותו נקלה יותר
vgl. Prv. 4, 8. Das Citat auch bei den Thosaphisten zu B. Erubin 65a und
Baba Kamma 92b, ferner Bereschith R. XCI fol. 101c, Koheleth R. VII fol.
102c, Jalkuth Bereschith fol. 46b.

2	אל תהלל אדם בתארו · · · ואל תתעב אדם מכ[וע]ר במראהו : A
3	אליל בעוף דברה · · · וראש תנובות פריה:
a4	בעטה או[פ]ר אל תתהתל · · · ואל תקלם במרירי יום:
c4	כי פלאות מעשי ייי · · · ונעלם מ[אדם] פעלו:
5	רבים נדכאים ישבו על כסא · · · ובל [עלים] על לב עטו צניף:
6	רבים נשאים נקלו מאד · · · וגם נכבדים נתנו ביד:
7	בטרם תחקר אל תסלף · · · בקר לפנים ואחר תזיף:
8	אל תשיב דבר טרם תשמע · · · ובתוך שיחה אל תדבר:
9	באין עצמה אל תתחר · · · ובריב זדים אל תקומם:
a10	בני למה תרבה עסקך · · · ואץ להרבות לא ינקה:
c10	בני אם תרוץ לא תגיע · · · ואם תבקש לא תמצא:
11	יש עמל ויגע ורץ · · · וכדי כן הוא מתאחר:
a12	יש רשש ואבד מה.לך · · · חסר כח ויותר או[ו]נש:
c12	ועין ייי צפתהו לטוב · · · וינעריהו מעפר צחנה:
13	נשא בראשו וירממהו · · · ויתמהו עליו רבים:
14	טוב ורע חיים ומות · · · ריש ועושר מייי הוא:
17	מתן ייי לצדיק [יע]מד · · · ורצנו יצלח לעד:
18	יש מתעשר מהתענותו · · · [ויש] יחזב שכרו:

* A 4 v (Adler).

4 ב ist so gut wie sicher, מ unmöglich. — ר . א] unter der Lücke sehr wahrscheinlich ָ, aber auch rechts über ר ein Punct.— מ . . . . — 5 עלים fehlt. — 6 נשאים. — מאד] add. והשפלו יחד. — 7: תזִיף (das Zeichen über ז nicht klar). — 8 praem. בני. — עצבה 9 תאחר. — וברב ⌣. — 10 עשקך; über ע ein חסר — רשש. 12 — ואם לא תבקש und אם לא תרוץ 11 — ⌣ und am Rande ein ⌃. — 14 i. f. add. כל. — ועין | ייי —

15	[ח]כמֹת ושכל והבין דבר · · · מייי הוא :
	חטא ודרכים ישרים · · · מייי הוא :
16	שכלות וחוש[ך] לפשעים נוצרה · · · ומרעים רעה עמם :

Für חטא ist חָבָא herzustellen, für נוצרה sodann נוצרו. Hinter ומרעים ist wohl ein Wort wie ישנה (Gr. συγχήρφ) ausgefallen. — 17 מ[ת]ן ייי צדיק לעֵד [יע]מֹד, wobei ייי über der Zeile nachgetragen ist. — 18 . . . יחִזֹב. Am Anfang stand wahrscheinlich ויש. Ueber ח ein Punct, der vielleicht einem ⌃ angehört, und am Rande eine unleserliche Variante. Lies ובכן יחוב?

A   ועתה אכל [מ]טובֹ[תי]:   ובעֹת [אמר] מצאתי נחת ‏ᵃ19

וע[ז]בֹו לאחר ומת: זלא ידע מה י[ום י]חלֹף ‏ᶜ19

ב[ג]זֹי ע[מד] בחֹוקך ובו ה[ת]רֹע ובמלאכתך התי[שן]:   20

[ק]רֹוֹץ לייי וקוה לאֹ[ו]רו: [א]ֹל תֹ[ת]מֹה בדרכי רֹשֹע ‏ᵃ21

כ[ף]תֹע פתאם ל[ה]עֹ[ש]שיר דל: כי נכח בעיני ייי ‏ᶜ21

ובעת תקותו תפרֹחֹ[ל]:   ברכת אל בגֹרֹל צדיק   22

ומה עתה יעזב לי: אל תאמר [מה] כי עשֹו[ח]תי חפצֹ[י]ו   23

אֹ[י]ֹה א[נש] יהי עלי: אל תאמר דיי עֹֹמי   24

ורעת יֹ[ום] תשכח טובֹה: טובת יום תשכח רעה   25

   26

ואחרית אדם תחוה עליו: עת רעה תשכח תענוג   27

ובאחריתו ינכר איש:¹   לפני מות אל תאשר גבר   28

ומה רבו פֹצֹעֹי רוכל:²   לא כל איש להביא אל בית   29

וכתרגל יראה עֹרֹוה:²   כעוף אחוז בכלוֹב לב גאה   30

ובמחסדיך יתן קשר: טוב לרע יהפך נֹרֹגן   31

¹ 28 Saadia, 179, 6.   ² 29. 80b. 32a B. Jebam. 63b B. Sanh. 100b.

---

21 auf ב 1° folgt ein⸱ obere Horizontale, an zweiter Stelle ein Buchstabe, der rechts eine untere Spitze hatte. — In רוץ[ק] ist von ר die obere Horizontale zumeist erhalten. — בעיני ייי ist über der Zeile nachgetragen. — Statt דל wäre auch רש möglich. — 23 מח 1°] von מ undeutliche Spuren. — 24 Von ש ist anscheinend der linke Schaft erhalten. — 25 טֹובַת, wobei ח über der Zeile nachgetragen ist. — Ueber וכ in יום 1° ein מ (ob = מפחא oder מרחא?). Vgl. zu 15, 12. 14.— תָשַׁבַּח (bis).— Über ע in רעה ein ח. — 27 ואחרית [תחות. — וסוף [תחוה. — יגיד.— Hinter v. 25 noch: ואחרית אדם תהיה עליו. Dabei ist אדם aus אאם korrigiert. — 28 [ובאחריתו über ו 1° stand wohl כי in der Hs.; vgl. Saadia כי באחריתו יתנכר. — Vorher die Variante: בטרם תחקר אדם אל תאש[רה]וֹ [כ]יֹ באחריתֹו יאושר אדם. —

29. 30b. 32a lauten im Talmud: מנע רבים מתוך ביתך }
ולא הכל תביא (בתוך) ביתך: =} 29a

= 29b   רבים היו פצעי רכל (al. רוכל):

= 80b   המרגילים לדבר ערות (al. עבירה)

= 32a.   כניצוץ מבעיר גחלת:

80 Cod. praem. כבלוב מלא עֹוף כן בתיהם מלאו מֹרֹמֹהֹ (= Jer. 5, 27). Dasselbe im Talmud hinter v. 32a. — 29 [רוכל lies רכיל oder נוכל. — Neben der Zeile בתיהם — ומה am Rande ein . . חָ, dessen Beziehung unklar ist. — 80 גאה[Cod. add,

A　　ואיש בליעל לדם יארב:　　מנצוץ ירבה גחלת　32

למה מום עולם תשא:　　נור מרע כי רע יוליד　33

*וינכרך מביתך:　　השכן זר ויזיר דרכיך　34

ויהי טובה לטובתך:　　אם תטיב דע למי תטיב　12 1

אם לא ממנו מיי:　　היטב לצדיק ומצא תשלומת　2

וגם צדקה לא עשה:　　אין טובה למניח רשע　3

למה בם יקביל אליך:　　כלי לחם אל תתן לו　b5

בכל טובה תגיע אליו:　　פי שנים רעה תשיג　d5

ולרשעים ישיב נקם:　　כי גם אל שונא רעים　6

5a הקיר סך ואל תתן לזד:　　תן לטוב ומנע מרע　(4) 7

ולא יכוסה ברעה שונא:　　לא יודע בטובה אוהב　8

וברעתו גם ריע בודד:　　במובת איש גם שונא ריע　9

כי כנחשת רועו יחליא:　　אל תאמין בשונא לעד　10

תן לבך להתירא ממנו:　　וגם אם ישמע לך ויהלך בנחת　11a

ודע אחרית חלאה:　　היה לו כמגלה ראי　11c

למה יהדפך ויעמד תחתיך:　　אל תעמידהו אצלך　12a

למה יבקש מושבך:　　אל תושיבהו לימינך　12b

ולאנחתי תתאנח:　　ולאאחור תשיג אמרי　12c

וכל הקרב אל חית שן:　　מי יחון חובר נשוך　13

ומתגלל בעונתיו [:]　　כן חובר אל איש זדון　14

* A 5 r (Cambr.)

כזאב ארב למרף: = Erweiterung von 30a

מח רבו פשעי בוצע = Variante zu 29b

ככלב הוא בא לכל בית: וחומם = Variante zu 30a

כן בוצע בא ומשים ריב לכל [טו]בהם: = Variante zu 31b

אורב הרוכל כדוב לבית לצים = Erweiterung von 30b.

32 Lies תרבה oder כי נצוץ.—84 Die Hs. hat den Vers vor 12, 1 in folgendem Wortlaut: לא תדבק לרשע וסלף דרכך ויהפך מבריתיך. Dagegen hinter 12, 1 זריו משוכן. הָזָר דרכיך מנכר[ו]ך במחמריך. Das [י] ist über der Zeile nachgetragen. Statt ויזיר] רשע. — ויזיר 1 12 — .טוב תריע—.תקוה [תקוה. — 3 למנוח. — יזיר wäre auch ויזיר denkbar. — 12 1 ich vermute רע. — 5 d und e stehen vor b und c. — תשיג add. בעת צורך — . ולאנחתי] 12 — .חלאה] קנאה. — ולא ימצא להשחיתך 12 .add ;רז [ראי] 11 ist falsch; vielleicht ולאחותי zu lesen. — 18 מי ist aus מה korrigiert. — יוחן. — In חית ist י über der Zeile nachgetragen. — 14 איש] אשת. — Zu זדון gehört vielleicht ein עי, das am Rande steht, dessen ע aber durchgestrichen ist. — Am

A ואם תמוט לא יתכלכל׃	עד עת תעמוד לא יופיע 15
ובלבו יחשוב מהמרות עמוקות׃	בשפתיו יתמהמה צר 16ᵃ
אם מצא עת לא ישבע דם׃	וגם אם בעיניו ידמיע אויב 16ᶜ
כאיש סומך יתפש עקב׃	אם רע קראך נמצא שם 17
ולרוב מלחש ישנא פנים׃	ראש יניע והניף ידו 18
וחובר אל לץ ילבש דרכו׃	נוגע בזפת תדבק בידו 13 1
ואל עשיר ממך מה תתחבר׃	כבד ממך מה תשא 2ᵃ
אשר הוא נוקש בו והוא נשבר׃	מה יתחבר פרור אל סיר 2ᶜ
ועל דל נעוה הוא יתחנן׃	עשיר יעוה הוא יתנוה 3
ואם תכרע יחמל עליך׃	אם תכשר לו יעבד בך 4
וירששך ולא יכאב לו׃	אם יש לך ייטיב דבריו עמך 5
ושחק לך והבטיחך׃	צורך לו עמך והשיע לך 6
7ᵃ	6ᶜ
פעמים שלש יעריצך׃	עד* אשר יועיל יהתל בך 7ᵇ
ובראשו יניע אליך׃	וככן יראך והתעבר בך 7ᵈ
ואל תדמה בחסירי מדע׃	השטר אל תרהב מאד 8
וכדי כן יגישך׃	קרב נדיב היה רחוק 9
ואל תתרחק פן תנשא׃	אל תתקרב פן תתרחק 10
ואל תאמן לרב שיחו׃	אל תבטח לחפש עמו 11ᵃ
ושחק לך וחקרך׃¹	כי מהרבות שיח ינסיך 11ᶜ
על נפש רבים קושר קשר׃	אכזרי יתן מושל ולא יחמל 12
ואל תהלך עם אנשי חמם׃	השמר והיה זהיר 18

*A 5 v (Cambr.).   ¹ 11 cd Saadia 179, 15.

Schluss folgt 28, 16 f (s. u.), und sodann כאשר יבא עמך לא יתגלה לך ואם תפול
עת תעמד עמך לא (= Variante zu v. 15). — 15 Ich vermute לא יפול להצילך
יתמהמת צר lies יתמחמה צר oder mit J. Lévi יר. — .נמוט — 16
17 Ich vermute וכאיש. — יתפש] ת ist mindestens wahrscheinlicher als
ת. — .ולרוכח לחש — 13, 1 יר. — ילבש] ילמד. — Hinter v. 1 ist ein grösserer
Zwischenraum. — 2 מח 1° ist über der Zeile nachgetragen, ebenso das ת in
יתחבר, und zwar sowohl in c wie in der nachfolgenden Glosse. — del. בו. —
יש לך] 5 (Peters). — 8 או מה יתחבר עשיר אל דל add. i. f.
תברע 4 — יעוה] יענח. — 8 בָּחֲסִירֵי] ich vermute בָחֲסֵרֵי. — 10 תשנא. —
שלך. — 6 צִדֶּיךָ] — .ושחק — 8
11 מהרבות] ת ist über der Zeile nachgetragen. Saadia כרב. — שיחו נסיון.
שיח מנסח אותך Saadia.

A וכל אדם את הדומה לו: ¹   15   כל הבשר יאהב מינו

ואל מינו יחובר אדם: 16   מין כל בשר אצלו

כן רשע לצדיק נאצל [:]   17   מה יחובר זאב אל כבש

מאין שלום עשיר אל רש: 18   מה יש שלום צבוע אל כלב

כן מרעית עשיר דלים: 19   מאכל ארי פראי מדבר

ותועבת עשיר אביון: 20   תועבת גאוה ענוה

ודל נמוט נדחה מרע: 21   עשיר נמוט נסמך מרע

ודבריו מכוערים מהופים: 22ᵃ   עשיר מדבר ועזריו רבים

ודבר משכיל ואין לו מקום: 22ᶜ   דל מדבר נע נע ישא

ואת שכלו עד עב יגיעו: 23ᵃ   עשיר דובר הכל נסכתו

ואם נתקל גם הם יהדפוהו: 23ᶜ   דל דובר מי זה יאמרו

ורע העוני על פי זדון: 24   טוב העושר אם אין עון

אם לטוב ואם לרע: ²   25   לב אנוש ישנא פניו

ושיג ישיח מחשבת עמל: 26   עקבת לב טוב פנים אורים

ולא אבה עליו דון לבו: 14 1   אשרי אנוש לא עצבו פיהו

ולא שבתה תוחלתו: 2   אשרי איש לא חסדתו נפשו

ולאיש רע עין למה זה חרוץ: 3   ללב קטן לא נאוה עושר

ובטובתו יתבעבע זר: 4   מונע מנפשו יקבץ לאחר

ולא יקרה בטובתו: 5   רע לנפשו למי ייטיב

ועמו תשלומת רעתו: 6   רע לנפשו אין רע ממנו

7

8

---

¹ 15b Vgl. B. Baba Kamma 92b. Jalkut Bereschith 28d Mitte. Jalkut Schofetim 11a unten. Nissim 66. ² 25 Bereschith R. LXXIII 82c.

[כן 17. — vgl. zu a 27, 9.; כל עוף למינו ישכון ובני (al. ובן) אדם לרומה לו Talm. 15
כך. — Interpungiert (·) ist hinter צדיק, nicht hinter נאצל, vor dem noch steht ובן
ומה lies [מאין. — Interpungiert (:) ist hinter צבוע. — מה יש 18 [מאיש. — עשיר אל איש
יש. — 21 מוט בסמך [מוט. — מרע [2°] add. אל רע. — 22 מכוערין מהופין, wobei ה über
מו nachgetragen ist. — מדבר [2°] נמוט. Am Rande ⸱, und dasselbe vielleicht
über נמוט. — ושא. — 25 Ber. R. אם—ואם] Ber. R. בין—ובין. — 26 Lies נמוט über
ושיח und etwa עינים מחשיבים. — 14, 1 דין. — Vielleicht אנה על דון עונו, jedenfalls עונו oder עון. — נפשו 4. — לא נאוה [למה זה 8. — חסרתו 2 [יקרה 5 lies
יחרה (Bevan)?

A	
A : ולוקח חלק רעהו מיבש נפשו	9 בעין כושל מעט הוא חלקו
ומאומה אין על שלחנו:	10 עין רע עין תעיט על לחם
ולאל* ידך הדשן:	11 בני אם יש לך היטיב לך
וחוק שאול לא הגד לך [:] י	12 זכור כי מות לא יתמהמה
והשיגת ידך תן לו [:]	13 במרם תמות היטב לאוהב
ובהלקח אח אל תעבר: י	14 אל תמנע מטובת יום
ויניעך לידי גורל:	15 הלא לאחר תעזב חילך
כי אין בשאול לבקש תענוג [:] י	16 תן ולקח ופת נפשך
וחוק עולם גוע יגועו:	17 כל הבשר כבגד יבלה
שזה נובל ואחר צומח: י	18ᵃ כפרח עלה על עץ רענן
אחד גוע ואחד נוטל:	18ᶜ כן דורות בשר ודם
ופעל ידיו ימשך אחריו:	19 כל מעשיו רקוב ירקבו

ובתבונה ישעה:	20 אשרי אנוש בחכמה יהגה
ובתבונתיה יתבונן:	21 השם על דרכיה לבו

¹ 11a 12. 16b. 18ab. B. Erubin 54a.   *A 6 r (Cambr.).   ² 14 Alfab.

Ben Sira I ח.

9 כושל] ist verderbt. — In הוא ist א über der Zeile nachgetragen. — ומהומה [ומאומה אין — ?עין רעה תע — 10 Lies מיבש נפשו [מאבד חלק. — i. f. add.: עין טובה מרבה חלהם ומעין יבש יזל מים על השלחן. — 11 ולך [1°] add.

שָׁרוּת נפשך ואם יש לך. Talmud wie oben. — 12 Talmud:

כי אין בשאול תענוג   ואין למות התמהמה:

ואם תאמר אגיח לבני   חוק בשאול מי יגיד לך:

Der erste Stichus ist = v. 16b. Zu כי אין findet sich als Variante שאין, zu לבני der Zusatz ולבנותי, für יגיד auch יודיע, יורה, יודה; vgl. Aruch ed. Kohut s. v. חק. Es folgt im Talmud v. 18ab. — זכר כי לא בשאול תענוג ולא מות יתמ. — 14 [ובהלקח אח lies לשאול. — Interpungiert (:) ist hinter 12a 13a 14a. — 14 [ובהלקח אח lies חוי טב ותולקיד מן מבתא oder טוב für נאה. — Vgl. Alfab. Sirac. מבתא מן ובחלק חמוד נאה. — ופגיק [ופת, וחמוד רע אל תחמוד. — לאח ותין [ולקח 16. — i. f. add. לא תמנע über ק und am Rande ג. — Talm. om. לבקש; vgl. zu v. 12. — i. f. add. עשה אלהים לפני לעשות שיזה: וכל דבר. Dabei ist לפני über der Zeile als לכמי nachgetragen, dann aber in לפני korrigiert und so noch einmal am Rande. — 18 Talm. (s. z. v. 12) : בני (ה)אדם רומים לעשבי השרה הללו נוצצין וחללו נובלין. Für לעשבי findet sich auch עשב, und für השרח auch הארמה. — c und d am Rande. — Ueber כן דורות steht כן אמהות, das durchgestrichen ist. — 19 Am Anfang fehlt גם oder ו. — 20 Vermutlich ישתעה [ישעה. — 21 ובתבונתיה] ist falsch; lies ובגנבותיה.

A

#		
22	לצאת אחריה כחקר	וכל מבואיה ירצד:
23	המשקיף בעד חלונה	ועל פתחיה יצותת:
24	החונה סביבות ביתה	והביא יתדיו בקירה:
25	ונטה אהלו על ידה	ושכן שכן טוב:
26	וישים קנו בעופיה	ובענפיה יתלונן:
27	וחוסה בצלה מחרב	ובמעונתיה ישכן:
15 1	כי ירא ייי יעשה זאת	ותופש תורה ידריכנה:
2	וקדמתהו כאם	וכאשת נעורים תקבלנו:
3	והאכילתהו לחם שכל	ומי תבונה תשקנו:
4	ונשען עליה ולא ימוט	ובה יבטח ולא יבוש:
5	ורוממתהו מרעהו	ובתוך קהל תפתח פיו:
6	ששון ושמחה ימצא	ושם עולם תורישנו:
7	לא ידריכוה מתי שוא	ואנשי זדון לא יראוה:
8	רחוקה היא מלצים	ואנשי כזב לא יזכרוה:
9	לא נאתה תהלה בפי רשע	כי לא מאל נחלקה לו:
10	בפה חכם תאמר תהלה	ומשל בה ילמדנה:
11	אל תאמר מאל פשעי	כי את אשר שנא לא עשה:
12	פן תאמר הוא התקילני	כי אין צורך באנשי חמס:
13	רעה ותעבה שנא ייי	ולא יאננה ליראיו:
14	אלהים מבראשית ברא האדם	ויתנהו ביד יצרו:
15	אם תחפץ תשמר מצוה	ואמונה לעשות רצונו:
16	מוצק לפניך אש ומים	באשר תחפץ שלח ידך:
17	לפני אדם חיים ומות	אשר יחפץ ינתן לו:
18	[כי] ספקה חכמת ייי	אמיץ גבורות וחוזה כל:

---

22 בחקר. — וכל] lies ועל (?). — 28 החלונה, aber das erste ה ist durchgestrichen. — 24 יתריו. — 25 טוב] ist fehlerhaft. — 26 בְּעוֹפִיה.—15, 3 תבואת, das aber durchgestrichen und am Rande durch תבונה ersetzt ist. — 12 [תאמר über ת ein Zeichen, das als ט gelesen werden könnte (vgl. zu 11, 25). — 14 auf מבראשית folgt ein א, das durch einen darübergesetzten Punkt athetiert ist (vgl. zu 19. 4, 21. 16, 7). — Ueber ש ein ט (vgl. zu 12). — In האדם ist ה (undeutlich) über אד nachgetragen. — ויתנהו] praem. וישתיהו ביד חותמו. — ואם תאמין בו גם אתה תחיה .i. f. add. — ותבונה] 15 — 18 Spuren von כי dem Anschein nach über ס. — 18. 19 כלם עיני, ohne Interpunction.

A: ‏*והוא יכיר כל מפעל איש‏	19	‏ועיני [ייי] אל יראיו‏
‏ולא החלים אנשי כזב:‏	20	‏לא צוה אנוש לחטא‏
‏ואל תשמח בבני עולה:‏	16 1	‏אל תתאוה תואר נערי שוא‏
‏אם אין אתם יראת ייי:‏	2	‏וגם אם פרו אל תבע בם‏
‏ואל תבטח בעקבותם:‏	a 3	‏אל תאמין בחייהם‏
‏ומות עירירי מאחרית זדון:‏	c 3	‏כי טוב אחד מאלף‏
‏ומטשפחת בגדים תחרב:‏	4	‏מאחד ירא ייי תשב עיר¹‏
‏ועצמות מאלה שמעה אזני:‏	5	‏רבות כאלה ראתה עיני‏
‏ובגוי חנף נצתה חמה:‏	6	‏בעדת רשעים יוקדת אש‏
‏המורים בגבורתם:‏	7	‏אשר לא נשא לנסיכי קדם‏
‏המתעברים בגאותם:‏	8	‏ולא חמל על מגורי לוט‏
‏הנורשים בעונם:‏	9	‏ולא חמל על גוי חרם‏
‏הנאספים בזדון לבם:‏	10	‏כן שש מאות אלף רגלי‏
‏תמה זה אם ינקה:‏	a 11	‏ואף כי אחד מקשה ערף‏
‏ונושא וסולח ושופך חמה:‏	c 11	‏כי רחמים ואף עמו‏
‏איש כמפעליו ישפט:‏	12	‏כרב רחמיו כן תוכחתו‏
‏ולא ישבית תקות צדיק:‏	13	‏לא ימלט בגזל עול‏
‏וכל אדם כמעשיו ימצא לפניו:¹‏	14	‏כל העושה צדקה יש לו שכר‏
‏ובמרום מי יזכרני:²‏	a 17	‏אל תאמר מאל נסתרתי‏

*A 6 v. (Cambr.).   ¹ 14a Nissim 12.   ²17 Saadia 179, 12.

---

19 ‏ועין ייי אל י‏ [‏ייי‏]] ‏אל יראו מעשיו‏. Vielleicht ist übrigens zu lesen
oder ‏עיני אל אל י‏. — ‏וחו‏. — [‏כל‏] praem. ‏על‏, das aber durch obere und untere
Punkte getilgt ist (vgl. zu 14). — 20 i. f. add. ‏ולא מרחם על עושה שוא ועל‏
[‏אחד‏] add. — ‏כי לא תחיה להם אחרית טובה‏. [‏בעקבותם‏] add. 16, 8 — ‏מגלח סוד‏.
[‏מאחרית‏] praem. ‏ו‏: ‏ממי שהיו לו בנים רבים עֹלֳה‏. — ‏עשה רצון‏ — 4 R. Nissim:
‏באחד‏: ‏בראש אחד תתישב עיר‏; vgl. aber Jellinek, Beth ha-midrasch V 185. 206:
‏כאלה‏. [‏מאלה‏] 5 — ‏נבון‏. oder ‏מבין‏ lies ‏ירא ייי‏ [‏עירירי‏]. — ‏מאחד‏] add. ‏מגין ת' ע'‏
— 7 [‏חמורים‏] add. ‏עולם‏. — 8 [‏ולא‏] es folgt ein ‏ע‏, das aber durch oberen Punkt
athetiert ist (vgl. zu 15, 14). — 9 ‏הנודדים‏. — 11 Ich vermute ‏נושא‏. — ‏ושופך‏
[‏חמה‏] ‏רגו‏ (leg. ‏ינוח‏) ‏יגיח רשעים ועל‏ = 5, 6 d. — 18 [‏לא‏] ‏אל‏, aber am Rande ‏לא‏.
— ‏תאות‏. — 14 ‏יצא‏. — i. f. add.:

‏שמעשיו מגולין תחת חשמים[:]‏	15 ‏ייי הקשה את לב פרעה אשר לא ידעו‏
‏מאורו וחשכו חלק לבני אדם:‏	16 ‏רחמיו יראו לכל בריותיו‏

Cod. hat ‏ושבחו‏ für ‏וחשכו‏ und interpungiert hinter ‏ידעו‏ und hinter ‏רחמיו‏.

A ¹ ומה נפשי בקצות רוחות:	בעם כבד לא אודע ° 17
ותהום וארץ:	הן השמים ושמי השמים ᵃ 18
ובפקדו וכרגשו:	ברדתו עליהם מועדים ° 18
בהביטו אליהם רעש ירעשו:	אף קצבי הרים ויסודי תבל 19
ובדרכי מי יתבונן:	גם עלי לא ישים לב 20
או אם אכזב בכל סתר מי יודע:	אם חטאתי לא תראני עין 21
ותקות מה כי ירחק חוק:	מעשה צדקי מי יגידנו 22
ᵇ וגבר פ[ו]תה יחשב זאת:	חסרי לב יבינו אלה 23

ועל דברי שימו לב:	שמעו אלי וקחו שבלי 24
ובהצנע אחוה דעי:	אביעה במשקל רוחי 25
על חייהם	כברא אל מעשיו מראש 26

* * * * * *

ואל תהי כמתעה: ²	18 28 בטרם תדור הכן נדריך׳

* * * * * *

C שונא: ³	81
אשר פי שנים רישו:	אל תשמח אל שמץ תענוג 82
ומאום[ה] אין בכים:	אל תהי זולל וסובא 88
ובוזה מעוטים [ית]ערער:	19 1 פועל זאת [לא י]עשיר
	יין ונשים [יפה]יזו לב 2
ונפש עזה [ת]שחית בעליה:	8

* * * * * *

¹ 17 Saadia 179, 12. ² 18, 23 = Tanchuma וישלח 13a. ³ 18, 31—19,3 = Cod. C fol. 3 r.

17 [ומה] Saadia .או מי — [רוחות] add. כל בני אדם. Bei Saadia fehlt der Zusatz. — 18 עמֹדים. Der Punkt über ד könnte auch ein Accent (Geresch) sein. — [וכרגשו] etwa יתרגשו ist zu lesen.— 22 [מעשה] ist korrigiert für מח.— [ירחק] אצוק. — 23 [חסרי] — In גבר über בר ein ו (?). — 26 [על חייהם] ich ver-mute. — 18, 23 [כמתעה] vermutlich אל כמנסה. — וְאֵם חַיָּתָם mute.

B   כן עושה באונס משפט :¹   כן נאמן לן עם בתולה 4 20

C   וי[ש נמאם ברוב ש[ו]יחו :²   [יש מחרי]ש ונחשב [חכם 5

     ויש מחריש כי ראה עת[:]   יש מחריש מאין מענה 6

     וכסיל לא ישמר עת: חכם יחריש עד עת 7

*   *   *   *   *

C   חכם במעט דבר [ואהיב] נפשו וטובת כסילים ישפכו[:]³ 13 20

     חכמה

*   *   *   *   *

     28b ומוסר לאיש בבית עטיו :⁴   22a רגל נבל מהרה אל בית 21

     22b ואיש מזמות יכניע רבים: 23a אויל מפתח יביט אל בית

*   *   *   *   *

A   לא יעבר עד תבער בו אש :⁵   16 23 f

*   *   *   *   *

     וזקן מנאף [חסר מדע]:⁶   דל גאה ועשיר מכחש 2cd 25

     איך תשיג בזקנותיך:⁷   בנערותיך לא קבצת 8

*   *   *   *   *

---

¹ 20, 4 = Cod. B (hinter 30, 20). ² 5-7 = Cod. C fol. 8 r. ³ 20, 18 = Cod. C fol. 8 v. (hinter 37, 26). ⁴ 21, 22. 23 = Pirke de-rabbenu ha- kadosch (ed. Schönblum) 14 a. ⁵ 23, 16 f = Cod. A (hinter 12, 14). ⁶ 25, 2 cd = B. Pesachim 113 b. ⁷ 25, 3 = Aboth N. 24 (ed. Schechter c. 28 p. 78 a).

20, 4 Lies כנאמן נאמן oder ללן נא' חמר. — [באונס Rand בגול. — b steht vor a. Dann folgt וי מבקש סידו. Dazu am Rande בידו, wobei ו aus ן korrigiert ist. בריב.—5 וכסיל] 7 vielleicht ist zu lesen חד ולץ.—13 om. ואהיב. Hinter חכם ist ein Loch, das höchstens für zwei Buchstaben ausreicht. Aber חכם ist auf ein anderes Wort geschrieben, von dem noch אה unter כם zu erkennen sind. — ישפך. — **21, 22. 23** Im Citat folgen auf einander v. 22ab. 23ab. — [וכבוד 23 b — ולעולם אל יתמר אדם לבית חבירו שכך כתר בספר בן סירא 22 praem. ich vermute ומוסר. — [בבית עמיו ich vermute כבר לעמוד. — 28a praem. לעולם ich vermute פנים. — [רבים 22 b אל יסתכל אדם לשער חבירו שכן בספר בן סירא 23, 16 Hinter אש ein ., dagegen ein: hinter יעבר.—**25, 2** [חסר מדע Talm. dafür — ארבעה אין הדעת סובלהן. Dem Citat geht voraus: ופרנס מתגאה על צבור — בזקנותיך. — תשיג. Var. — [קצת (Varr. קמצת, קצצת). — הפצתם 3 praem. אם. — בזקנותיך.

C   ᵈ8 25 °(?) אשרי ש[לא .... ולא] עבד נקלה [סמנו:]¹

ab 8 [אשרי] בעל אשה מ[שכלת   ולא] חורש כשור [וחמור:]

* * * * * *

18   כל מכה ולא [מכת] לב   כל רעה ולא ר[עת אשה:]²   C

* * * * * *

17 25   רע אשה ישחיר מראה   ויקדיר פניה כדוב:³   C
18   בין רעים ישב בעלה   ובלא טעם מר יתאנח:
19   מעט רעה כרעת אשה   גורל חוטא יפול עליה:
20   כמעלה [חל ברגלי ישי]ש   אשת [לשון לאיש מך:]
21   אל תפול [על יפי אש]ה   ועל יש לה [אל תלכ]ד:
22   כי עבדה [קשה] ובושת   אשה מכלכלת [את] בעלה:
▲28

c28   *רפיון ידים וכשלון ברכים   אשה לא תאשר את בעלה:
24   מאשה תחלת עון   ובגללה גוענו יחד:
25
26

1 26   אשה טובה אשרי בעלה   ומספר ימיו כפלים:⁴
2   אשת חיל תדשן לבעלה
3   אשה טובה מתנה טובה   בחלק ירא אלהים תנתן:⁵

* * * * * *

¹ 25, 8 = Cod. C fol. 4 r. ² 25, 13 = Cod. C fol. 4 r. Vgl. B. Schabb.
11 a. ³ 25, 17—26, 2 = Cod. C fol. 4 r. v. * Cod. C fol. 4 v. ⁴ v. 1 B. Jebam.
68 b. B. Sanh. 100 b. ⁵ v. 3 = B. Jebam. 68 b. B. Sanh. 100 b. Nissim 36.

8 Lies חרש. — Auf ש folgte eher ל als מ. — 13 [מכת] und [עת]כר. —
כל חולי ולא חולי מעים כל כאב ולא כאב לב כל מיחוש ולא מיחוש ראש כל Talm.
(al. אשת רעה) רעה אשה רעת ולא רעה. — Vgl. Schechter, J Q R III 697 f. —
ד דברים (Jellinek, Beth ha-midrasch II 95): מעשת תורה מדרש Sodann
קשים זה מזה מכת כלב (sic) קשה בגוף חולי מעים קשה ממכת כלב אשה רעה קשה
מכלם קשה כיס חסרון משתיהן. — 17 מראה] add. איש. — פניו לדוב — מעם מר
מעטו — 26, 1 מובה] יפח .Sanh. Jebam — 22 [עבדה] בעדה. — .Sanh. Jebam. om
ו. — 8 Sanh. Jeb. בחיק. — Jebam. Sanh. i. f. add. (מאי אשה רעה צרעת לבעלה
תקנתיה) יגרשנה מביתו ויתרפא מצרעתו :

A   וכמהו איש על חשבונו:¹   27 5 כלי יוצר לבער כבשן

     כן חשבון על יצר אחד: 6   על עבדת עץ יהי פרי

*   *   *   *   *   *

                             9   כל עוף למינו ישכון²

*   *   *   *   *   *

B   ואל תשא לשחיתותיו: 30 11 * אל תמשילהו בנעוריו

     ובקע מתניו כשהוא קטן: 12ª כיף ראשו בנערותו

     ונולד לך ממנו מפח נפש: 12ᶜ למה יקשה ומרה בך

     פן באולתו יתלע בך: 13   יסר בנך והכבד עולו

     מעשיר ונגע בבשרו: 14   טוב מסכן וחי בעצמו

     ורוח טובה מפנינים: 15   חיי שר אויתי מפז

     ואין טובה על טוב לבב: 16   אין עושר על עושר שר עצם

     ונוחת עולם מכאב עומד: 17   טוב למות מחיים רעים

     תנופה מצנת לפני גלול: 18   מובה שפוכה על פה סתום

     אשר לא יאכלון ולא יר[נ]יחון[:]   19ª מה יע[נ]רכון לנ[ג]לל[נ]לי הגוים

     ואין נהנה ממ[נו][:]   19ᶜ כן מי [ש][י]ש לו עושר

¹ 27, 5. 6 = Cod. A (hinter 6, 22).   ² = Talm. Rabb. s. z. 18, 15.
* Cod. B fol. 1 r. (Cambr.).

27, 5 Ich vermute לבחר = לבחן. — וכמתו] vermutlich ונסיון oder
ממסת. — יהי] lies יהיו. — אחד] vermutlich אדם. — 9 Vielleicht las man
auch עוף כנף למ' (Schechter J Q R III 699). — 30, 11 לשחיתותיו] Rand
יקשח] — כפתן על חי תפגע ‖ רציץ מתניו שעודנו נער 12 praem. מש'
‖ ישקח, Rand ונולד] — ישקיח und יקשיח, Rand ‖ ונולד לך ממנו, unter ולך steht
יתעל. — Rand ולוד ממך. — 18 יתלעכך ohne deutliche Worttrennung, Rand על
טוב 17 — שאר Rand לבב] — שאר Rand ‖. לב — 16 שר] שאר Rand ‖ שר
לממות מחי שוא ‖ ונוחת עולם מכאב נאמן (מחיים רעים Rand) : טוב למות מחיים רעים ‖
פה 18 — ולרד לשאול und ולוד ושא' (Rand ‖. פה] Rand : מכאב עומד
— Rand om. לפני. — 19 20 a fehlen im Text und sind am Rande
nachgetragen. — לאלילי für לאלילי [ל][נ][ל][נ]לי wäre der Raum wohl zu klein. —
[ש][י]] an Stelle der beiden ש Löcher, die ihrer Gestalt entsprechen.
— ממנו] ebenso möglich ist ממטנו

	B

Nr		
20	[רואה] בעיניו [ומתאנח]	כאשר סריס יחבק נערה:
21	אל תתן לדון נפשך[1]	ואל תכשילך בעצתך:
22	שמחת לבב הם חיי איש	וגיל אדם האריך ימים:
23a	פת נפשך ופייג לבך	וקצפון הרחק ממך:
23c	כי [ר]בֹֿים הרג דון	ואין תעלה בקצפון:[1]
24	קנאה ואֿף [ו]קצֿרו ימים	ובלא עת תזקין דאגה:
33,18	*שנות לב טוב תחת מטעמים	ומאכלו יעלה עליו:
34,1	שקד עשר ימחה שאר	ודאגתו תפריע שנה:
2	דאגת מחיה תפריע נומה	ומחלי חזק תפריג שנה:
3	עמל עשיר לקבץ הון	ואם ינוח לקבל תענוג:
4	עמל עני לחסר כחו	ואם ינוח יהיה צריך:
5	רודֿף חרוץ לא ינקה	ואוהב מחיר בו ישגה:
6	רבים היו חבולי זהב	והבוטח על פנינים:
7	כי תקלה הוא לאויל	וכל פותה יוקש בו:

[1] 21a. 23d. B. Sanh. 100b. Alfab. B. Sira II א. *B 1 v. (Cambr.).

---

20 a steht am Rande unter 19 d; unter 19 c dagegen nichts. רואה
und ומתאנח sind verwischt, standen aber wohl da. — סרים] סריס. —
ומתאנח] נערה add. Es folgen 20, 4 ba mit einer Glosse (s. o.). — 21 a
23 c Alfab. Sir. (al. הראבה) הראגה תראגה הרגת רבים כי בלבך דאגה ראה אל תתן.
Sanh., Rand תכשל בעינך תכשל. — לדין 21. — לא תיעל דויא בליבך דגברין גיברין קטל דויא. Sanh.
ואף] א ist so gut wie sicher, 24 — דין. 23 — אפו [ימים 22. — תכשילך עצתך und תכשילך בעצתך.
ein ן statt ף ist des Raumes wegen unwahrscheinlich. Ueber א ein Ring, aber
eine Randlesart ist nicht zu entdecken. — שקר עשיר ימחה שארו 34, 1, am
Rande שקד. — b lautet im Text wie 2a, nur תפריע statt wie dort תפריג.
Letzteres steht bei 1 b am Rande, ist aber durchgestrichen, und ausserdem noch
[תפריג שנה]. — ומחלי חזק] Rand חז מחלה. — 2 [תפריג] תפריג. — דאגגת תפריג נומה.
תפריג נומה, aber am Rande תפריג. Vielleicht ist תפייג herzustellen. — Es folgt
8 עמלי, Rand wie רע נאמן תגיד (תנוד Rand) ‖ ומסתיר סוד אוהב כנפש:
oben. — עמל] Rand 4 Am Anfang steht עמל. — לקבל] תענוג]. — יגע עני לחסר
ביתו, dann folgt b, dann a in obigem Wortlaut, schliesslich נחה לו ואם ינוח לא.
— תבוטה] lies חללי Rand חריץ. — 6 [חבולי] Rand במח׳. — מחיר] חריץ.
פותה] עץ lies [כי 7. — ולא מצאו לנגל ביום עברת ‖ ולחושע ביום רעה. Dazu am
Rande: ולא מצאו להגצל מרעה ‖ וגם להושע ביום עברה? — i. f. add. והמומח
Rand פתח.

B

ואחר ממון לא נלוז:	8 אשרי איש נמצא תמים
כי הפליא לעשות בעמו[:]	9 מי הוא זה ונאשרנו
והיה לו לתפארת:	10ᵃ מי הנבדק בו וישלם
ולהרע רעהו ולא אבה:	10ᶜ מי יוכל לסור ולא סר
ותהלתו יס[ו]פר ק[ה]ל:	11 על כן יחזק טובו

*מוסר לחם ויין יחדו

בני אם על שלהן איש גדול ישבתה אל תפתח עליו גרנך:	12ᵃ
אל תאמר ספוק עליו 13 זכור כי רעה עין רעה:	12ᶜ
על כן ממני כל דמוע תדמע: רע מעין לא חלק אל	13ᵇ
ובכל ששנאת התבונן: רעה רעך כנפשך	15
ואל תיחד עמו במ:א: מקום יבים אל תושיט יד	14
ואל תעט פן תגעל: אכול כאיש דבר ששם לפניך	16
ואל תלע [פן] תמאם: חדל [ראש]ון בעבור מוסר	17
לפני רע אל תושט יד: וגם אם בין רבים ישבת	18

ואל יצועיו לא ישיק: הלא די אנוש נבון מזער	19

* B 2 r (Brit. Mus.).

---

8 איש] lies עשיר? — נמצא] Rand מצא. — 9 ונאשרנו זה] Rand תאשרנו. — [וישלם והיה לו,
Rand om. בעמו. — 10 הנבדק] הנבדק (הנדבק Rand) שנדבק זה הוא. — ותפארת Rand, תפארת. Es folgt
שלום und das ist zu b gezogen. — לתפארת Rand, תפארה und תפארת.
כי ברבות שלום חייו || אהיה לך לתפארת:
— .מי ברכו וישלם חייו || היא לך לתפארת (אהיה לך להתפאר Rand):
[רעהו] רעה.—11 [יחזק] חזק .—12 איש ergänzt der Rand. — [נרנך] Rand גרון.—13 [זכור
Rand דע. — לא] Rand om.— [כן ממני Rand כל מלפני.—כל לחת [דבוע תדמע.— Vor
b stehen die Varianten: רע עין שונא אל || ורע ממנו לא ברא: כי זה ממני כל דבר
|| ומפנים דמעה תדמע: עין (Rand תתיע) תוע. Für תדמע will der Rand תתיע, das
auch תתוע oder תסיע gelesen werden kann. — 15 steht hinter 14. — Rand רעה,
Text רעה. Uebrigens steht hinter 16 (תגעל) die Variante כסוך — דע שרעך .
— 14 אל doppelt, aber das erste ist durchgestrichen. — Rand (sc. שנאת) וכל אשר.
אשר נבחר [דבר ששם לפניך הסב.—הסב [אכול] 16 — ייחד Text, תיחד.—תשית Rand [תושיט
Es folgt 15a (s. o.), und dann in derselben Zeile || ואכול כאיש דבר ששם לפני ולא תהיה
dazu אכל כאיש נכח, || ואל תעם מן תגלו מן גרגרן. Ausserdem am Rande
die Variante תגלע. — 19—22 zumeist doppelt in der Reihenfolge: 19, 20 cd,
20 ab, 20 ab, 21, dann ein zerstörtes Distichon (= 22 cd?), dann 22 cd, 19 a
und 21 (in einer Zeile), 22 ab, 22 ab. — 19 [נבון über ב ein כ, der Rand hat
נכון, und מוע für מזע. Nur נבון hat die mit a völlig übereinstimmende Wiederholung. — יצועיו] Rand יצוריו.

B   °20 מכאוב ונדדי שינה וצער ותשניק ופני הפוכות עם איש כסיל׃

[ו]קם בבקר ונפשו א[תו]׃	ᵃ20 שנות חיים על קרב צולל
קום קוה וינוח לך׃	21 וגם אם נאנסתה במטעמים
ובאחרית תשיג אמרי׃	ᵃ22 שמע בני ואל תבוז לי
וכל אסון לא יגע בך׃	°22 *בכל מעשיך היה צנוע
עדות טובו נאמנה׃	23 טוב על לחם תברך שפה
עדות רועו נאמנה׃	24 רע על לחם ירגן בשער
כי רבים הכשיל תירוש׃	25 וגם על היין אל תתגבר
כן שכר למצות לצים׃	26 כבור בוחן מעשה לוטש
אם ישתנו במתכנתו׃	ᵃ27 למי חיים היין לאנוש
והוא לגיל נחלק מראש׃	°27 חיי מה לחסר תירוש
יין נשתה בעת וראי׃	28 שמחת לב וששון ועדון
יין נשתה בתחרה וכעם׃	29 כאב ראש לעג וקלון
מח[ס]ר כח ומספק פצע׃	30 מרבה חמר לכסיל מוקש
	ᵃ31 במשתה היין א[ל [תוכח ר]ע ואל [תוגהו בשמחת]ו׃

* B 2 v (Brit. Mus.).

---

20 Text ונדד ישינה, für letzteres der Rand ישנה. — ופני [Rand ופנים; lies ומעים (?). — שנות חיים] ebenso dem Anschein nach die Wiederholung. — על קרב צולל [צו sind so gut wie sicher. Die Wiederholung hat עם אי[ש נבכן. Über ב steht כ, von עם sind die oberen Spitzen sichtbar. — וקם בבקר vielleicht stand da וקם. Die Wiederholung הוא ישכב י[לין עד בקר]. Von הוא anscheinend die oberen Spitzen. — אתו] Wiederholung עמו. — 21 קום] קוה. — קוה וינוח לך] der Vers ist nur in der Wiederholung vollständig erhalten, an erster Stelle ist er zerstört bis auf ג[ם א]ם und תמצא נחת תקיא[נו]. Von אי Spuren. — תשיג. — וקח מוסרי ואל תלעג (Rand תלעג) עלי [Wiederholung ואל תבוז לי 22 — אמרי] Wiederholung דברי. — תמצא. — 24 ירגן] ירגז. — רעת Text, עדות Rand. — 26 steht zweimal nach einander da. — כבור], Wiederholung נבכן. — כוחן] Rand כי כן שכר למצות Text [כן שכר למצות Rand, Wiederholung מעשה. — לוטש] ביתן. — בית[ן. — 27 חיים היין] חיים היין. — כן שכר לריב. — Wiederholung היית מצות, c und d sind hinter 28 wiederholt, ich folge der Wiederholung. Dagegen lautet das Distichon an erster Stelle: מה חיים חסר היין || שחוא מראשית לשמחת נוצר. Der Rand hat באר שיח und גוצרו. — 28 ועדיו. — בעת Text, בעת] 3.ב[ע]תו. — 29 לעגה. — מאד [פצע] Rand — מחד. — פצע] Rand מוקש. — 30 מוקש] Rand נוקש. — 31 In a sind die oberen Ränder von ר כח schwach, in b die von בשמחת תוגהו ziemlich deutlich zu erkennen. Am Rande תחרבתו. — Im Text ist c von אל an, und d völlig zerstört. Am Rande steht das Obige, vorher wahrscheinlich צה. Als ursprünglich ist etwa ואל תעצבתו zu vermuten.

B [‏אל תצה] עֹמו לעיני בני אד[ם:] ‏וא   ‏דבר חרפה אל [תאמר לו‏ c31

‏*היה להם כאחד מהם: ‏[ראש שמוך א]ל [תתנשא]‏ a1 35
‏2 הכין צרכם ובכין תרבץ: ‏דאג להם ואחר תסוב‏ c1
‏ועל מוסר תשא שכל: ‏למען תשמח בעבורם‏ b2
‏והצנע שכל ואל תמנע שיר: ‏מלל שב כי הוא לך‏ 3
‏ובלא עת מה תתחכם: ‏במקום מזמר אל תשפך שיח‏ 4
‏משפט שיר על משתה היין: ‏כחותם אודם על ניב זהב‏ 5
‏קול מזמור על נועם תירוש: ‏מלואות פז וחותם ברקת‏ 6
‏פעמים ושלש אם ישאלוך: ‏דבר נער אם צריך אתה בחזק‏ 7
‏ודמה ליודע ומחריש יחדו: ‏כלל אמר ומעט הרבה‏ 8
‏ושרים אל תרב למרד: ‏בין זקנים אל תקומם‏ 9
‏ולפני בוש ינצח חן: ‏לפני ברד ינצח ברק‏ 10

*B 8 r (Cambr.).

35, 1 Die Zeile ist im Text bis auf den oberen Schaft von ‏ל‏ zerstört.
Schwache Spuren der oberen Ränder bezw. Spitzen lassen vorher ‏א‏ ‏ראש שמוך‏
zu, was übrigens in die Lücke passt. Am Rande rechts Varianten zum
ersten Stichus, und zwar anscheinend drei unter einander. Oben ‏כֹּ‏ . ., in
der Mitte an zweiter Stelle vielleicht ‏מ‏, unten etwa an vierter die Spitze
eines ‏ל‏ (?). Am Rande links anscheinend ‏תנשא‏, das vielleicht des Raumes
wegen an diese Seite gesetzt war. Denn 1a war in der zweiten Hälfte der Zeile
schwerlich wiederholt. Allerdings steht 1b auf der folgenden Seite mit 1c
2a in einer Zeile. Aber daneben steht die persische Anmerkung ‏[א]ן נ[סם]א‏
‏אבא [א]פ[א] פסוק איסת [ד]ל‏[‏ר‏] ‏נוסכהא ודיגר‏ d. h. wohl: dieser Halbvers (= 1b) sammt
diesem Vers (= 1c. 2a) ist aus einer anderen Handschrift. Das soll wohl
besagen, dass 1b ungehörig wiederholt ist. Es sollte freilich heissen ‏ודיגר‏
(Andreas). — 2 Rand ‏ובכין‏, Text ‏ואחר‏. — ‏בעבורם‏] ‏בכבודם‏. — ‏שכל‏] lies ‏כבוד‏. —
3 ‏שב כי‏] Rand ‏שבכי‏ und ‏שבכי‏. — ‏הוא לך‏] Rand ‏חולך‏. — ‏שכל‏] Rand ‏לכת‏.
Eine Variante, die sich auf ‏שכל‏ ‏והצנע‏ bezog, ist ausgelassen. Lies ‏בהצנע‏. —
‏ובלא‏] ‏ובל‏. — ‏ובלא מזמר מה תשפך שיח‏ folgt noch ‏שיח‏, aber hinter ‏מזמר‏] 4 ‏היין‏,
‏כחותם‏] ‏כומז‏, aber vorher steht die Variante ‏שיר אל על משתה‏ || ‏שיר על כיס זהב‏ 5
‏היין‏. Der Rand will ‏שירת‏ für ‏שיר‏. — ‏ניב‏] Rand ‏נוב‏ und ‏זיר‏, das ich annehmen
möchte. — 6 ‏מלואות‏] Rand ‏מלא‏. Vorhergeht ‏כך נאים‏ || ‏כך נאים וספיר‏
‏כרביד זהב ובו נפך וספיר‏. Der Rand will ‏ספיר‏ (Cowley) oder ‏ונהפך‏ ‏דברים יפים על משתה היין‏
‏נהפך‏ (‏תהפך‏). — ‏אתה‏] 7 Rand ‏אתך‏. — Die beiden Stichen sind nicht von einander getrennt. —
‏שרים‏. — ‏זקנים‏] ‏שבים (?‏) und ‏שרים‏. — 9 Vertausche ‏ישאלך‏, Rand ‏ישא לך‏. — 8 ‏כל לאמר‏] Text
10 ‏בוש‏] ‏דכא‏. Der Vers folgt noch einmal, wobei b lautet ‏ולפני בוש ינצח חן‏. Bacher setzt
‏בוש‏ = ‏בוש ינצח‏ = ‏בוש י‏. Übrigens steht das zweite Mal am Rande ‏ברֹ ינצח ברֹ‏,
das durchgestrichen und durch ‏ברד נצח‏ ‏בררי‏ ersetzt ist.

B	פטר לביתך ושלם רצון:	בעת מפקד אל תתאחר	11
	ביראת אל ולא בחסר לב:	ואם עולה על לבך דבר	12
	המרוך מטובתו:	[וע]ל [כ]ל [א]לה ברך עושך	13

ומשחרהו ישיג רצון:	*דורש אל יקח מוסר	14
ומתלהלה יוקש בה:	דורש תורה יפיקנה	15
ותחבולות מנשף יוציאו:	יראי ייי יבינו משפט	16
ואחר צרכו ימשך תורה:	איש חמס יטה תוכחות	17
זד וליץ לא יקח תורה:	איש עצה לא יכסה שכל	18
ואחר מעשיך אל תתקצף:	בלא עצה אל תפעל דבר	19
ואל תתקל בנגף פעמים:	בדרך מוקשת אל תלך	20
22 ובארחתיך הזהר:	אל תבטח בדרך מחתף	21
כי עושה זה שומר מצוה:	בכל מעשיך שמור נפשך	23
ובוטח בייי לא יבוש:	נוצר תורה שומר נפשו	24

* B 3 v (Cambr.).

---

11 מפקד] lies מפטר oder שַׁלֵּחַ.

12 בעת שלחן אל תרבה דברים   ואם עולה על לבך דבר:
[פ][ט]ר] ל[בית]ך ושלם רצון   ביראת אל ולא בחסר כל:
14. 15 רצון] מענה. –- Lies ושם. — Vor obigem Wortlaut von v. 14 steht

דור[ש א]ל [וי]קוה רצון   ומתלהלה יוקש בו:
Dabei zu a am Rande דרש אל חי וקוה רצון. Dagegen folgt auf den obigen
Wortlaut von v. 14

דורש חפצי אל יקח לקח   ויענהו בתפלתו:
Dabei zu יקח am Rande ישא. Dann folgt 15 wie oben. —

16 ירא ייי יבין משפט   ותחבולות מנשף יוציא:
יראי ייי יבינו משפטו   וכחמות (וחכמות R) רבות יוציאו מלבם:
Ich vermute übrigens יציתו. — 17 Rand חמם, Text חכם. — Rand ויאחר und
למשוך. — תורה] ich vermute משפט. —

18 איש חכם לא יכסה כחמה (חכמה R)   ולץ לא ישמר לשונו:
איש חכם לא יקח שחר   זד וליץ לא ישמר תורה:
Rand איש חמס לא יקח שכל   זד וליץ לא יקח מצוה:
21. 22 im Text doppelt. Für מחתף steht am Rande undeutlich und in der
Wiederholung רשעים, b lautet an erster Stelle ובאחריתך השמר, wozu der Rand
(undeutlich) הזהר. Ich vermute ומארח und dann תוך oder dgl. — 23 im Text
doppelt. An erster Stelle דרכיך für מעשיך, und כל עושה אלה für עושה זה,
ausserdem am Rande מצות und מצותו für מצוה. — 24 Ueber יכוש ein Ring,
der aber getilgt zu sein scheint.

B כי אם בניסוי ושב [ונמ]ל[ט]:	36 1 ירא יי לא יפגע רע
ומתמוטט במסער [כ]א[ניה]:	2 לא יחכם שונא תורה
ותורה לו טט[פת] קש[ניר]ת [ו]ד[ן]:	3 איש נבון יבין דבר

*   *   *   *   *   *

ובששון הקדש מעשר:	32 11* בכל מעשיך האר פנים
בטוב עין וכהשגת יד:	12 תן לאל כמתנתו לך
ושבעתים ישיב לך:	13 כי אלוה תשלומות הוא

15 ואל תבטח על זבח מעשק:	14 אל תשחד כי לא יקח
ואין עמו משוא פנים:	b 15 כי אלהי משפט הוא
ותחנוני מוצק ישמע:	16 לא ישא פנים אל דל
ואלמנה כי תחבט שיח:	17 לא יטש צעקת יתום
19 ואנחה על מורדיה:	18 הלא דמעה על לחי תרד
וצעקה ענן חשתה:	20 תמרורי רצון הנחה
ועד תגיע לא תנוח:	a 21 שועת דל עבים חלפה
22 ושופט צדק יעשה משפט:	c 21 לא תמוש עד יפקוד אל
וגבור מה יתאפק:	b 22 גם אדון לא יתמהמה
23 ולגוים ישיב נקם:	d 22 עד ימחץ מתני אבזרי

* B 4 r (Cambr.).

36, 1 Rand ושב, Text . שׁ̇. — [ונמ]ל[ט] erhalten sind anscheinend die
oberen Spitzen von נמ, die untere von ט. — 2 Rand במסער, Text א . . . כמס,
wobei auf ס etwa ein ו folgte. — 3 ותורה] ותורתו לו. — Von טט fehlen nur die
oberen Spitzen, von ק ist der Schaft, von שׁ die oberen Spitzen, von ר und
ת Spitzen und Füsse sichtbar; ד deckt sich mit einem Loch. Am Rande stand
vielleicht eine Variante zu משפט. —32, 11 מעשר Rand מעשרך und מעשיך. —12 לאל]
לו; aber darunter zwischen den Zeilen לאל. — Rand כמתתו. — ובהשגת] Rand
ובהגשת und ובהגיש, beide mal steht über ב ein כ. — 13 Rand praem. מלוה יי
תחנונים. — 16 Rand ישלם. — ישיב] Rand גותן לאביון || ומי בעל גמולות כי אם הוא
מרודיה. — 19 תרבה, Text תחבט, Rand אנקת. — צעקת] Rand צעקת. — 17 מצוק. —
צעקתה Rand צעצקה (Schechter). — וצעקה] lies עני וצעקת (Schechter). — רצון] lies רצוץ 20
und וצעקתיה. — Ich vermute חשקה. — 21 Rand עבים חלפה, Text עבים חלפה. — ענן חל עם הוא.
עושה. — 22 תגיע] Rand כי תגע. — Rand 1 schaltet כי hinter תגיע ein. — עושה.
(וכגבור) סח Rand, וכבור לא — אל. Text, אדון Rand. — Lies ושפט und ועשה. —
und וגבור מה יתאפק. — מתני] Rand מפני. — ולגוים = ולגאים, oder so zu lesen.

	B
23ᵇ עד יוריש שבט זדון	ומטה רשע גדוע ינדע :
24 עד ישיב לאנוש פעלו	ונמול אדם כמזמתו :
25 ע[ד ירי]ב ריב עמו	ושמחם בישועתו :
26 [נאה ר]צ[ונו] ב[ז]ל[ם] מצוקה	כעב חזיזים בעת בצורת :

33 1 *הושיענו אלהי הכל	2 ושים פחדך על כל הגוים :
8 הניף יד על עם נכר	ויראו את גבורתיך :
4 כאשר נקדשת לעיניהם בנו	כן לעינינו הכבד בם :
5 וידעו כאשר ידענו	כי אין אלהים זולתך :
6 חדש אות ושנה תמה	7 האדר יד וזרוע ימין :
8 העיר אף ושפוך חמה	9 הכניע צר והדוף אויב :
10 החיש קץ ופקוד מועד	כי מי יאמר לך מה תעשה:
11	
12 השבת ראש פאתי אויב	האומר אין זולתי :

* B 4 v (Cambr.).

23 Ich vermute ירשש. — Rand שבטי. — Rand רשעים. — 24 Vielleicht ist גמל herzustellen. — 25 ושמחם] das Wort ist korrigiert, Rand וישמחם. — 26 stand in der Hs. doppelt. Am Rande steht neben der Wiederholung אין פסוק אז נוסכתהא ידיג[ר] ואידר זא הישתה בד ובי נכישתה. Man muss mit Bacher א für אז lesen und erhält dann: Dieser Vers ist aus anderen Handschriften und war hier weggelassen und nicht geschrieben (Andreas). — Der erste Stichus ist in der Wiederholung, wo er einen um einen Buchstaben grösseren Raum einnahm, fast völlig zerstört. Am Anfang בֿ (= בש?). 'An erster Stelle war dagegen über das Ursprüngliche etwas anderes geschrieben, das sich nicht entziffern lässt. Als ursprünglich sind aber מ' . מֿן ב . כ zu erkennen, Spuren von allem übrigen ausser נ und ו. Der Raum ist für נאה ר etwas knapp, aber die Schrift war hier überhaupt gedrängt. — כעת. — כעב] In der Wiederholung lautete b etwa כְּעָ֗ב חָ[זיז ב[עָֹ]ת צור]דֿ. — 33, 1 Ueber der Columne בֹ. — 8 יד steht am Rande, fehlt im Text. — גבורתיך] an Stelle von ת stand ein א, das zerstört ist. Am Rande eine unlesbare Variante. — 4 Rand בם für בנו, Text בנו für בם. Ausserdem am Rande כאשר לעיניהם, Rand מופת, אֶֿל. — תמה] Rand מופת, Rand אֶֿל. — 6 אות] נקדשתח בם || כן לעיניהם הכבד בם. — תמה. Uebrigens vocalisiert der Rand וְשַׁנֵּה. — 7 Rand חאריך. — זרוע ימין] תֵמֵה. — Rand מועד 10. — והנדוף Rand. — 9 וחכניע.—חורי ימים Rand, ואמץ זרוע ימין Text. — 12 Text מואב, Rand אויב. — תפעל Rand תעשה] . — מצער.

B (C)   ‏ויתנחלו כימי קדם׃‏ 36 16ᵇ   ‏אסוף כל שבטי יעקב‏ 18ᵃ

‏ישראל בכור כיניתה׃‏   ‏רחם על עם נקרא בשמך‏ 17

‏ירושלם מכון שבתיך׃‏   ‏רחם על קרית קדשך‏ 18

‏ומכבודך את היכלך׃‏   ‏מלא ציון את הודך‏ 19

‏הקם חזון דבר בשמך׃‏   ‏תן עדות למראש מעשיך‏ 20

‏ונביאיך יאמינו׃‏   ‏תן את פעלת קוויך‏ 21

‏כרצונך על עמד׃‏   ‏תשמע תפלת עבדיך‏ 22ᵃ

‏כי אתה אל עולם ׃‏   ‏וידעו כל אפסי ארץ‏ 22ᶜ

‏אך יש אוכל ׃מא׃ו׃כ׃ל ׃נ׃עים׃‏   ‏כל אוכל אוכל ׃ב׃רֹש‏ 23

‏ולב מבין מטעמי כזב׃‏   ‏חיך יטעם מטעמי זבד¹‏ *24

‏ואיש ותיק ישיבנה בו׃‏   ‏לב עקוב יתן עצבת‏ 25

‏אך ׃יש אשה מאשה תנעׁם׃‏   ‏כ׃ל ו׃ז׃בר תקבל א׃שה‏ 26

‏ועל כל מחסד עין ינבר׃‏   ‏תואר אשה יהליל פנים‏ 27

‏אין אשה מבני אדם׃‏   ‏ועד אם יש בה מרפא לשון‏ 28

* B 5 r (Brit. Mus.).   ¹ 24 a auch in C 1 v.

‏וידע׃‏ — ‏ברצונך׃‏ Rand — ‏.סהדריך‏ Rand ‏את חזון‏] 36, 19
Rand ‏יראו׃‏ — ‏עבדך‏.— 22 Rand ‏מהדריך‏. — 23—26 In der Handschrift folgen diese Verse so auf einander:
28, 26, 24, 25, 28. — 28 Am Rande steht ‏פֿ‏. — ‏אוכל‏] ‏מאכל‏. — ‏בֿרֹשׁ‏] ‏.גרגרת‏ —
Am Rande rechts standen mehrere Varianten, die sich wahrscheinlich auf
‏מאכל‏ und ‏אוכל‏, sicher auch auf ‏גרגרת‏ bezogen. Neben ‏פ‏ (s. oben) stand ein
Wort, das mit ‏א‏ begann (‏אוכל?‏), dann folgte vielleicht eine Variante zum
ganzen Stichus. Hierbei steht ‏ב׃רֹשׁ‏ unter ‏פ‏. Darunter ist noch ein ‏ש‏ erkennbar. Am Rande links steht: ‏אך יש מאכל ממאכל‏ . . . ‖ ‏חֹסוגר בֿ‏ [‏מאכל‏] ‏כֹל‏.
‏תֹנֹעֹם‏. Rechts von dieser Variante stand noch eine, von der nur ‏מע‏ im vor-
letzten Wort des ersten Stichus zu erkennen ist (= v. 24?). In der Wiederholung lautet 28 ‏חך‏ B Rand — ‏כל נבֿד תאכל חיה‏ ‖ ‏אך יש מכה ממכה תנעם‏
und ‏.וחן‏ — C ‏יטעם‏, B und B Rand ‏בוחן‏, B Rand ¹ ‏גבון‏ — C ‏.מטעמי‏ — C und
B Rand ‏זבד‏, B Rand ¹ ‏זבד‏, B ‏דבר‏. — 25 Rand ‏.ישיבנו‏ — 26 In b lassen
Spuren fast sämmtlicher Buchstaben nur die obige Ergänzung zu. Unter
der Linie die Variante ‏אך יש אשה יפה‏. — 27 Text ‏יהליל‏, Rand ‏יהלל‏ —
28 ‏בה‏ schaltet der Rand ein. — Text ‏אֹשֶׁה‏, Rand unlesbar.

BD

עזר כנגדו ועמוד משען:	29 † קונה אשה ראשית קנין
ובאין אשה נע ונד:	30 באין גדיר יבוער כרם
המדלג מעיר אל עיר:	ᵃ31 מי יאמין בגדוד צבא
המרגיע באשר יערב:	ᶜ31 כן איש אשר אין לו קן

אך יש אוהב שם אוהב:	37 1 כל אוהב אמר אהבתי
רע כנפש נהפך לצר:	2 הלא דון מגיע אל מות
למלא פני תבל תרמית:	3 הוי יצר רע מדוע כן נוצרת
ובעת צוקה מנגד יעמד:	4 מרע אוהב מביט אל שלחן
ונגד ערים יחזיק צנה:	5 אוהב טוב נלחם עם זר
ואל תעזבהו בשללך:	6 אל תשכח חביר בקרב

אך יש יועץ דרך עליו:¹	7 כל יועץ יניף יד
ודע לפנים מה צורכו:	ᵃ8 מיועץ שמור נפשך¹
למה זה אליו יפול:	ᶜ8 כי גם הוא לנפשו יחשב
וקם מנגד להביט רישך:	9 ואמר לך מטוב דרכך

† D r.   ¹ 7b 8a B. Sanh. 76b.

---

29 B Rand קונה, D ‍ה .. ק, B קנה. — עור] B Rand und D עיר. — כנגדו]
B Rand und D מבצר, B ובמבצר.—30 D גדר.— 31 B Rand und D אין לו, B לא.—
37, 1 אוהב 1°] so B Rand und D, dagegen B אומר.—אמר] B Rand und D אומר.—
Im Text des B fehlt 1b, B Rand und D haben den Stichus.— אוהב 2° und 3°] D אהב.
— 2 דין.— B אל, B Rand על, D עד.— D ריע.— B Rand und D כנפש, B כנפשך.
— B Rand היו רע שאמר B, הוי היע יאמר, B Rand היו רע יאמר D [הוי יצר רע 8
und D om. כן.— נוצרתי.— 4 מרע] B Rand מדוע.— אל שלחן] B Rand und
D על שחת.— D יעמוד.— בעת B, בעת B Rand מנגב D, מנוב D.— 5. 6 In
B steht 5 nur am Rande, wobei über נלחם noch נוחל. Uebrigens hat B am
Rande noch צנה יחזיק ערים ונגד || בקרב חבר תבחש אל.— B Rand und D
חבר.— B und B Rand בקרב, D בְּקָרֶב, B Rand ¹ בקבר.— 7 יניף יד] B Rand
הוי זהיר מן היועצך כדרכו.Talm. — אל לך B, עליו] B Rand und D אומר חזק D.—
8 B Rand סח יועץ.—D שמר und צרכו — כי ist in B zerstört, von גם חוא finden sich
Spuren. — B Rand und D נפשו. — In B ist am Rande eine Variante zu זה verwischt. — 9 ואמר ist in B zerstört.— מטוב] ist so gut wie sicher, B Rand להביט,
D לחיטיב.— D דרכך.— In B ist וקם מנגד, das er augenscheinlich las, grösstenteils zerstört. — B רישך, D ראשך, B Rand רֹאשֶך.

BD

ומסקנא העלים סוד׃	אל תועץ עם חמיך 10
ומזר על מלחמתו׃	*עם אשה על צרתה 11ᵃ
ומקונה על ממכר׃	עם סוחר על מחגר 11ᶜ
ואכזרי על טוב בשר׃	עם איש רע על תגמל חסד 11ᵉ
שכיר שנה על מוצא זרע׃	פועל שוא על מלאכתו 11ᵍ
	11ⁱ
†אשר תדע שומר מצוה׃	אך עם איש מפחד תמיד 12ᵃ
ואם תכשל יעכר בך׃	אשר בלבבו כלבבך 12ᵇ
כי אין לך אמון ממנו׃	וגם עצת לבב הבין 13
משבעה צופים על מצפה׃	לב אנוש יגיד שעיותיו 14
אשר יכין באמת צעדיך׃	ועם כל אלה העתר אל אל 15
ולפני כל פועל היא מחשבת׃	ראש כל מעשה דבר 16
ארבעה שבטים יפריחו׃	עקרת תחבולות לבב 17
ומושלת בם כליל לשון׃	טוב ורע וחיים ומות 18

* B 5 v (Brit. Mus.).   † D v.

---

10 ist in B zerstört. Der Rand hatte Varianten für das 8. und 4. Wort. Am Schluss Spuren von סוד ם, am linken Rande ein א (= ממקנא statt ממקנה? vgl. 11 d). — 11 על 1°] B ומדר oder ומדד, B Rand und D אל. — ומזר] B ומדר oder ומדד, B Rand und D על. — וכלוכד 2°] B אל, B Rand und D על. — B Rand (?) und D מלחמה. — על 3°] אל. — מחגר] B תתגר; D תתגרו, das aus ממכרו korrigiert ist. — B ומסקנה mit א über ה; B Rand und D ומקונה. — B Rand (?) und D ממכרו. — רע] lies רע עין (?) — על 5°] B אל, B Rand und D על. — תגמל] B Rand גמילות. — שוא] B Rand (?) und D שכיר. — שנה D שכיר, B Rand שכיר שנה. — 12 עם] אם. — מוציא רע B, מצא זרע B Rand, מוצא זרע D. — שומר שוא D. — שוא שומר B, ש . . , B Rand und D איש, B יש. — אשר תדע] so B und wahrscheinlich D. — B Rand מצוותיו. — B Rand כלבבו mit ב über כ, עם לבבו B, בלבבו D. — עם. — B אם. — D יעכר בך, aber כ scheint in ב korrigiert zu sein, D יכשל. — כי אין לך אמון] B Rand בך. — יגיע אליו B. — 13 B Rand לבבו כך, D לבבך. — כי אם אמון B אם, מי יאמין לך אמן B Rand und D. — 14 B Rand und D מגיד. — Ich vermute שעיותיו. — מצפה] B Rand und D צפים. — B Rand und D שן. — 15 B Rand und D העתר, B עתר. — D צעדך. — 16 דבר] B Rand und D מאמר. — ולפני] B Rand לפני, D לפני, B וראש. — D סעל. — B Rand תחבולות. — 17 B Rand und D שרביטים. — D יפריח. — 18 B ורעה, B Rand ורע (undeutlich) und D ורע. — D מות וחיים. — B Rand und D ומשלח.

BD(C)

ולנפשו הוא נואל׃ ¹	יש חכם לרבים נחכם	19
ומכל תענוג נבצר׃	ויש חכם בדברו נמאס	20
		21
פרי דעתו על גויתו׃ ¹	ויש חכם לנפשו נחכם	22
פרי דעתו נאמן׃	ויש חכם לעמו נחכם	23
וחיי ישרון ימי אין מספר׃	חיי איש ימי מספר	25
ויאשרוהו כל רואיהו׃ ¹	חכם לנפשו ישבע תענוג	24
ושמו עומד לחיי עולם׃ ¹	חכם עם ינחל כבוד	26
וראה מה רע לה ואל תתן לה׃	*בני בחייך נס נפשך	27
ולא כל נפש כל זן תבחר׃	כי לא הכל לכל טוב	28
ואל תשפך על כל מטעמים׃	אל תזיע לכל תענוג	29
והמזיע יגיע אל זרא׃	כי ברוב אוכל יקנין חולי	30
והנשמר יוסיף חיים׃	בלא מוסר רבים גועו	31

כי גם אתו חלק אל׃	רעה רופא לפי ‡ צרכו²	38 1

¹ 19. 22. 24. 26 auch in C 3 v. *B 6 r (Cambr.). † Hier endet D. ² 1a Pesikta Rabbathi (ed. Friedmann) XXV 127a. Schemoth R. XXI 189a. J. Taanith 66 d. Tanchuma מקץ § 10 fol. 15d. Alfab. B. Sira I א.

19 B Rand und D נואל, B und C גואל. — 20 D ימאס. — וטכל] die Hss. fügen hinzu מאכל. — 22 BC יחכם, D נחכם. — D חברי, aber ו ist vielleicht getilgt. — [רעתו] תו in C zerstört. — 23 in B nur am Rande, wo נחכם, D יחכם. — [נאמן] D מספר ימים, B ימים מספר. — B Rand ישורון, D בגויתם. — 25 [איש] D אנגש. — D ימים מספר. — B Rand ישרון, B עם ישראל. — B :.....יֹן.יֹמִ. — D hat am Rande (l. גֵּוָן) גויתחן (גוית מספר יש לימים וגוית שם ימי אין מספר. — 24 In D lautet a wie oben. In B ist hier ישב אשו zerstört, in C שו. — Von b ist in B erhalten ו:.......ויאשרוהו, in C :ויאשריהו. וכל ר ... D hat ויאשריהו כל רואיהו. — 26 C ל.....חכם ע... D wie oben, nur בחיי. In B ist der Vers fast völlig zerstört, er las aber wohl לחיי, weil der Rand [חיי]ב hat. Übrigens folgte auch in B auf חכם kein ל. — 27 [בחייך] B Rand und D בחמר. In D ist ב nachgetragen. — B אל. — 28 B Rand und D om. חכל. — [טוב] B Rand und D add. תענוג. — [ולא] B לא, B כל ל 1° D לכל. — 29 B תזרע לכל, B Rand תזר אל, D תזר אל, B Rand ¹ תזרל אל (statt ו wäre ן oder gar ך denkbar). — 30 D ברב. — B Rand מטמים. — תתחנג על D תתחנב, B Rand אל תתחנג. — [תשפך על כל] B Rand und D על כל — B Rand und D אוכל, B תענוג. — [יקנין] D יקנין, B Rand ירון. — B Rand und D יגוע ושוע, B ושוע. — [יגיע אל] D יגוע על, B והתמרבת. — 31 B Rand und D גועו, B ושוע. — ובהשמר B Rand. — 38, 1 In B ist eine Zeile frei gelassen. B Rand ¹ רעה, B רעי,

ומאת מלך ישא משאות: B	2	מאת אל יחכם רופא
ולפני נדיבים יתיצב:	3	דעת רופא תרים ראשו
ונבר מבין אל ימאס בם:	4	אל מארץ ברא תרופות[1]
בעבור להודיע כל אנוש כחו:	5	הלא מעץ המתיקו מים
להתפאר בגבורתיו:	6	ויתן לאנוש בינה
8 וכן רוקח עושה מרקחת:[1]	7	בהם רופא יניח מכאוב
ותושיה מפני ארצו:	8b	למען לא ישבות מעשהו

התפלל אל אל כי הוא ירפא:	9	בני בחולי אל תתעבר
ומכל פשעים מהר לב:	10	[סור מ]עול והכר כפים
ודשן ערוך כבנפי הוניך:	11	תן ס[ינח]ה וגם אזכרה
ולא ימוש מאתך כי גם בו צורך:	12	וגם ל[רופא תן] מקום
14a כי גם הוא אל אל יעתיר:	13	כי יש עת אשר בידו מצלחת
ורפאות למען מחיה:	14b	אשר יצלח לו פשרה
יסתוגר על ידי רופא:	15	אשר חוטא לפני עושהו

התמרר ונהה קינה:	16a	בני על המת הזיב דמעה
ואל תתעלם בגויעתו:	16c	כמשפטו אסוף שארו

[1] 4a 7. 8a Bereschith R. X 12a. Jalkut Job. § 901 fol. 148 b.
* B 6 v (Cambr.).

B Rand und D רעה רועה. — רעה רופא]Schemoth Rabba, Pesikta Rabbathi את כבד
רפאך, J. Taanith, Tanchuma, Alfab. (al. לאסיך)לאסיא אוקר. — B Rand [1], B Rand
und D לפי, B לפני, Rabbin. עד שלא, עד דלא. — צרכו]Rand und Rand[1] צרכך,
Rabbin. תצ לה, תצטרך לו. — Rand und Rand[1] haben כי, Text om. — Rand
אותו. — 3 נדיבים]Rand מלכים. — 4 Rand שמים ברא, Text תרופות מוציא. Rabbin.
כוחם. — 6 Text בעץ, Text מעץ Rand. — אלוה העלה סמים מן הארץ.
בגבורתו, Rand בגבורתם. — 7 Rabb. בהם הרופא מרפא את המכה. — 8 רוקח]Rand
קרת. — Rabb. ובהם הרוקח מרקח את המרקחת. — ישבות]Rand ישכח. — Rand
ממנו על פני ארצו und (ארצו)מבני, Text מבני אדם. Ich vermute מפני ארצו
9 Rand במחלה und פלל. — 10 Von סור deutliche Spuren. — Rand מ'
סור]Rand והכר. — פנים]כפים. — 11 Rand אזכרתה. — Rand ערך und
Text ומהכר. — 12 Text ולא ימוש, Rand ואל ישמש. — צרכיך.
13 Ueber der Columne steht ס. — Rand om. כי יש. — 14 Rand om. גם.
יצלח]Rand יסתוגר על ידי, Text לפני. — יתגבר. — 16 In המת ist
תעלם]שארם und כמשפט Rand ונהי. — התמרמר. — Rand ונהי
ה aus מ korrigiert. — Rand בגויעתם, Text בגוייעם, Rand תתחר.

B

ושית אבלו כיוצא בו:	17ᵃ	המר בכי והחם מספד
והנחם בעבור דון:	17ᶜ	יום ושנים בעבור דבה
כן רע לבב יענה עצמה:	18	כי מדין יוצא אסון
	19	
פרע זכרו וזכור אחרית:	20	אל תשית עליו לב עוד
מה תועיל ולך תריע:	21	אל תזכרהו כי אין לו' תקוה
לו אתמול ולך היום:	22	זכור חקו כי כן חקך
והנחם עם צאת נפשו:	28	כשבות מת ישבות זכרו

וחסר עסק הוא יתחכם:	24	חכמת סופר תרבה חכמה¹
ומתפאר בחנית מרעיד:	25ᵃ	מה יתחכם תומך מלמד
ושעיותיו עם בנ[י] ש[ור:]	25ᶜ	באלוף ינהג וישובב בשיר
ושקידתו לכלות מרבק:	26	לב ישית לשד[ד] גבל[ת] זרע[
אשר ליל[ה כיומם יז[ע][ע]:	27	אף עשה חרש [וחו]שב

* * * * * *

וכן תאמרו בתרועה:	39 15ᶜ	[בש]דרות נבל ובלי מינם
לכל צורך בעתו יספוקו:	16	מ[עש]י אל כלם מובים
ו[ב]מוצא פיו אוצרו:	17	ב[ד]ברו יערוך נר [כמ[ה]ו]ם

¹24a B. Baba bathra 21a. 　 * B 7 r (Lewis-Gibson).

---

17 Rand בכי, Text בני. — וחחם] Text וחתם, Rand והחם. — דבה] רמעה.
תשיב Text, תשית עליו, 20 Rand — יבנה עצבה. — מדין — .כי 18 om. — עון [דון. —
אליו. — וזכר] Rand והבר. — 21 steht hinter 22. — 22 Rand כן, Text הוא. —
28 Rand כשבות מת ישבות, Text מושבת מתושבת. — 24 In der Hs. ist eine Zeile
frei gelassen. — Vgl. B. Baba bathra 21a קנאת סופרים תרבה חכמה (Schechter).
ישובב Text, וישובב בשיר Rand. — מרעיד] so steht da. Ich vermute מָרְדָע. — 25
בשור, über ersterem Wort steht לשדד. — 26 a steht hinter b. — Von ג in
גבל[ת] der charakteristische Fuss, von זרע die oberen Spitzen. — 27 [יז[ע]ע כיומם]
von כ villeicht die untere Horizontale, von מם die rechte und linke untere
Ecke, von ו die Fussspitze; יע sind kaum zweifelhaft. Uebrigens ist wohl
יזיע (er ist in Unruhe) herzustellen. Am Rande steht ג. ינהג — 39, 15 Von בש
Spuren. — תאמר. — 16 Text כלם, Rand הכל. — וכל צורך Text, לכל צורך Rand.
— Text יספק, Rand יספיקו. — 17 Es steht da יעריך oder יעדיך. — נר] ג steht

B

ואין מעצור לתשועתו :	18 תחתו רצונו יצליח
ואין נסתר מנגד עיניו :	19 מעשה כל בשר נגדו
ואין נפלא וחזק ממנו :	20 מעולם ועד עולם יביט
כי הכל לצרכו נבחר :	21ᵃ אין לאמר זה למה זה
כי הכל בעתו יגבר :	21ᶜ אין לאמר זה רע מזה
וכנהר תבל ריותה :	22 ברכתו כיאר הציפה
ויהפך למלחה משקה :	23 כן זעמו גוים יוריש
כן לזדים יסתוללו :	24 ארחותיו לתמים יישרו
כן לרעים טוב ורע :	25 [טוב] לטוב חלק מראש
מים ואש וברזל ומלח :	26ᵃ [ראש] כל חיי אדם
דם ענב יצהר ובגד :	26ᶜ [חלב חמים] חלב ודבש
כן לרעים לרעה נהפכו :	27 כל אל[לה] לט[ו]בים ייטיבו
[צור]ים יעתיקנו :	28ᵃ יש ר[ו]חות לנקם נו[צרו]
. . . .	ᶜ 28 . . . .
גם אלה למשפט נב[ראו :]	29 *אש וברד רעב ודבר
וחרב נקמות להחרים [רשע :]	30ᵃ חית שן עקרב ופתן

* B 7 v (Lewis-Gibson).

---

unter einem scheinbaren ע, für das aber der Raum nicht reicht. — ס[ו]ר[במ]]
Spuren von מ. — Es steht da ומוצא, aber an Stelle von ו stand ursprünglich
vielleicht ein anderer Buchstabe. — 18 תחתו] ist herzustellen; es steht indessen
nicht da, wie Cowley-Neubauer meinen, sondern תגנתו. — Lies יצלח. —
19 Rand מסותר. — 20 Zwischen a und b hat der Text die Stichen כ[על] בן לא
מספר לתשועתו: אין קמן וטעט עטו. So nach dem Facsimile; ich las früher nach
der Photographie falsch סנורים für מספר.—21 לצרכו נבחר] Rand בעתו יגבר Lies נברא.
— 22 ברכתו] Text ברכות, Rand ... ב. — 23 Rand הוריש. — ויהפך] Rand unlesbar. — למלח, Rand unlesbar.—24 ארחותיו לתמים] Text אר[חות תמים, Rand ארחותיו
[ח/ם]ב. — לורים — 25 ורע] Rand לרע. — 26 ראש] füllt
den Raum eines Loches aus. — מים ist zu a gezogen. — Von מים Spuren.
—27 לרעה] Rand לורא.—28 Mit Ausnahme der nicht eingeklammerten Buchstaben
ist die Zeile zerstört. Spuren begünstigen die Ergänzung צורים. Davor fehlen
mindestens 4—5 Buchstaben. — נו[צרו]] Rand . נעש. — c und d sind völlig
zerstört. — 29 רעב] רע. — 30 Im Text Spuren von רש in [רשע], für רשעים

B	
והמה באוצר ולעת יפקדו:	כל אלה לצורכם נבראו ᶜ30
ובחקם לא ימרו פיו:	בצותו אתם ישישו 31
והתבֹוננתי ובכתב הנחתי:	על כן מראש התיצבתי 32
לכל צורך בעתו יסֹפֹוקו:	מעשי אל כלם מובים 33
כי הכל בעתו יגבר:	אין לאמר זה רע מזה 34
וברכו אֹת שם [ה]קֹדֹוש [:]	עתה בכל לב ופה הרנינו 35

ועול כבד על בני אדם:	עסק גדול חלק אל 1 40
עד יום שובו אל אם כל חי:	מיום צאתו מרחם אמו 2ᵃ
	ᶜ2
עד ליושב עפר ואפר:	מיושב כסא לגבה 3
ועד עוטה שמלת שי[ן]ער:]	מעוטה צניף וציץ 4
אימת מות תחרה וֹרֹיֹבֹ:	אך קנאה דאגה ופחד 5ᵃ
שינת לילה [ת]שנֹה רעתו:	ועת נוחו על משכבו ᶜ5
ומבין בֹחֹל[ו]מת נגר[ש]:	מעט לרוק כרגע ישקום 6ᵃ
כשריד ב[ורה מפני] רודף:	מעט מע מחזון נפשו ᶜ6

---

wäre kaum Platz. — Rand להרﬦ für להחרים. Uebrigens hatte der Rand nach den Circelli im Text Varianten zum ganzen zweiten Stichus. Cowley-Neubauer geben dafür an חר[ב ט][למש]פט ר קﬤת. Auf dem Facs. ist nur פט ר zu erkennen. — כל] Rand גﬦ. — נבראו] Rand גבחרו. — Rand עת באוצרו לעת. — 31 Rand פיהו. — 32 התיצבתי] צ ist sicher, vorher י (Facs.), kein ג, nachher wäre höchstens כ möglich. Ebenso in התבוננתי. — 33 מעשה. — כלﬦ] Rand הכל. — Rand צרוך. — יספוק. — 34 Rand אין, Text אל. — Rand מזה, Text זה מח. — Text יגביר, Rand יגבר. — 35 ופה fehlt im Text, der Rand schaltet es ein. — משוכן Rand] מיושב 3 — Rand אל. — 2 אﬦ] Rand אל. — 40 1 אל] Rand עליון. — Rand קדשו. — 40 1 אל] Rand עליון. — 2 אﬦ] Rand אל. — 3 מיושב] Rand משוכן. — — לגבה] Rand unlesbar. — ליושב] Text לשוב, Rand לובש und לבש. Ich ver-mutete früher לשח בעפר 4 — ועד עוטה] Rand . עֹד עֹﬦ—.[עֹד שֹׁי[ער]—]von עֹﬦ anscheinend die unteren Spitzen. Rand unlesbar.— 5 Lies אף für אך —תחרה] תחרה, Rand [תח. — וריב] Rand וֹרֹיֹבֹ, Text etwa זֹרֹבֹ. — משכבו] Rand unlesbar. — רעתו] Text zerstört, Rand רעֹה:. — 6 לרוק] Rand לקﬤ. — ישקום] Rand unlesbar. — ומבין] Rand unlesbar. Lies ובכין ומבכן oder ובכין.—נגר[ש]] vor ש wahrscheinlich ein ר oder ד.—מעט מע] unverständlich. מעט nach a entstellt.— [ורה]ב] von ו und ח Spuren.

B | [וא]ימֹת אֹון [מנעתו] מנוֹם: | עַד צורך בֹ[שנה] הֹקֹיץ | 7
| אף עֹם . . . . | עֹם כל בֹ[שר] . . . . . . | 8
| שד ושבר רעב ומות: | י[ודבֹ]ֹר ודם חרחר וחרב | 9
| ובעבורו תמוש כלה: | על רשע נבראה רעה | 10
| ואשר ממרום אל מרום: | כל מארץ אל ארץ ישוב | 11
| | | 12
| וכאפיק אדיר בחזיז קולות: | חיל מעול כנחל איתן | 13
| כן פתאם לנצח יתם: | עם שאתו כפים יגילו | 14
| ושרש חנף על שן סלע: | נצר חמס לא ינקה בו | 15
| לפני כל מטר נדעכו: | כקרדמות על גפת נחל | 16
| וצדקה לעד תכון: | וחסד כעדן ברכה | 17
| ומשניהם מוצא אוצר: | חיי יותר ושכר ימתקו | 18
| ומשניהם אשה נחשקת: | ילד ועיר יעמידו שם | 19
| ומשניהם אהבת דודים: | יין ושכר יעליצו לב | 20
| ומשניהם לשון ברה: | חליל ונבל יעריבו שיר | 21
| ומשניהם צמחי שדה: | י[פי ונע]ֹם [יח]מֹידו עין | 22

* B 8 r (Oxford).

7 צורך] שֹׁורֶךְ, wobei ע in צ geändert zu sein scheint. Spuren der Spitzen von שנת, obere Horizontalen und Spitzen von הקיץ. Von ו in [וא] vielleicht der Kopf. מנעתו past in ein Loch. In מנוֹם erlaubt der Abstand von נ ein ו. — 8 ist im Text völlig zerstört. Der Vers stand in anderer Gestalt am Rande, wo aber auch nur die Anfänge der Stichen (wie oben) erhalten sind. — 9 חַרְחֵר] am Rande vielleicht eine Variante. — וְחָרֵב] רעב. — ומות] lies ומכות? Rand unlesbar. — 10 עַל. — Text ובעבור, Rand ובעבורו und וֹבֹשכהֹ. — [תמוש מחל] חיל מעול 18. — וֹיֹש]ואשר 11. — רעה] Rand רֹעה. — כלה] Rand תמוש לא. — מֹאֹפֹיק]וכאפיק. — חיל מֹחֹיל Rand, אל חול — עֹם. — Text עֹם, Rand עֹם 14. — וכאפיק, Rand מאֹפֹיק. — חֹיֹל מֹחֹיל Rand, אל חול — ינקה, Lies יגלו oder יגולו. — בֹֹ, Rand [בֹ] כי. — 15 נצר מחמס, Rand נֹצֹר חמס. — צֹוֹר Rand [צֹר] ען. — סלֹע] Rand עֹל. — ושורש] Rand כי שורש. — יכה בו. — Rand יֹנֹקֹה. — [ספֹר lies חֹצֹיר oder רֹטֹב (?). — מֹפֹנֹי, Rand לֹפֹנֹי. — כֹרומים oder כקרומים 16 Lies — 17 גֹדֹעֹכֹה]כעדן ברכה יֹמֹוֹט לא לעֹולֹם.—Rand wahrscheinlich וצדק und vielleicht יכון (Photogr.). — 18 ושכר שכל יֹוֹתֹר. — [אוצר Rand סֹיֹסֹה. — 19 שֹׁם add. [יֹ]עֹמֹידו 22 — 21 ל. ל., Rand חֹלֹיֹל. — ומשניהם מוצא חכמה: שגר ונטע יפריחו שם — Rand שֹׁדֹי.

B

ומשניהם אשה משכלת:	עֹ[שׂית ורע] לֹ[עֹת] ינהגו 28
ומשניהם צדקה מצלת:	אח ושֹ[ותף גם בע]ת צֹרֹה 24
ומשֹ[ניהם עצה נכחרה:]	זהב וכסף סֹ[כינים] רֹ[ג]לֹל 25
ומשניהם יֹרֹאֹת אלהים:	° חיל וכח יגֹללֹלֹו] לב ° 26*
ואין לבקש עמה סֹ[ש]עֹן:	* אין ביראת ייי מחסור 26°
ועל כל ככוד חפתה:	יראת אלהים כעדן ברכה 27

מוב נאסף מצסתולל:	בני חיי מתן אל תחי 28
אין חייו למנות חיים:	איש משגיח על שלחן זר °29
ולאיש יודע יסור טעים:	מגעל נפשו מטעמי זבד 29°
ובקרבו תבער כמו אש:	כפי עז נפש תמתיק שאלה 80

לאֹיֹשֹ שוק[ט] על מכונתו:	הוי למות מה [מֹ]ר זכרך 41 1°
ועוד בנֹ[ו] חֹ[י]ל לקבל תענוג:	איש שליו ומצליח בכל 1°

*B 8 v (Oxford).

---

23 [עֹ]מֹית] von מ die untere Horizontale (Photogr.). — 24 אחוש auf der
Photographie, ה anscheinend nachgetragen. — Von בע ם die unteren Horizontalen. — צדק, Rand צדקת. — Am Rande אף בלילא כל ימי עני רעים בן סירא אוטֹ[ר]
בשׂפל גגים גגו　　　　　　　　　במרום הרים כרמו:
ממטר גגים לגגו　　　　　　　　מעפר כרמו לכרמים:
מי מאניד כו אין נא בינוסכתי אצל בוד אילא כֹ[י] עֹ גופֹת:
d. h. es scheint, dass dies nicht in der ursprünglichen Handschrift stand,
sondern dass es mündlich überliefert ist (Andreas). Der Spruch wird dem
Ben Sira beigelegt B. Kethuboth 110b, B. Baba bathra 146a, B. Sanhedrin
100b. — 26 [יגֹללֹלֹו] לב auf ג folgt eher ו als י (Facs.), dann לל (Photogr.).
Zwischen diesen und לב ist für ו, aber nicht für ול Raum. — [מֹ]סֹעֹן nach
dem Facs. ist das früher von mir statt ע nach der Photogr. angenommene י ausgeschlossen und ע fast sicher. — 27 [ועל] וכן, Rand (vielleicht hierher gehörig)
לֹ . . (Photogr.). — 28 Rand בני, Text מני. — 29 Der Rand hat zu ב unlesbare Varianten. — מעגל. — Rand נפשו, Text נפש. — Text מטעמו, Rand
מטעמי. — Rand זבד, Text שֹ[אל]הֹ mit Spuren von אל (Photogr.). — Rand יסור,
Text סור. — Rand מזעם] 80 [בפי לאיש. — Text עוז, Rand עז. — Rand
חיים [תבער כמו אש] Rand כאש בוערת. — 41, 1 Rand חוי, Text חיים.
נפשות כמתיק — .כאש בוערת Rand [תבער כמו אש — יבר — [מכונתו כ sicher nach Facs.

	№	
לאיש אנים וחסר עצמה B	²2	האח למות כי מוב חקיך
סרב ואבד תקוה	²2	איש כושל ונוקש בכל
זכ̇ו̇ר̇ כי ראשנים ואחרניّם עמך	8	אל תפחד ממות חוקיך
ומה תמאם בתורת עליו]ן[	²4	זה חלק כל בשר מאל
אין תוכחות בש]אול[חיים	²4	לאלף שנים מאה ועשר
ונכד אוי ל]הם[נ]ורי רש]ע[	5	נין נמאס דבר רעים
ורש̇ [עם זרעו תמי]ד̇[	6	מבן עול ממשלתרע
כ̇י̇ [מג]ללנו יחרפ]ון[	7	אב רשע יקו]ב י]לד̇
[עוזבי תורת עליו]ן[	8	[אוי] ל]אנשים רעים]
ו]אם ת]ולידו לאנחה[	²9	אם תפרו על ידי אסון
ואם תמותו לקללה	ᴸ9	*[א]ם תבשלו לשמחת עולם
כן חנף מתהו אל תהו	10	כל מאפס אל אפם ישוב
אך שם חסד לא יכרת	11	הבל אדם בגויתו
מאלפי אוצרות חמדה	12	פחד על שם כי הוא ילוך
ומובת שם ימי אין מספ̇ר̇	13	מובת חיים ימי מספר
מה תועלה בשתיהם	ᵇ14	חכמה ממונה ואוצר מוסתר
מאיש מצפין חכמתו	15	מוב איש מצפין אולתו

* B 9 r (Oxford).

2 כי] ich vermute מה. — Rand חוק, חזק und חוקי. — אנגים] so und nicht
אתים steht da. — Text כושל ינקש, Rand (zweimal) כושל ונוקש, ausserdem נוקש
ומושל. — סרב] Rand (zweimal) אפם המראה. — 4 בתורת] ברעות? — Rand
דבת.— Rand כי und כן. — דבר] Rand 5 נין] כי und Rand 5 ?א'י בש ת' ח'. — Lies איש, Text אין.
Ueber רעים und am Rande steht עריּם. — 6 Rand מבין ערל. — ממשלתרע] lies
ממשלה תקרע. — ורש̇] Rand (rechts) ריּשם. — 7 [יחרפון] erhalten ist die untere
Spitze eines ן oder dergl., möglicher Weise folgten darauf noch 2—8 Buchstaben. — 8 Von אוי die oberen Spitzen. — Auf ל folgten noch 7—8 Buchstaben, aber zunächst nicht etwa כם, sondern eher נ[א]. — 9 Rand (zweimal)
תפרו, Text etwa תפרהּת. — Text ידי . ., Rand על יד. — Rand מולידו] .ואם —
מאנים אל אונים und אונם] Rand מאנם אל אונם und אוגים אל מאנים. — לקללתה
Rand 10 מאפם אל אפם] Rand מאנם אל אונם und אוגים אל מאנים. — לקללתה
כן ist aus כ]ף korrigiert, Rand בן. — 11 חבל] Rand add. בני. — 12 אוצרות] Rand
ממות. — Rand חמדה, Text חכמה. — 18 מובת] Rand מוב, ebenso ובש für מובכת.
תעלה.— Rand מסתרת.—וסימה מסותרה Rand [ואוצר מוסתר 14 חי מספר ימים, Rand, חי
15 מצפין 1°, 2°] Rand מסמן und יסמן (flüchtige Hand). — מאיש] Rand מאדן.

B

מוסר בשת:

16 והכלמו על משפׄטׄי:	ª14 מוסר בשת שמעו בנים
ולא כל הכלם באמת נבחר:	ᵇ16 לא כל בשת נאה לשמר
מנשיא ושר על כחש:	17 בוש מאב ואם על זנות
מעדה ועם על פשע:	ª18 מאדון וגברת על שקר
19 וממקום תגור על זר:	ᶜ18 מׄחׄ[בר] זרע על מעל
ממטה אציל על לחם:	ᵇ19 מׄשׄ[נות א]לה וברית
21 מהשב אפי רעך:	ᵈ19 ממנוע מתת שׁאלה
20 משואלי שלום מהחריש:	ᵇ21 מהשׁ[בית מ]הׄלׄקׄוׄת מנה
ᶜ21	ᵇ20 מהביט א[ל] אשה [זרה]
ומהתׄקׄ[נ]ומם עׄ[ל [משכבה]:	ª22 [נע]רה
ומאחרי מׄתׄת אׄל תׄנׄאׄץ:	ᶜ22 מאוהב על [דב]רׄי חרפה
ומחסוף כל סוד עצה [:]	42 1 *משנות דבר תשמע
ומצא חן בעיני כל חי:	ᵉ1 והיית בוש באמת
ואל תשא פנים לחטא:	ᵉ1 אך על אלה אל תבוש
ועל משפט להצדיק רשע:	2 על תורת עליון וחוק

* B 9 v (Oxford).

14a Vor der Ueberschrift in derselben Zeile שמ שם. — a steht
vor 16. — 16 Rand משפטו. — באמת fehlt. — 17 Text אל זנות, Rand פחז על. —
Rand על ושר, Text אל ישב. — 18 [מח]בר סׄמ auf der Photogr., von בר Spuren
auf dem Facs., Rand משותא und ממקום. — 19 [תגור] Rand תגיר. — זר] Rand
זד oder eher noch יד. — [מׄש]נות von ש der rechte Arm, von ג die Fussspitze (Photogr.). — על [2° אל. — שׄ מתת ממנוע] Text שׄ . . . . ל, Rand
ממונׄעׄ מתת שׄי. Aber ממועׄ, das ich nach der Photogr. früher las, steht
schwerlich da. — 21 a und b stehen im Text und am Rande vor 20.— [מהשב אפי
Rand (zweimal) פי חשע מי. — Rand רעיך. — Rand מחשבות. — Rand מחלקות.
— 20 Text משׁאׁלׁי, wobei ' als nachgetragen erscheint, Rand משאול und משאל.
— [מחריש ה über der Zeile nachgetragen. — Rand מׄאׄחׄריׄשׄו. — 20b und
22b in einer Zeile, 21c und 22a fehlen. — אשה hat der Rand, im Text ist
ein ebenso langes Wort zerstört. — Von זרה die oberen Ränder. — 22 Von
משכבת die oberen Ränder, dazu am Rande die Variante [נע]רת. — [דברי חרפה
Rand חסד דבר. — Am Rande neben d שאלה, das wohl hinter מתת eingeschaltet werden sollte. — 42, 1 [כל סוד] Rand סור על. — [עצה dass noch etwas
folgte, wie ich früher annahm, ist wegen der Gestalt des ה unwahrscheinlich.—
[על 2 [על] Rand אל. — וחטא.— Rand משפט, wofür der Text מצדיק.

B   ועל מחלקות נחלה ויש: על חשבון חובר וארח   8

ועל תמהות איפה ואבן: על שחק מאזנים ופלם   ᵃ4

ועל ממהיר [מ]מכר תגר: ⁵   על מקנה בין רב למעט   ᵇ4

                           ᵇ5

ומקום ידים רבות מפתח: על אשה רעה חותם   6

ומתת ולקח הכל בכתב: על מקום מפקד יד תספור   7

ושב כושל עונה בזנות: על מוסר פותה וכסיל   ᵃ8

ואיש צנוע לפני כל חי: והיית זהיר באמת   ᶜ8

ודאגתה תפר[י]ע שנ[נ]ה: בת לאב ממטנת שקד   ᵃ9

ובעולה פן [תשנא:][¹]   בנעוריה פן תגור   ᶜ9

ובבית [בע[ל]ה] ל[וא תשט]ה: ¹⁰ᶜ   בבתוליה פן תפותה   ᵃ10

ובבית א[יש]ה [פן תע[צ]ר¹: ¹⁰ᵈ   בבית אביה פן [תהרה]   ᵇ10

¹ 9. 10. B. Sanh. 100b.   Nissim 36. 37.   Alfab. B. Sira II ט—כ.

---

8 [חובר] vorher ein durchgestrichenes ב; Rand שותף. — וארח steht über der Zeile, in der Zeile ארון. — Rand וישר. — 4 על 1°] ועל. — [תמהות] Rand [תמורת; lies הַמָּחֹת oder vielleicht הַמָּחֹת. — [איפה ואבן] Rand אפה ואפה. — [מקנה] Rand ממהיר] lies הַמָּחִיר oder הַמָּחִיר. Rand מוסר, das aber zu dem mit 5c ausgefallenen 5b gehört. — 6 [רעה] Rand ר, Rand¹ אשה. — Im Text steht חכם חותם, dazwischen ein Soph Pasuk; der Rand hat nur חותם. — Text רבות, Rand ר. — Text und Rand מפתח. — 7 Text תפקד, Rand מפקד. — [ולקח ומתת] Rand תחשוב. — Ich vermute על מפקד יד מספר ומשקל. — [תספור] Rand מדרות. — 8 [מוסר] Rand מדרות. — b steht wie oben am Rande (nur ועונה); dagegen hat der Text שב וישיש ותוסל עצה בזנות, wobei unter ותוסל noch שואל steht. — 9 10 Talm.

מפחדת לא יישן בלילה׳	בת לאביה ממטמנת שוא׳
בנעורתה שמא תזנה׳	בקטנותה שמא תתפתח׳
נישאת שמא לא יחיו לה בנים׳	בגרת שמא לא תינשא׳
	חזקינת שמא לא תעשה כשפים׳

9 Im Text ist eine Zeile freigelassen. — Rand ממטמון. — שקר. — Text דאגה, Rand דאגתה. — מת auf dem Facs., יעˉ auf der Photogr. — תגורר, aber ר (oder ס?) ist durchgestrichen. — ובבתוליה. — 10 Im Text stehen die Stichen in der obigen Reihenfolge, der Rand ordnet sie: b c a d (= Rand¹). — Text תמותה, Rand und Rand¹ תתפתח. — [בע[ל]ה]] Rand¹ בע. — [ל]ה]] lies פן (= Rand?). — [תשנא]] von פ vielleicht die linke untere Ecke (Photogr.); Rand¹ תגשה. — [תהרה]] empfehlen Spuren; Rand unlesbar, Rand¹ zerstört (Raum für ת). Uebrigens steht am Rande פמחוז א mit שˉ über א, was zu 11a gehört.— d im Text wie oben; Rand¹ תעצר ס שˉ אש׳ וכב׳. Dabei steht ר über ז.

B [: בנ]וֹיב לאֹ[תע]שׂך [ו]פן משׁמר החז[ה הח]ולע בֹּ[ת על בֹנֹ 11•

והובישתך [בע]דת שׁעֹר: דבת עֹיֹר וקהלת עם 11°

ובית מבים מבוא סביב: [ס]קום תגור אל יהי אשׁנב]* 11•

ובית נשׁים אל תסתייד: לבל זבר אל תתן תאר 12

ומאשׁה רעת אשׁה: כי מבגד יצא עשׁ 13

ובת מחפרת תביע חרפה: מוב רוע אישׁ ממוב אשׁה 14

וזה חזיתי ואספרה: אזכר נא מעשׁי אל 15•

ופועל רצונו לחקו: באומר אלהים מעשׂיו 15°

וכבוד ייי על כל מעשׂיו: שׁמשׁ זור[ח]ת על כל נגלתה 16

לספר נפלאות גבורותיו: לא הספיקו קדושׁי אל 17•

להתחזק לפני כבודו: אימץ אלהים צבאיו 17°

ובכל מערומיהם יתבונן: תהום ולב חקר 18•

18°

ומגלה חקר נסתרות: מחוה חליפות ונהיות 19

ולא חלפו כל דבר: ל[א נ]עֹדֹר ממנו כל שׂכל 20

אחד הוא מעולם: נ[בורת חכמ]תו תכן 21•

* B 10 r (Oxford).

11 a—d sind am Rande wiederholt (= Rand ¹). — [בֹנֹ על בֹ]ת ש[ל]ה. Rand ¹ nur בני ע ב׳; übrigens hat der Rand (s. o.) מחוה [אש]א. Im Text könnte natürlich statt עלה auch נבלה angenommen werden. — Text p[החו] מֹשֹם]ֹר, Rand ¹ החוק משמר. —b ist oben nach Rand ¹ gegeben = לֹא תע מ׳. Aber מ ist Fehler für שׁ = שׁמחה. Denn der Text hat שׁם סרה [תעשׁך] [ו]פ], wozu am Rande סרה notiert ist. — In c hat der Text wie oben. Von ה deutliche Spuren, die ל ausschliessen. Rand ¹ דבת ע וק ע. — Text וחושׁבתך, Rand ¹ והבשׁת, Rand wie oben. — תגור [בע]דת] Rand ¹ בעדת. — שֹׁב[ת]. — מבים [מבוא] Rand vermutlich מסביב. סביב] Rand vermutlich תבוח. — 12 זכר] Rand — מבים] ich vermute תבוח. — ובית] lies ובין — Text תסתיד Rand, מחכרי]ם]. — 14 ist am Rande wiederholt. — Text רוע מטוב, Rand רע שׁוב. — מסיב Text, מטוב Rand. — Text und Rand מחפרת ובית, Rand¹ מחפרת. — אשׁ.א Text, חרפה Rand. — 15 In der Hs. eine Zeile freigelassen. — Rand מעשׂיו, Text רצֹנֹו. — לחקו Text לקחו, Rand לקח. — 17 Rand גבורותיו, Text יי׳. — Rand אומץ. — להחזיק Rand. — חקר 18. — חלף מנו Rand חלף ממנו. — 21 Rand גבורת, der Text hatte wohl גבורת. — Rand מעולם. — [א] נום]ף] ein unterer Schaft, der eher ein ק als ein ף vermuten lässt, aber für נוקר (so ich früher) reicht der

B

ולא צריך לכל מבין:	לא נוס[ף] ולא נאצל 21ᶜ
	22
ולכל צורך הכל נשמע:	הוא ח[י] ועומ[ד] לעד] 23
ולא עשה מהם שי[ש]איר:	* כלם שונים זה מזה 24
ומי ישבע להביט תואר:	זה על זה חלף טובו 25
ועצם שמים טרבים הדרו:	תואר מרום רקיע טהר 1 43
מה נורא מעשה ייי:	שמש מביע בצאתו חמה 2
לפני חרבו מי יתכלכל:	בהצהירו ירתיח תבל 3
שולח שמש ישיק הרים:	כור נפוח מחם מוצק 4ᵃ
ומנורה תכוה עין:	לשון מאור תגמר נושבת 4ᶜ
ודבריו ינצח אבירו:	כי גדול ייי עושהו 5
ממשלת קץ ואות עולם:	וגם ירח ירח עת עת 6
נר חפץ עזפה בתקופתו:	ממנו מועד וזמני חוק 7
מה נורא בהשתנותו:	חדש כשמו הוא מתחדש 8ᵃ

* B 10 v (Oxford).

Raum nicht, und ף ist nicht ausgeschlossen. — Rand צרף. — 23—43, 1 Im Text folgen: 23a 25a; 25b. 43, 1a; 43 1b. 42, 23b; 24. 43, 2; aber am Rande ist 23b hinter 23a, und 25. 43, 1 hinter 24 nachgetragen. — 23 וחא] lies הכל oder כלו. — וקים [[ועומ]ד] Rand. — [לעד] von עד deutliche Spuren, es füllt ein Loch genau aus. — Rand הכל צריך לכל נשמע. Der Text hat ישמע. — 24 [שי[ש]איר so nach der Photogr. — 25 Rand טוב. Aber ב stösst an den Rand des Papiers, das hier vielleicht beschnitten ist. — Rand ומי, Text וימי. Das Folgende ist im Text bis auf ל . ישב zerstört. — 43, 1 [רקיע טהר Rand על טהר רקע; im Text ist a bis auf מֹחֵר ל zerstört. — Rand מבים; ich vermute מבט. — הדרו] Rand נהרה; lies הדר. — 2 Text מביע בצרתו, Rand מופיע בצאתו. — מעשי [מחם 4 .מתצק Rand מתצק, Text מצוק. — Rand שלוח. — Text ידליק, Rand יסיק.— Rand לשון, Text לשאון.—ומנורה] ausgefallen ist vor מני ein Wort wie „Strahl". — 5 Rand גרול, Text גריל.—עושהו [ייי Rand עליון עשה. — ודבריו.—Rand ינצה.—Text אביריו, Rand . . . אֹב (Phot.).— 6 ירח 2°] ich vermute צֵחַ.—Rand עת עת und עד עת, Text שכות עתות.—7 [ממנו Text בם, Rand.—בו.— וזמני [ממנו Rand.—נר חפץ] ב schattenhaft, רח vollkommen deutlich auf dem Facs.; übrigens sind die beiden Wörter wie eines geschrieben. — Am Rande עֹ, wohl zu עֹשֶׂה gehörig; vorher Raum für 2—3, nachher für 1 Buchstaben. — 8 Rand כשמו, Text כחדשׁ. — Rand וחוא. — בהשתנותו] Rand בתשוכתו, was des

B

(margin)	(text)	
מרצף רקיע מזהירתו:	כלי צבא נכלי מרום	°8
ועדי משריק במרומֿי אל:	תואר שמים והדר כוכב	9
ולא ישנו באשמרותם:	בדבר אל יעמדו חק	10
כי מאד נאהדה [בכ]בֻד:	ראה קשת וברך עושיה	11
ויד אל נטתה בנ]בורה:]	חוג הקיפה בכבודה	12
ותנצח זיקות במ]שפט:]	גערתו תתוה ברק	13
ויעף ע]ביֿ[ם [כצפורי]ם:	למענו ברא אוצֻר]	14
ו]יפץ אבני אלגב]יֿשׁ:	[גבורתו תחזק ענ]ן [המ]לֻתֻו	15
₁₆ᵃ ובכוחו יזעים הרים:	קול רעמו יחיל ארצו	17ᵃ
₁₇ᵇ עלעול צפון סופה וסערה:	אימתו תחרף תימן	16ᵇ
וכארבה ישכון רדתו:	* כרשף יניף שלנו	17°
ומסתרו יהמה לבב:	תואר לבנה יגהה עינים	18
ויציץ כספיר ציצים:	ונם כפור כמלח ישפך	19
וכרקב יקפיא מקוה:	צינת רוח צפון ישיב	20ᵃ
ובשרין ילבש מקורו:	על כל מעמד מים יקרים	°20
ונוה צמחים כלהבה:	יכול הרים כחרב ישיק	21
טל פורע לדשן שרב:	מרפא כל מערף ענן	22
ויטע בתהום איים	מחשבתו .עשיק רהב	23

* B 11 r (Oxford).

Raumes wegen neben 7 steht. — [מרצף] Rand מערֿף. — Für
die letzten Worte las der Rand vielleicht anders. Lies בזה.—9 Lies כוכבים?—
Rand ישֿן, Text מזהיר אורו. — כ.[מרומי].— 10 יעמֿד. — Rand ישֿן,
Text ועדי משֿריק, Text ... ישֿח.— 11 Rand עשֿה.— Rand נחדרה.— 12 Text חוק, Rand חֿם.— Rand
אל] Rand לֿא (so). — Von בור die oberen Ränder. — 13 Rand גערתו,
Text גבורתֿו. — Rand בקֿר. — Rand ותחנה und נצֿה, wovor ein Loch. — Rand
במ]שפט] im Text bis auf Spuren von במש zerstört, Rand יקום und יקֿום. —
במֿ. — 14 Rand למענֿו, Text למענֿן. — 15 Von גבורתו Spuren, von ן die untere
Spitze. Vor ל, das ziemlich sicher ist, anscheinend מ (Facs.), nachher ו תו
(Photogr.). — 16 17 Im Text fehlt 16, am Rande steht er zwischen 17a und
17b, die dabei wiederholt werden. — Rand רעמו יחיל, Text חול[י]עֿמֿ[ר]. —
Ich vermute יזֿע יֿע (= יזֿעים + זֿע). — Text צפֿן ולעמֿת, der Rand hat nur
עלֿעול.— Text [ב]רשֿף, Rand כֿר. — Uebrigens hatte der Rand nach der Photographie auch eine Variante zu יניף. —. Text דרֿתו, Rand רֿד. — 18 Rand
וברקיע. — 19 Rand ישֿפֿך, Text ישֿכון. — 20 [וכרקב] lies וכקרם oder וכקרֿם.
Rand מקֿה, Text מקורֿו. — [מקורו] מקֿוה. — 21 הרים ist über der Zeile nachgetragen. — ותֿוח] Rand וצֿור. — 22 טֿל ist im Text zu a, am Rande zu b gezogen. — [שרב] Rand רֿטב. — 23 Rand משֿובֿתֿו. Im Text stand ursprünglich

B

לשמע אזננו נשתוממ:	24	יורדי הים יספרו קצהו
מין כל חי וגבורות דגה:	25	שם פלאות תמהי מעשהו
ובדברו יפעל רצון:	26	למענהו יצלח מלאך
וקץ דבר הוא הכל:	27	עוד כאלה ולא נסופ
והוא גדול מכל מעשיו:	28	נ]גד[לה עוד כי לא נחקור
ונפלאות גבורתיו:	29	נו]רא ייי מ]אד מאד
בכל תוכלו כי יש עוד:	‏30	מג]דל[נו ייי] הרימו קול
ואל תלאו כי לא תחקר]נו[:]	‏30	מרומטיו החליפו כח
	31	
מעט ראיתי ממעשיו:	32	רוב נ]פ[ל]א וחז]ק [מ]א[לה
ולא]נשי חסד נ]תן הכמה [:]	33	את הכל [עשה ייי]

‎* שבח אבות עולם:

את אבותינו בדורותם:	‏44 1	אהללה נא אנשי חסד
וגדלו מימות עולם:	2	רב כבוד חלק להם עליון
ואנשי שם בגבורתם:	‏3	רודי ארץ במלכותם
וחווי כל בנבואתם:	‏3	יועצים בתבונתם
ורוזנים במחקרותם:	‏4	שרי גוים במזמתם
ומושלים במשמרותם:	‏4	חכמי שיח במספרתם

‎* B 11 v (Oxford).

---

vielleicht מחשבתתתשיך. Lies תעשוק? — רבה.—.ויט—. [איים Rand אוצר.—24 לשמע]
Der Rand las anders (Photogr.). — 25 Rand מעשיו. — רבה [רנה. — 26 Text
למען, Rand למענהו und למען.—ובדבריו.—[יפעל der Rand las anders (Photogr.).
— 27 נוסף לא. — 28 Von גד die oberen Spitzen, Rand נגלה. — 29 Von ם ייי
Spuren. — Rand גבורתו, Text דבריו. — 30 Die 4 Stichen in einer Zeile. —
Text מרומים החליפו, Rand בֹרֹומםֹיֹ.—Rand [תחקרן], bei ר endet das Papier.
Text: ת. — 32 [א]ל[פ]נ] Text ל . . ז̄, aber ein Ring verweist auf eine Variante,
von der am Rande . ל . . zu erkennen ist (Photogr.). — Im Text Spuren von
וחז.— 44, 1 את schaltet der Rand ein.— 2 Text עליון; חלק; der Rand hat להם,
anscheinend als Variante zu עליון, aber die Stellung des Ringes lässt zur Noth
auch die Einschaltung von להם zu. Für עליון vermute ich אל. — 3 Rand רודי,
Text דורי. — Rand בגבורם. — Text היועצים, Rand ׳י. — וחוי. — 4 leg. ורוזני
עם? — Text בספרתם, Rand במס׳ (so).

B

חוקרי מזמור על חוק	ונושאי משל בכתב:	5
אנשי חיל וסמוכי כח	ושוקטים על מכונתם:	6
כל אלה בדורם נכבדו	וביטיהם תפארתם:	7
יש מהם הניחו שם	להשתעות בתהלתם:	8
ויש מהם אשר אין לו זכר	וישבתו כאשר שבתו:	9 a
כאשר לא היו היו	ובניהם מאחריהם:	9 c
ואולם אלה אנשי חסד	ותקותם לא [תשב]ת:	10
עם זרעם נאמן טובם	ונחלתם לב[נ]י בניה]ם̇:	11
		12
עד עולם יעמד זכרם	וצדקתֹם ל[וא תמחה:]	13
[גויתם בש]ל[ום נאספה]	[ושמם חי] ל[דור] דור:	14
חכמתם תשנה עדה	ותהלתם יספר קהל:	15

חֹנוך התהלך עם יי	אות דעת לדור ודור:	16
*[נ]ֹח צדיק נמצא תמים	בעת כלה היה תחליף:	17 a
בעבורו היה שארית	ובבריתו חדל מבול:	17 c
ברית עולם נכרת עמו	לבלתי השחית כל בשר:	18
אברהם אב המון גוים	לא נתן בכבודו מום:	19
אשר שמר מצות עליון	ובא בברית עמו:	20 a
בבשרו כרת לו חק	ובניסוי נמצא נאמן:	20 c
על כן בשב[ו]עה הקים לו	לברך בזרעו גוים:	21 a
		21 c
להנחילם מים ועד ים	ומנהר ועד אפסי ארץ:	21 e

* B 12 r (Oxford).

---

5 Rand חקן. — גושאי. — 6 וסומכי. — 7 נכבדו schaltet der Rand ein. — Rand וביטיהם, Text וטיטיהם.— 8 Rand לתשתעות und להשעות, Text להשתעגות.— 10 Statt תשבת könnte auch תכרת angenommen werden, schwerlich aber תשבות. — 13 וצדקתֹם] so das Facs. — Am Schluss untere Spitzen wie von חת, ein ת stand schwerlich da (Facs.). Die untere Spitze eines ל, die mir nach der Photogr. früher als sicher erschien, ist auf dem Facs. nicht vorhanden. Uebrigens wäre davor für ein Verbum kein Raum. — 15 steht nur am Rande.— 16 a lautet חֹנוך נֹמֹצֹא תמים והתהֹלך עם יי וגלקח.—17 Text לעת, Rand ב̇. — 18 ברית] באות. — Rand כרת. — לבלתי] Rand unlesbar. — 19 מום] Rand דופי. — 20 בברית] scheint aus בבריתת korrigiert zu sein (Photogr.). — 21 בזרעו] der Rand las vielleicht anders.

B בעבור אברהם אביו :	וגם ליצחק הקים כן 22ᵃ
28 וברכה נחה על ראש ישראל:	ברית כל ראשון נתנו 22ᶜ
ויתן לו נחלתו :	ויכירהו בברכה 23ᵇ
לחלק לשנים עשר :	ויציבה לשבטים 28ᵈ
מוצא חן בעיני כל חי :	[ויו]צי]א ממנו איש 23ᶠ
משה זכרו לטובה:	א[ל]הוב א]להים ואנשים 1 45
ויאמצהו כמוראים:	[ויכנהו ב]אלהים 2
ויחזקהו לפני מלך :	בד[בר פיו] א[תות] מהר 3ᵃ
וי[ראהו את כבודו]:	ויצוהו א]ל [העם] 3ᶜ
בחר בו מכל ב[שר]:	באמונתו ובענותו 4
ויגישהו לערפל :	*וישמיעהו את קולו 5ᵃ
תורת חיים ותבונה:	וישם בידו מצוה 5ᶜ
ועדותיו ומשפטיו לישראל:	ללמד ביעקב חקיו 5ᵉ
את אהרן למטה לוי :	וידם [כמוהו] קדוש 6
ויתן לו הודו :	וישימהו לחק עולם 7ᵃ
ויאזרהו בתועפות תואר:	ויאשרהו בכבודו 7ᶜ
ויפארהו בכלי עוז :	וילבישהו כליל תפארת 8ᵃ

* B 12 v (Oxford).

---

22 Rand בן, Text בן. — נתנו] Rand נת[ן]. — 23 Text ויכוננהו בברכה,
Rand ויכנהו בכבורה. — Text ויציבהו, der Rand las anders (Photogr.). — Text
שנים, der Rand aber לש[ב (Photogr.). — איש] add. חסד? — מצא] Rand ומצא.
— 45, 1 ואנשים] anders vielleicht der Rand (Photogr.). — 2 [[ויכנהו ב]אלהים]
am Rande וכי יי. Die Stellung des Ringes beweist, dass vor אלהים eine Praep.
praef. stand. Von ב ist der obere Rand erhalten (Photogr.). Vorher ist nur
für ein Wort wie ויכנהו Raum. — Rand במוראים, Text במרומים. — 3 Rand בדברו
[פ[ו] (Photogr.). Für בדבריו wäre die Lücke im Text zu gross. — [העם]] für עמו
wäre die Lücke zu gross. — 4 Rand ובענותגו]. — 5 וישם] Rand ויתן. — Text
ביעקב, Rand לי. — 6 7 In einer Zeile stehen 6ab. 7a; es folgen 7bc; 7d
und ein unechter Stichus. — 6 [כמוהו] fehlt. — 7 Rand לו הודו, Text עליו הוד.
— ויאשרהו] ישרתתו. — בכבודו] Rand בברכה. — Rand תואר, Text ראם. Es folgt
וילבישהו פעמונים, zu letzterem Wort am Rande die Variante תעופה. — 8 Rand
תפארתו. — Am Rande steht אין נוסכת תא אידר בוד d. h. diese Handschrift ist
(reicht) bis hierher (Andreas). Dabei ist תא über der Zeile nachgetragen. —
בכבוד ועז [בכלי עוז.

B		

ויקימהו פעמונים: 9	8ᵃ מכנסים כתנת ומעיל
לתת נעימה בצעדיו:	9ᵇ ורמונים המון סביב
לזכרון לבני עמו:	9ᵈ להשמיע בדביר קולו
וארגמן מעשה חשב:	10ᵃ בגדי קדש זהב תכלת
שני תולעת מעשה אורג: 11	10ᶜ חשן משפט אפוד ואזור
במלוא[ים [מעשה חרש אבן]:	11ᵇ אבני חפץ פתוחי חותם
למספר שב[טי יש]ראל:	11ᵈ לזכרון בכתב חרות
ציץ [חרות חות]ם קדש:	12ᵃ עטרת פז מעל מצנפת
מחמד עי[ן [ומכלל י]ופי:	12ᶜ הוד כבוד ותהלת עז
בן [ול[ע]ולם ל[א ילבשם] זר:	13ᵃ ל[פנ]י[ם] ל[א היה כ]ן
וכן בניו לד[ד]רותם:	13ᶜ ה[אס]ן [בדד] לבניו כזה
בכל יום תמיד פעמים:	14 *[מנ]חתו כליל תקטר
וימשחהו בשמן הקדש:	15ᵃ [וי]מלא משה את ידו
ולזרעו כימי שמים:	15ᶜ ותהי לו ברית עולם
ולברך את עמו בשמו:	15ᵉ לשרת ולכהן לו
להגיש עלה וחלבים:	16ᵃ ויבחר בו מכל חי
ולכפר על בני ישראל:	16ᶜ ולהקטיר ריח ניחח ואזכרה
וימשילהו בחוק ומשפט:	17ᵃ ויתן לו מצותיו
ומשפט את בני ישראל:	17ᶜ וילמד את עמו חק
ויקנאו בו במדבר:	18ᵃ ויחרו בו זרים
ועדת קרח בעזוז אפם:	18ᶜ אנשי דתן ואבירם
ויכלם בחרון אפו:	19ᵃ וירא ייי ויתאנף
ויאכלם בשביב אשו:	19ᶜ ויברא להם אות
ויתן לו נחלתו:	20ᵃ ו[ישנה] לאהרן כבודו

* B 13 r (Oxford).

[חפץ] ‏‎11‎‏ ‏שני‎‏ ‏‎.‎‏ — ‏ארגמן‎‏ ‏‎10‎‏ ist in der Handschrift zu a gezogen.—11 [מעשה חרש אבן] fehlt. — ‏כתנות‎‏.
add. ‏על החשן‎‏. — ‏פתוחי חותם‎‏ ist zu c gezogen. — [מעשה חרש אבן] ‏ — ‏‎[לזכרון]‎‏ praem. ‏כל אבן יקרה‎‏. — 12 ‏ומצנפת מעיל‎‏. — ‏וציץ‎‏. — ‏ם‎‏[‏חרות חות‎‏] chr von ‏חר‎‏
die unteren Spitzen, auf der Photogr. von ‏ם‎‏ die linke untere Ecke und die
Grundlinie. — ‏‎[ומכלל]‎‏ von ‏כ‎‏ der obere Rand, auf der Photogr. von ‏לל‎‏ anscheinend die oberen Spitzen. — 13 Von ‏נם.‎‏ die oberen Ränder. — ‏‎[ילבשם]‎‏
von ‏ל‎‏ anscheinend die obere Spitze (Photogr.), von ‏ם‎‏ die untere linke Ecke.
— ‏‎[האסן]‎‏ ‏ם‎‏ ist klein, aber kaum zu bezweifeln (Facs.). — ‏‎[בדד]‎‏ von ‏ב‎‏ der
untere Rand, von ‏דד‎‏ die Fussspitzen (Facs.). — 14 ‏בכל וכל‎‏. — 17 Ich vermute ‏ללמד ליעקב עדותיו ותודתו להורות את ישראל‎‏. — 19 ‏ויבא‎‏. — 20 Von ‏‎[ישנה]‎‏ die

B

21ᵃ אשי ייי יאכלון:	20ᶜ ת[רומות] ק֫דש נתן לו לחם
21ᵇ ומתנה לו ולזרעו:	20ᵈ [ויכן ראשית] חלקו
ובתוכם לא יחלק נחלה:	22ᵃ אך֫ [בארץ ע]ם לא ינחל
[בתוך בני] ישראל:	22ᶜ אשר י[נ]י ח[ל]קו ונח[ל]תו]

בגבורה נה̇דר שליש[י]ו̇:	23ᵃ וגם פינחם [בן] אלעזר
ויעמד בפרץ עמו:	23ᶜ * בקנאו לאלהי הכל
ויכפר על בני ישראל:	23ᵇ אשר נדבו לבו
ברית שלום לכלכל מקדש:	24ᵃ לכן גם לו הקים חק
כהונה גדולה עד עולם:	24ᶜ אשר תהיה לו ולזרעו
בן ישי למטה יהודה:	25ᵃ וגם בריתו עם דוד
נחלת אהרן לו ולזרעו: :	25ᵇ נחלת איש לפני כבודו
המעטר אתכם כבוד:	25ᶜ ועתה ברכו נא את ייי הטוב
[לשפט את עמו בצדקה] :	26ᵃ ויתן לכם חכמת לב
א̇ז̇ו̇רתכם לדורות עולם:	26ᶜ למען לא ישבת טובכם

משרת משה בנבואה:	146 גבור בן חיל יהושע בן נון
תשועה גדלה לבחיריו:	1ᶜ אשר נוצר להיות בימיו
ולהנחיל את ישראל:	1ᵇ להנקם נקמי אויב
בהניפו כידון על עיר:	2 מה נהדר בנטותו יד
כי מלחמות ייי נל[חם:]	3 מי הוא לפניו יתיצב
יום אחד [כ]ש[נ]ים היה] :	4 הלא בידי עמד השמש

* B 18 v (Oxford).

oberen Spitzen. — [ראשית]] Spuren von ת.ש.א. . — 22ᵇ [אשר] אשי. — Das Ende
von c und der Anfang von d sind zerstört. Von בני sind die oberen Spitzen
erhalten. — [נה]דר] ג ist so gut wie sicher, für ה wäre auch ח möglich. Aber es
folgte schwerlich ein ל, und für שלישי נחל כבוד reicht der Raum nicht. — 23 לאלהי
כל, wobei י über der Zeile nachgetragen ist. — 25 [איש] אש. — Vor נחלת 2ᵒ
ein Schmutzfleck, unter dem möglicher Weise ein kurzes Wort stand. — לו
[ולזרעו] לכל זרעו. — 26 Die Stichen a c d in einer Zeile, b ist ausgefallen. —
[אמ̇ו̇רתכם] יש̇כח̇.—ישבת das Facs. lässt kaum eine andere Lesung zu. Als ziemlich
sicher erscheinen א und ו, als unmöglich וגבורתכם (Cowley-Neubauer) und
ותאֹ̇א̇רתכם (so ich früher). Lies ו̇אמ̇?— 46, 1 [בימיו] lies כשמו?— 4 [כ]ש[נ]ים]] ש̇
auf der Photogr.

B　כאכפה ל[ו איבו מס[ב]ב]יב:　　כי קרא אל אל עליון　ᵃ5

באבני ב[נ]רד וא[ל]נגב[י]ש:　　ויענהו אל עליון　ᶜ5

ו[ב]מורד האביד כנ[ע]ן:　　[ו]חבטם ע[ל] [עם או]יב　ᵃ6

כי צופה יי֭י מלחמתם:　　למען [דע]ת כל גוי חרם　ᶜ6

7　ובימי משה עשה חסד:　　* ו[ג]ם] כי מלא אחרי אל　ᵉ6

להתיצב בפרע קהל:　　ה֗וא וכלב בן יפנה　ᵇ7

ולהשבית דבה רעה:　　להשיב חרון מעדה　ᵈ7

מ֗ שש מאות אלף רגלי:　　לכן גם הם בשנים נאצלו　ᵃ8

ארץ זבת חלב ודבש:　　להביאם אל נחלתם　ᶜ8

ועד שיבה עמדה עמו:　　ויתן לכלב עצמה　ᵃ9

וגם זרעו ירש נחלה:　　להדריכו על במתי ארץ　ᶜ9

כי טוב למלא אחרי יי֭י:　　למען דעת כל זרע יעקב　10

כל אשר לא נשא לבו:　　והשופטים איש בשמו　ᵃ11

יהי זכרם לברכה [:]　　ולא נסוג מאחרי אל　ᶜ11

ושמם תחליף לבניהם:　　[תהי עצמתם פרחות תחתם]　12

המושאל מבטן אמו:　　נכבד עמו ואהוב עושהו　ᵃ13

שמואל שופט וסכהן:　　נזיר יי֭י בנבואה　ᶜ13

וימשח נגדים על עם:　　ב[דב]ר֗ אל הכין ממלכת　ᵉ13

ויפקד אהלי יעקב:　　ב[מצוה] צוה עדה　14

וגם בדברו נאמן רואה:　　ב[אמונת] פ֯י֯ן [ד]ר[ו]ש חזה　15

[כ]א[כפ]ה] ל[ו א]ויבו מסביב:　　וגם ה[ו]א קרא א[ל] [אל]　ᵃ16

* B 14 r (Oxford).

5 באבני ist zu c gezogen. — 6 [חבטם]] ם und der obere Rand von ם
wahrscheinlich (Photogr.). — [כנ]ע[ן] ע kaum zweifelhaft (Photogr.). — 8 [לכן]
לכם. — d ist nicht von c getrennt. — 9 להדריכו. — 11 c d und 12 b stehen
in einer Zeile, 12 a fehlt. — 13 [נכבד] עמו. — אוהב [ואהוב]. leg. אנשים [ואחוב — ? — ורצוי
— המשואל. — 14 [כ]מצוה] auf ב folgte anscheinend ם (Photogr.). — אחלי emend.
J. Lévi, die Handschr. hat אלהי. — 15 Von פ֯י֯ן die obere Hälfte (Photogr.), für
באמונתו wäre übrigens der Raum zu gross. Von א der rechte obere Arm
(Photogr.). — נדרש steht nicht da. — רועה. — 16 [כ]א[כפ]ה] von אכם die

B

במקע אדיר נשמע קולו :	c16 בהעלתו מ[נ]לה ח[נ]לנ[ב]
ויא[בד את] בל סרני פלשתים :	17 ור[עם מן השמים] יי
העיד יי ומשיחו [:]	18 ויכנע נציבי צר
וכל אדם לא ענה בו :	a19 *ועת נוחו על משכבו
וינד למלך דרכו [:]	c19 כופר ונעלים ממנ[י] לקח[ת]י
בנבואה [להשבית חמס] :	a20 וגם אחרי מותו נדרש
	c20 וישא מארץ קולו

להתיצב לפני דוד :	47 1 וגם אחריו עמד נתן
כן דויד מישראל :	2 כי כחלב מורם מקדש
ולדובים כבני בשן :	3 לכפירים שחק כגדיים
ויסר חרפה מעל עם :	a4 בנעוריו הכה גבור
וישבר ת[פא]רת גלית :	c4 בהניפו ידו על קלע
ויתן ביסינו עז :	a5 כי קרא אל אל עליון
ולהרים את קרן עמו :	c5 להדף את איש יודע מלחמות
ויכנעהו ברכבה :	a6 על כן ענו לו בנות
7 וסמביב הכניע צר :	c6 בעמותו צניף נלחם
ועד היום שבר קר[נם:]	b7 ויתן בפלשתים ערים
לאל עליון [באמרי כ]בוד :	a8 בכל מעשהו נתן הודות
ובכל י[ום יהלל תמ]יד :	c8 בכל לבו אהב עשהו
וקול מ[זמור] ל[נגב]לים תיכן :	9 נגינות שיר הכין ל[פני] מזבח
. . . . . . [שנה ב]ש[נ]ה :	a10 [ויתן] ל . . . . . .
לפני בקר ירון מקדש :	c10 בהללו[ן] את שם קדשו

* B 14 v (Oxford).

---

oberen Ränder (Photogr.). — בעלתו. — 17a steht mit 16c, und 17b mit 18ab
in einer Zeile, der Soph Pasuk hinter יי. — 19 תעלם. — Die 4 Stichen
stehen in einer Zeile, ein Soph Pasuk nur hinter בו. Dann folgt וגם עד עת
דרכיו. — 20 קצו נבון נמצא בעיני יי ובעיני כל חי: — Die 4 Stichen in einer
Zeile; ein Soph Pasuk hinter נבואה, weiteres fehlt. — 47, 3 כגדי. — בשן] lies
צאן oder כבשים. — 4 חרפה מעל עם [חר]פת ע[ו]ן[ו]לם. — 7 Der 2. Stichus ist verderbt. — 8 בכל] Rand praem. דויד. — אוהב. — ד [תמ]יד sehr wahrscheinlich.
— 9 הכין schaltet der Rand ein. — Text vielleicht ומזמור. — von ל[נגב]לים
נב Spuren. Rand נבל, aber für blosses נבלים ist die Lücke im Text zu gross.
— Ausserdem hat der Rand : קול מזמור תנעים. — 10 [בהללו]ן] der Raum reicht

B

וירם לעולם קרנו:	11a	*ג[ם] ייי העביר פשעו
וכסאו הכין על ישראל:	11c	ויתן לו חק ממלכת
בן משכיל שוכן לבטח:	12	ובעבורו עמד אחריו
ואל הניח לו מסביב:	13a	שלמה מלך בימי שלוה
ויצב לעד מקדש:	13c	אשר הבין בית לשמו
ותצף כיאר מוסר:	14	מה חכמת בנעריך
ותקלט כמו ים שיחה:	15	ארץ כסית ב[נפ]שך
	16	
ומליצה עמים המערתה:	17	בשיר מ[ש]ל חידה
הנקרא על ישראל:	18a	נקראת בשם הנכבד
וכעפרת הרבית כסף:	18c	ותצבר כברזל זהב
ותמשילם בגויתך:	19	ותתן לנשים כסליך
ותחלל את יצועיך:	20a	ות[ת]ן מום בכבודך
ואנחה על משכבך:	20c	ל[הבי]א אף על צאצאיך
ומאפרים ממלכת חמס:	21	ל[היות עם] לשני שבטים
ולא יפיל מדבריו ארצה:	22a	[אולם א]ל לא יטוש חסד
ונכד [אוה]בי[ו] לא ישמיד:	22c	לא [ויכרית לבחירי]ו נין
ולב[נ]ית דויד ממנו שור[ש]:	22e	ויתן לנ[יעקב שארית]
ויעזב אח[ר]יו] מ]נון:	23a	וישכב שלמה מ]ואש
רחבעם הפריע בעצ[תו] עם:	23c	*רחב אולת וחסר בינה

* B 15 r (Oxford).   * B 15 v (Oxford).

---

für ו, nicht für ם.— ירון ו sicher (Photogr.). — מקדש zwischen den Zeilen über
משטם, das in der Zeile steht.— 11 ג[ם] ג auf der Photogr. — ישראל ירושלם. —
15 שך[ב[נפ]ש ש, aber auch obere Spitzen wie von ם auf dem Facs. Rand ...ג.
— ותקלט ם sehr wahrscheinlich (Photogr.), ebenso unwahrscheinlich ist ם. —
כמו ים שיחה] במרום שירה — 17 ומליצה] ist zu a gezogen.— 18 כברזל] lies כבדיל.
— 21 Spuren von עם (Facs.). — 22 אולם]] א wahrscheinlich (Facs.). —
לבחירי]]ו von רי der obere Rand. — ונכד ist zu c gezogen. — Vor אוה]בי
ein Loch. — שארית]] von א, ר und ת Spuren. — 23 מיואש an Stelle von א
scheint auf der Photogr. ein ע zu stehen, aber das war dann aus א, das auf
dem Facs. deutlich erscheint, korrigiert. Für ש reicht der Raum nicht. —
מנון] von מנו die unteren Ränder, die kaum eine andere Lesung zulassen.

B אשר ח[ט]א[ו]יח[ס]יא את ישראל[:]	•28 ויקם אל יהי לו זכר
24 י להדיחם [מ]אדמתם:	ɛ23 ויתן לאפרים מכשול
ולכל רעה התמכרֹו:	יᵃ24 ותגדל חמאתם מאד

ודבריו כתנור בוער:	148 1 עד אשר קם נביא כאש
ובקנאתו המעיטם:	2 וישבר להם מטה לחם
נֹם [ירדו] שלש אשות:	3 בדבר אל ע[וצ]רֹ שמים
ואשר כ[ס]ו[ך] יתפאר:	4 מה נורא אתה אליהו
ומשאול כרצון ייי:	5 המקים גוע ממות
ונכבדים [מ]ממותם:	6 המוריד מלכים אל שחת
ובחורב משפטי נקם:	7 השומע בסיני תוכחות
ונביא תחליף תחתיך:	8 המושח מלכי תשלומות
ובגדודי אש [שמים]:	9 הנלקח בסערה מעלה
להשבית אף לפנ[י] חרון א[ל]:	ᵃ10 הכתוב נכון לעת
ולהכין ש[ב]טי ישרא[ל]:	ᶜ10 להשיב לב אבות על בנים
[ואשרי]ך [כי חיה תח]יה:	11 אשר ראך ומת

[נמ]ל[א רוחו א[ל[יש]ע:	[א]ל[י]הו ש[ב]אוצר נ[ס]תֹּר	ᵃ12

Davor ist für בן (so ich früher) kein Raum. — רחבעם] lies אשר (Schlögl). —
ויקם [קם אשר עד .— זכר] add. נבם בן ירבעם (del. Schlatter). — 24 חמאתו. —
התמכבֹֹ.—48, 1 Lies ודברי? — 3 [גֹם] so gut wie sicher, dahinter für ירדו Raum.
— 4 [ואשר] ו auf der Photogr. — 5 [כרצון] כ wahrscheinlicher als ב. — 6 [אל]
על. — 7 steht hinter 8. — והשמיע. — 8 [מלכי] מלא. — 9 [שמים]] Spuren von
שם auf der Photogr., von ם (nicht ה) auf dem Facs.; für שמימח reicht auch
der Raum nicht.— 10 [חרון]] ן auf der Photogr. (auf einem falsch gelegten
Fetzen), ל auf der Photogr. — 11 [אשר] lies אשרי? — מת] bei ת beginnt ein
Loch, an dessen Stelle ausser ת übrigens höchstens zwei Buchstaben Raum
gehabt hätten. — [ואשרי]ך]] ich las früher nach der Photographie [ואשֹ]רי נפש].
Aber die von mir auf שא gedeuteten Spuren erweisen sich nach dem Facsimile als trügerisch, übrigens wäre dahinter für נפש רי kein Raum. Dagegen
führen die Buchstabenreste, nach denen ich נפש רי annahm, auf ואש. Von ך
nur der Sehweif, der höchstens noch einem ה angehören könnte. — 12 Hinter
[א]ל[י]הו anscheinend Spitzen von ש (Photogr.). — [נ]סֹתֹר]] die unteren Spitzen
von סתר (Photogr.). — [נמ]ל[א]] Spuren von ם (Facs.), und schwache von נ
(Photogr.).

B

12ᵉ מי ש[ני]ם] אתות הרבה　ומופתים כל מוצא פיהו:

12ᶠ *מימיו לא זע מכל　ולא משל ברוחו כל בשר:

13 כל דבר לא נפלא ממנו　ומתחתיו נבא בשרו:

14 בחייו עשה נפלאות　ובמותו תמהי מעשה:

15ᵃ בכל זאת לא שב העם　ולא חדלו מחטאתם:

15ᶜ עד אשר נסחו מארצם　ויפצו בכל הארץ:

15ᵉ וישאר ליהודה מזער　ועוד לבית דוד קצין:

16 יש מהם עשו יושר　ויש מהם הפליאו מעל:

17ᵃ יחזקיהו חזק עירו　בהטות אל תוכה מים:

17ᶜ ויחצב בנחשת צורים　ויחסום הרים מקוה:

18ᵃ בימיו עלה סנחריב　וישלח את רב שקה:

18ᶜ ויט ידו על ציון　וינדף אל בגאונו:

19 [אז נ]מוגו בגאון לבם　ויחילו כיולדה:

20ᵃ וי[נקר]או אל אל עליון　ויפרשו אליו כפים:

20ᶜ ויש[מע] בקול תפלתם　ויושיעם ביד ישעיהו:

21 ו[י]ך את מ[חנה אשור　ויהמם במגפה:

22ᵃ [כי עשה יחז]קיהו את הטו[ב]　ויחזק בדרכי דוד:

22ᶜ [כאשר צוהו ישעיהו]　. . . . . .

23 [גם בידו עמד השמש]　[ויוסף על חיי מלך:]

24 *ברוח גבורה חזה אחרית　וינחם אבלי ציון:

25 עד עולם הגיד נהיות　ונסתרות לפני בואן:

49 1 שם יאשיהו כקטרת סמים　הממלח מעשה רוקח:

1ᶜ בחך כדבש ימתיק זכרו　וכמזמור על משתה היין:

2 כי נחל על משובתינו　וישבת תועבות הבל:

3 ויתם אל אל לבו　ובימי חמס עשה חסד:

13 גברא. — 15 [מארצם] lies entweder מאדמתה, oder האדמה für הארץ. — 17 כנחשת. — 18. 19 Entweder בגאון oder בגאונו ist verderbt; lies für letzteres כגבה. — 20 Die Anfänge von v. 20ac 21a sind in der Hs. erhalten, fehlen aber auf dem Facs. und Photogr. — 22cd 23 sind zerstört.

B	
ויאשיהו כלם השחיתו:	4• למד מזויד יחזקיהו
מלכי יהודה עד תמם:	4• ויעזבו תורת עליון
וכבודם לגוי נכרי:	5 ויתנו קרנם לאחר ,
וישמו ארחתיה:	6a ויציתו קרית קדש
והוא מרחם נוצר נביא:	6c ביד ירמיהו 7 כי ענוהו
וכן לבנת לנטע ולהשי[ב]:	7b לנתוש ולנתוץ ולהאביד
ויגד זני מרכבה:	8 יחזקאל ראה מראה
המכלכל כל דרכי צ[ד]ק:	9 וגם אזכיר את איוב נ[ב]יא
תהי עצמתם פר[חות תח]תם:	10a וגם שנים עשר הנביאים
וישעוהו ב[נ]תקות אמת:]	10c אשר החלמו את יעקב
[והו]א [ו]ע[ל [יד ימין כחותם:]	11 סה [נג]דל[נ]ה את זרבבל]
[אשר בימיהם בנו בית:]	12a [וגם את ישוע בן יוצדק]
המכונן לכבוד עולם:	12c ייורימו היכל קדש
המקים את חרבתינו:	13a נחמיה יאדר זכרו
ויצב דלתים ובריח:	13c וירפא את הריסתינו
וגם הוא נלקח פנים:	14 מעט נוצרו על הארץ כחנוך
15c וגם גויתו נפקדה:	15a כיוסף אם נולד גבר
ועל כל חי תפארת אדם:	16 שם ושת באנוש נפקדו
50 1 שמעון בן יוחנן הכהן:	15b גדול אחיו ותפארת עמו
ובימיו חזק היכל:	1b אשר בדורו נבדק הבית
אשיח כים בהמונו.	8 אשר בדורו נכרה מקוה

* B 17 r (Cambr.).

49, 5 ויתן. — לאחור. — נכרי] praem. נבל. — 7 ולהאביד] add. לחרס. —
ש so gut wie sicher (ע unmöglich), ב schwach auf der Photogr. — 9 תזכיר.—
Von ג der Fuss, א schattenhaft, an der Stelle von ב Spuren von ש, der Buchstabe scheint korrigiert zu sein. — 10 וישעוהו ist anscheinend korrigiert in
וישעינוהו. — Hinter ב ist die rechte obere Ecke eines Buchstabens wie ת oder
ר, ח, ה, ר, מ, erhalten. Uebrigens ist die Zeile zerstört. — 12 a b. Die Zeile
ist völlig zerstört. — 14 נוצרו] ו scheint nachgetragen zu sein. — כתניך. —
16 ושם. — ואנוש. — נפקדו] lies נבראו oder dgl. — 50, 1 נבדק]. נפקד. —
2. 3 Wahrscheinlich ist v. 3 hinter v. 2 zu stellen, aber בדורו und בימיו
müssen dabei an ihrem Platze bleiben. — 8 Vermutlich אשוח. — כים] בם.

B	2 אשר בימיו נבנה קיר
פנות מעוז כהיכל מלך:	4 הדואג לעמו מחתף
ומחזק עירו מצר:	5 מה נהדר בהשגיחו מאהל
בצאתו מבית הפרכת:	6 ככוכב אור מבין עבים
וכירח מלא בימי מועד:	7 כשמש משרקת אל היכל המלך
וכקשת נראתה בענן:	8ᵃ כנצפ־ענפי בימי מועד
וכשושן על יבלי מים:	8ᶜ כפרח לבנן בימי קיץ
9 וכאש לבונה על המחתה:	9ᵇ ככלי זהב תפ־לת אטיל
הנאחז על אבני חפץ:	10 כזית רענן מלא גרגר
וכעץ שמן מרוה ענף:	
והתלבשו כליל תפארת:	11ᵃ בעטותו בגדי כבוד
ויהדר עזרת מקדש:	11ᶜ בעלותו על מזבח הוד
והוא נצב על מערכות:	12ᵃ בקבלו נתחים מיד אחיו
כשתילי ארזים בלבנון:	12ᶜ סביב לו עטרת בנים
13 כל בני אהרן בכבודם:	12ᵉ ויקיפוהו כערבי נחל
נגד כל קהל ישראל:	13ᵇ ואשי ייי בידם
ולסדר מערכות עליון:	14 עד כלותו לשרת מזבח
	15ᵃ
	15ᶜ
בחצצרות מקשה:	16ᵃ אז יריעו בני אהרן
להזכיר לפני עליון:	16ᶜ ויריעו וישמיעו קול אדיר
ויפלו על פניהם ארצה:	17ᵃ כל בשר יחדו נמהרו
לפני קדוש ישראל:	17ᶜ להשתחות לפני עליון
ועל המון העריבו נרו:	18 ויתן השיר קולו

* B 17 v (Cambr.).

---

2 מען בהיכל [מבין. add. — 7 praem.
‏4 Ich vermute ממצור. — 5 ובצאתו. — 6 מלא] מבין — 6
‏.אביב — [מועד lies מועד. — כנצני ענפים כנצני — 8 Lies ‏ı.
‏עלין oder ייי. — המלך] lies אל, עלין oder ...
9 המנחה. — תפילת erscheint als ziemlich sicher, obwohl nur die untere
Hälfte der Buchstaben, von ם auch der horizontale Mittelstrich (schwach) und
von ל auch die obere Spitze erhalten ist. Von ם ist nur der linke Rand
da, möglich wäre auch ס, sonst höchstens ו, wovor für ו, י, נ Raum wäre. —
על lies כל oder בכל. — 10 Lies מרבה. — 11 כליל] בגרי. — Ich vermute
רנן oder רנה lies רנה. — נרו] נרו. — 18 חעריבו. — תכהנים .add [בני אהרן 16 — ויהדר.

B

19ᵃ וירנו כל עם הארץ	בתפלה לפני רחום:
19ᶜ עד כלותו לשרת מזבח	ומשפטיו הגיע אליו:
20ᵃ אז ירד ונשא ידיו	על כל קהל ישראל:
20ᵇ וברכת יי בשפתיו	ובשם יי התפאר:
21 וישנו לנפל לשאת	[וז]בולת א[ל] מפניו:
22ᵃ עתה ברכו נא את אלהי הכל	המפליא לעשות בארץ:
22ᵇ* המגדל אדם מרחם	ויעשהו כרצונו:
23 יתן לכם חכמת לבב	ויהי שלום ביניכם:
24ᵃ יאמן עם שמעון חסדו	ויקם לו ברית פינחס:
24ᶜ אשר לא יכרת לו	ולזרעו כימי שמים:
25 בשני גוים קצה נפשי	והשלישי איננו עם:
26 יושבי שעיר ופלשת	וגוי נבל הדר בשכם:
27ᵃ מוסר שכל ומשל אופנים	לישוע בן אלעזר בן סירא:
27ᵇ אשר ניבא בפתור לבו	ואשר הביע בתבונתו:
28 אשרי איש באלה יהגה	ונותן על לבו יחכם:
29	כי יראת יי חיים[:]
51,1ᵃ אנ[ו]דיך יי המלך	אהללך אלהי ישעי [:]
1ᶜ אספרה שמך מעוז חיי	2 כי פדית ממות נפשי:
2ᵇ חשכת בשרי משחת	ותיד שאול הצלת רגלי:
2ᶜ פציתני משוט דבת לשון	ומשפתי שמי כזב:

* B 18 r (Cambr.).

19 מזבח] lies אל oder יי את.—21 שנית [לשאת.—כיו, namentlich יי, sind kaum
zweifelhaft; von ת ist anscheinend der linke Fuss erhalten. Zwischen ל und
מ stand schwerlich noch ein ו. — 22 את יי אלהי ישראל. — ממלא scheint in
ממליא korrigiert zu sein. — 23 בשלום. — 24 ולזרעו ist zu c gezogen. —
25 והשלישית. — 27 Ich vermute לשמעון בן ישוע [לישוע. — ומשלי. — ניבע —
בתבונות. — 29 b steht mit 51, 1 b a in einer Zeile. — Ich vermute הקרם. — לבן.
51, 1 a steht hinter b. — 2 פציתני] add. עם מדבת. — אלהי אבי: [יי המלך.

°2	נגד קטי היתה לי	עזרתני כרוב חסדך: B
3b	סמוקש צופי סלע	ומיד מבקשי נפשי:
3d	מרבות צרות הושעתני	ומסצוקות שלהבת [סבבתני:] 4
4b	מכבות אש לא נכבה	מרחם [תה]ום לא מ[י]ם:] 5
5b	משפתי זמה וטפלי שקר	וחצי לשון מרמה: 6
6b	*יתגע למות נפשי	וחיתי לשאול תחתיות:
7	ואפנה סביב ואין עוזר לי	ואצפה סומך ואין:
8a	ואזכרה את רחמי ייי	וחסדיו אשר מעולם:
8c	המציל את חוסי בו	ויגאלם מכל רע:
9	ואריס מארץ קולי	ומשערי שאול שועתי:
10a	ואקרא ייי אבי אתה	אלי וגבור ישעי:
10b	אל תרפני ביום צרה	ביום שואה ומשואה:
11a	אהללה שמך תמיד	ואזמרך בתפלה:
11c	אז שמע קולי ייי	ויאזין אל תחנוני:
12a	ויפדני מכל רע	ויסלטני ביום צרה:
12e	על כן הודיתי ואהללה	ואברכה את שם ייי:

(1)	הודו ליי כי טוב	כי לעולם חסדו:
(2)	הודו לאל התשבחות	כי לעולם חסדו:
(3)	הודו לשומר ישראל	כי לעולם חסדו:
(4)	הודו ליוצר הכל	כי לעולם חסדו:
(5)	[הוד]ו לגאל ישראל	כי לעולם חסדו:
(6)	[הק]דו למקבץ נדחי ישראל	כי לעולם חסדו:
(7)	הודו לבונה עירו ומקדשו	כי לעולם חסדו:
(8)	*הודו למצמיח קרן לבית דוד	כי לעולם חסדו:
(9)	הודו לבוחר בבני צדוק לכהן	כי לעולם חסדו:
(10)	הודו למגן אברהם	כי לעולם חסדו:
(11)	הודו לצור יצחק	כי לעולם חסדו:
(12)	הודו לאביר יעקב	כי לעולם חסדו:

* B 18 v (Cambr.).   * B 19 r (Cambr.).

---

8 Für סלע vermutet Schechter צלעי. — Für הושעתני vermute ich חשיגוני.
— .מכף lies [מכל 8 — .אין פחה [לא נכבה 4 — 7 לי ist wohl zu streichen.
10 ואקרא] וארום — .אלי וגבור [אלי וגבור — .כי אתה גבור 12 — .ואזמרך [ואזמרך.

B

כי לעולם חסדו :	הודו לבוחר בציון (13)
כי לעולם חסדו :	הודו למלך מלכי מלכים (14)
תהלה לכל חסידיו[:]	וירם קרן לעמו (15)
הללויה :	לבני ישראל עם קרבו (16)

וחפצתי בה ובקשתיה :	אני נער הייתי 13
	בנעדותי אתפלל תפלה 14
	‪15* [גמלה]‬
מנעורי חכמה למדתי :	דרכה רגלי באמתה ‪15*‬
והרבה מצאתי דעה :	[הטיתי מעט אזני ואקבל] 16
ולמלמדי אתן הודאה :	ועלה היה לי לכבוד 17
ולא אהפך כי אמצאנה :	זמתי להיטיב 18
ופני לא אהפך ממנה :	חשקה נפשי בה ‪19*‬
ולנצח נצחים לא אמה [מ]ס[נ]ה:]	‪[מ] 19°‬
ולה אחדר ואביט ב[ה:]	ידי פתחה שעריה ‪19*‬
ובמהרה מצאתיה [:]	כוננתי נפשי אחריה ‪20*‬
בעבור כן [לא אעזבנה:]	לב קניתי לי מתחלתה ‪20*‬
	‪*מעי יהמו כתנור להביט לה להביט בה בעבור כן קניתיה קנין טוב : 21‬
ובלשוני אהודנו :	נתן ייי לי שכר שפתותי 22
ולינו בבית מדרשי :	סורו אלי סכלים 23
ונפשכם צמאה מאד תהיה :	עד מתי תחסרון מן אילו ואילו 24
קנו לכם חכמה בלא כסף :	פי פתחתי ודברתי בה 25

* B 19 v (Cambr.).

---

12 (15) und (16) stehen in einer Zeile. — 18 Die Anfangsbuchstaben sind in der Handschrift nicht hervorgehoben. — הייתי] lies בפרט תעיתי oder לפני תעיתי.—14a steht an Stelle des von ihm verdrängten 16a, und zwar in der Gestalt ואתפלל תפלה בנעדותי. — 15 באמתה steht vor דרכה. Ich vermute עלה.— 17 חקרתי. [למדתי] ich vermute ארדי. — [מנעורי] praem. באשרה.— 18 חשבתי [זמתי]. — Hinter להיטיב ist etwa חקרת einzusetzen. — [אהפך] ich vermute אחפר oder אבוש.—אמצאנ.—19 An Stelle von c steht 20 a.—Das zweite ם ist kaum zweifelhaft. — In אחדר sind die Horizontalen von דר grösstenteils zerstört, aber die Abstände der Vertikalen lassen דר als kaum zweifelhaft erscheinen. — 20 כיננתי נפשי] נתתי נפשי. — Die Stichen c, b, d stehen in einer Zeile. — 21 lies כתגור לה לחביט בה — מתחבלתה. — Ich vermute ולב. — לה. — 23 [סורו] פגו — לחקר לה?

B   ומשאה תשא נפשכם: צואריכם בעלה הביאו   26

ונותן נפשו טוצא אתה: קרובה היא למבקשיה   26

והרבה מצאתי מנוחה: ראו בעיניכם כי קטן עמלתי   27

ורב כסף וזהב תקנו בו: שמעו למודי במספר   28

ולא תבושו בשירתי: תשמח נפשי בישיבתי   29

והוא נותן שכרכם בעתו: מעשיכם עשו בלא עת   30

ומשובח שמו לדר דר: ברוך יי לעולם

עד הגה דברי שמעון בן ישוע שנקרא בן סירא:

חכמת שמעון בן ישוע בן אלעזר בן סירא:

יהי שם יי מבורך מעתה ועד עולם:

[שמעו 28 — .קטן חייחי ועמדתי בה ומצאתיח [קטן — מנוחה 27 — .וצואריכם 26
— .בצדקה [בלא עת 80 — .בו [בו — .בגעזוחי וכסף [במספר ורב כסף — .רבים praem.
נותן] add. לכם. — [ברוך וגו׳ die vier Zeilen sind in gleich grosser Schrift und
ohne Zwischenraum an den Text angeschlossen.

Wörterverzeichnis*).

אדר Nifal verherrlicht werden 49, 13.

אהב lieben, Impt. אהוב 7, 21. 30. — האהיב נפשו sich beliebt machen 4, 7. 20, 13.

אזה, Nifal נאזה schön sein 15, 9. — נָאָה schön °32, 26; angemessen °°35, 6. 41, 16 (vgl. נאזה °°10, 18. 14, 3). — Hithpael התנזה gross tun 13, 3.

אור strahlend 13, 26. 50, 6.

האח ל ei du! 41, 2.

אחר Hithpael zurückbleiben 11, 11. 35, 11; sich entziehen °°38, 16 (leg. תתאחר); mit מן sich Jemandem entziehen 7, 34. — אחרית Kinder 16, 3.

אטיל eine Art von Emaillierung? °50, 9.

אין mit ל und dem Infinitiv = man darf nicht 10, 23. 39, 21. 34.

אכף, Inf. אָכְפָה bedrängen 46, 5. °16.

אלהי הכל 33, 1. †45, 23. †50 22.

אילו וְאֵילוּ dieses und jenes 51, 24.

אל יַד Können, Vermögen 14, 11.

אֱלִיל nichtig 11, 3.

אמן Hofal zu etwas ermächtigt werden °45, 13. — אָמֵן zuverlässig 7, 22. — אָמֵן treu, zuverlässig 37, 13. — נאמן Eunuch 20, 4.

אמר Nifal ausgesprochen werden 15, 10. — מַאֲמָר Wort 3, 8. 37, 16. — אמורה Herrschaft(?) °45, 26.

אֲנִינוּם Traurigkeit 41, 2.

אנה traurig sein †14, 1.

---

*) Ein ⁰ bedeutet, dass die Lesung des betreffenden Wortes nicht ganz sicher ist, oder dass neben ihm eine Variante in Betracht kommt, ein °°, dass es falsch, ein †, dass es durch Emendation hergestellt ist. — Die Vokalisation der Wörter rührt fast überall von mir her. Aus den Handschriften stammt sie nur da, wo ich es ausdrücklich bemerkt habe.

אנח Hithpael seufzen 12, 12. 25, 18. 30, 20.

אנס Nifal geplagt werden 34, 21. — אֹנֶס Gewalttätigkeit, Zwang 20, 4.

אסים = פנים in השיב אסים 41, 19.

איש לשון Schreihals 8, 3. 9, 18. — אשת לשון °25, 20.

אֹנֶשׁ Unglück 11, °12. °24.

אֹסֶן tötlicher Unfall, plötzlicher Tod 34, 22. 38, 18. 41, 9.

אסף begraben 38, 16.

אסורים Züchtigung 4, 17 (s. יסר).

אָפְנִים metrische Form (?) 50, 27.

אצל Nifal mit ל sich an Jem. anschliessen 13, 17; von etwas weggenommen werden 42, 21; ausgesondert werden 46, 8. — אַצִּיל Ellnbogen † 9, 9. 41, 19.

אוצר Aufenthaltsort der Sonne während der Nacht 39, 17; Rüstkammer für die göttlichen Strafgerichte 39, 30. 43, 14; Aufenthaltsort des Elia 48, 12.

אש Plur. אִשׁוֹת Feuer 48, 3.

אשר Piel geradeaus gehen 4, 18 (?)

אשר Piel stark machen 4, 18 (?). 25, 23. † 45, 7.

אשר Sing. zu אשרי? 48, 11.

ב. — בְּכֵן, ובכן, וּבְכֵן darauf 13, 7. 35, 2. † 40, 6. — מבכן von da ab † 40, 6.

בָּאַשׁ schlimm sein 3, 26.

בגר mannbar werden °°42, 9.

בדד sich entfernen 12, 9. — בְּדָד ein einziger °45, 13.

בדק Nifal erprobt werden † 34, 10; ausgebessert werden (von einem Gebäude) † 50, 1.

הדריך על במותיו Jem. Gewalt über sich geben 9, 2.

בוע mit ב über etwas frohlocken 16, 2. — התבעבע mit ב dasselbe 14, 4.

בוש Piel beschämen 8, 6. — בֹּשׁ schamhaft, bescheiden 35, 10. 42, 1. — בושי dasselbe (?) °°35, 10.

בות übernachten † 42, 11.

בחר erproben 4, 17. † 27, 5.

בושא, בוטה, ביטה Rede (oder Mund?) 5, 13. 9, 17.

בטח Hifil c. a. Jem. Hoffnungen machen 13, 6.

בין meinen (?) 16, 23; Hithpael weise sein wollen 7, 5.

בֵּין־לְ einmal — ein anderes Mal 42,4. — בֵּין zwischen ᵒᵒ42,12.

בעל אף zornmütig 8,16. — בעל גְמוּלוֹת Vergelter ᵒᵒ32,13. —
בעל שתים Tischgenosse 9,16. — בעל סוד Vertrauter 6,6. — בעל לחם
zweizüngig 5,14. 6,1.

בער Pual abgeweidet werden 36,30.

בצר Nifal mit מן von etwas ausgeschlossen werden, es entbehren müssen 37,20.

בְּרִיָה, Plural בְּרִיֹּת Geschöpf 16,16.

בָּשָׂר Mensch 37,11. — בשר ודם Menschen 14,18.

גַּבְהָן hochfahrend 4,29.

נבלת זרע Saatfeld, Saatstreifen ᵒ38,26.

נבר vortrefflich sein 36,27, 39,21. ᵒ34. — Hifil dasselbe
ᵒ39,34. — גְבוּרָה Wunderwerk 42,21, Plural 38,6. 42,17. ᵒᵒ21.
43,25. 29.

נדוד צבא Soldat (Sing. ?) 36,31.

נהה blenden (?) ᵒ43,18.

גְוֹי Eingeweide, Bauch 10,9.

גָוַע tot 8,7. 48,5. — גְוִיָעָה das Sterben 38,16.

מנורים Aufenthaltsort 16,8.

נור mit מן sich vor Jem. hüten 11,33.

גיל Polel erfreuen 40,26.

גלל Hithpael sich besudeln 12,14. — גָלוּל Sing. Götzenbild
30,18.

גלה Piel blank putzen 12,11.

גְמִילֹת חסד Wohltätigkeit, Wohltat ᵒ37,11. — גָּמוּל ח' dasselbe
ᵒ37,11.

נמר Piel (?) verbrennen 43,4.

גַּע גַּע pfui! 13,22.

נעל Nifal (?) widerwärtig werden 34,16. — מַגְעָל Be-
fleckung 40,29.

נפה constr. גְפַת Uferrand 40,16.

נרם (Poel oder Poal)? ᵒ42,9.

נרר Poel heranziehen (oder Poal herangezogen worden?)
ᵒ42,9. — גַרְגְרָן Fresser ᵒᵒ34,16. — גַרְגֶרֶת Sing. Schlund ᵒᵒ36,23.

דאב Hifil schmachten lassen 4,1.

דאנ mit ל für Jem. sorgen 35,1. 50,4.

דבר Brut (?) 41,5.

דָּוֶן Kummer, Traurigkeit 14, 1. 30, 21. 23. 37, 2. † 38, 17. 38, 18. In den Handschriften steht überall דין.

דור wohnen 50, 26.

דּוֹר Lebenszeit, Regierungszeit 50, 1. 3.

דִי. — פְּרֵי כֵן um so mehr 11, 11. 13, 9.

מְדֻכְדָּךְ zerschlagen † 4, 4.

דַּכָּא bescheiden ⁰⁰35, 10.

דַּלּוּת Armut 10, 31.

דִּמְיֹנֹת Phantasien 3, 24.

דמך schlafen ⁰⁰9, 4.

דמע Hifil Tränen vergiessen 12, 16.

דעך Nifal verdorren (von Pflanzen) 40, 16.

דרך Hifil erlangen 15, 1. 7.

בֵּית מִדְרָשׁ Lehrhaus 51, 23.

דשן Piel pflegen, erquicken 26, 2. 43, 22. — Nifal (oder Hithpael) sich pflegen 14, 11.

הָאַח s. אח.

הגה blenden (?) ⁰43, 18.

הדר Nifal herrlich sein ⁰43, 11. ⁰45, 23. 46, 2. 50, 5.

הוֹי ל wehe du 41, 1.

הָיָה חָזוּק fern treten 13, 9. — נִהְיֹת Zukünftiges 42, 19. 48, 25.

הלל Piel oder Hifil leuchten machen 36, 27. — Hithpolel übermütig sein † 3, 27.

מַהֲלָךְ Erfolg (?), Streben (?) 11, 12.

המם vernichten 48, 21.

הָמוֹן Geläut 45, 9; Saitenklang 50, 18.

מַהֲמֹרֹת Gruben 12, 16.

הגה Nifal geniessen 30, 19.

מֵעִים הַמוֹכוֹת? 34, 20. — מֵעִים הַמוֹכוֹת Leibschneiden † 34 20.

וָתִיק klug 36, 25.

זָהִיר vorsichtig 13, 13; gebildet, wohlerzogen (?) 42, 8.

זְהִירָה Glanz 43, 8.

זוב Hifil fliessen lassen 38, 16.

זֵד (?) Uebermut (?) ⁰41, 19.

זחח sich ereifern 8, 11.

זוף Piel für falsch erklären 11, 7 (?).

זוע vor Jem. weichen 48, 12. — Hifil hastig bei der Arbeit sein °38, 27; unmässig beim Essen sein † 37, 29. 37, 30; erschüttern † 43, 16.

זוע (Kal oder Hifil) feucht sein (?) ⁰⁰34, 13.

זור (Polel oder Hifil?) fremd machen † 11, 34. — מוזר verächtlich (?) 4, 30.

זיר Halskette 35, 5.

זְכָּה, Plural זכיות, Rechtfertigung °50, 21.

מזמור (weltliches) Lied 35, 4. 6. 49, 1.

זן Art 37, 28; Plural זנים Mischgestalten (?) 49, 8.

זיקות (al. זיקים), Brandpfeile, Blitze 43, 13.

זקן Hifil alt machen 30, 24. — זקנות (= זָקות oder זקנות) Alter °25, 3.

זרא Brechruhr 37, 30. ⁰⁰39, 27.

זרר Piel bewaffnen, stark machen ⁰⁰33, 7.

זרע, תורע (?) ⁰⁰37, 29.

חבב Piel lieben ⁰⁰7, 21. — חִבָּה Liebe † 11, 15.

חבט ausschütten (vom Gebet) 32, 17, herabschleudern °46, 6.

חבלה Strick † 6,25. 6,29. — חבל in der Schlinge fangen 34, 6.

תחבולות Lenkung 37, 17, Steuersignal (?) 35, 16.

חבר mit אל· mit Jem. Gemeinschaft pflegen 12, 14. 13, 1. — Pual dasselbe 13, 16. 17. — Piel zur Ehe geben ⁰⁰7, 25. — חובר Gefährte 42, 3. — חבר שלחן Tischgenosse 6, 10.

חובר Schlangenbeschwörer 12, 13.

חדר mit ל zu Jem. hineingehen °51, 19; c. a. betreten †50, 11.

חוב Piel schuldig sprechen °11, 18. — חָיָב schuldig 8, 5.

חוה Piel mit על über etwas Aufschluss geben † 11, 27. † 27, 6; c. a. etwas offenbaren 42, 19. † 44, 3.

חיל Hifil in Angst versetzen 43, 17.

חזיז Regen 32, 26. 40, 13.

חזק Pual befestigt werden 50, 1. — בְּחָזְק durchaus 35, 7.

חי gesund 30, 14. — חיים Gesundheit (?) 30, 15; Lebensunterhalt 4, 1. 39, 26. — חית שן reissende Tiere 12, 13. 39, 30.

חכם Nifal sich weise bezeigen 37, 19. 22. 23. — Hithpael weise werden 6, 32. 38, 24. 25; sich weise bezeigen, seine Weisheit auskramen 10, 26. 35, 4.

חלל Hithpoel ? ⁰⁰3, 27.

חלל (?) Nifal (?) sich betrüben 49, 2.

חלא Hifil rosten 12, 10.

חלם Hifil gedeihen machen 15, 20, heilen 49, 10.

חלף mil על übertreffen(?) 42, 25; mit מן (al. c. a.) Jem. entgehen 42, 20. — חֲלִיסֹת Vergangenes 42, 19. — מַחֲלִיף Ersatz, Nachwuchs, Nachfolger 44, 17. 46, 12. 48, 8.

חלק schaffen 34, 13.

חלק bestellen 38, 1. — מַחֲלֹקֶת Verteilung 41, 21. 42, 3.

חמם Hifil heiss machen, erhitzen † 38, 17. † 43, 4.

חמד Hifil (die Augen) begehren machen † 40, 22. — חָמוּד Begehren 14, 14. — חֲמֻדֹת Begierde 5, 2.

חמה c. a. Jem. missgünstig sein (?) 37, 10.

חמר Hifil in Erregung versetzen 4, 2.

חגג Hithpael mit אל über etwas gierig herfallen (?)⁰⁰ 37, 29.

חנה sich niederlassen, wohnen 4, 13. 15. 14, 24.

חסד Piel beschimpfen, schmähen † 14, 2. — חֶסֶד Schimpf ⁰ 41, 22.

חסם c. d. a. etwas mit etwas eindämmen 48, 17.

חסף s. חשף.

חסר Piel vermindern 34, 4. 30. — חֲסַר לֵב Unverstand †35, 12.

חפץ wollen 7, 13.

חפש sicher sein 13, 11. — חֹפֶש Freilassung 7, 21.

חצב durchgraben 48, 17.

חוק Metrum (?) 44, 5.

חקר scandieren (?) 44, 5; erschöpfend darlegen 43, 28. — מֶחְקָרֹת Untersuchungskunst, Klugheit 44, 4.

חֲרָר Kornbrand 40, 9.

מַחֲרָה Streit 34, 29. 40, 5.

חרף Piel antreiben, hetzen (?) 43, 16.

חרש (חֲרַש oder חֲרֹש) mit על gegen Jem. vorgehen 8, 2.

חֲרֹשִים oder חֲרִישִים Furchen † 7, 3.

חשך Nifal beherrscht werden (?) 9, 17.

חשף enthüllen (in übertragenem Sinne) 6, 9; ebenso חסף 42, 1.

מַחְשָׂף Ausforschung 27, 5. 6. 42, 3.

חשה (?) 32, 20.

נֶחְשָׁק anhänglich, hingebend (?) 40, 19.

חֹתָם Schloss 42, 6.

חֶתֶף Ueberfall (?) 35, 21. 50, 4.

חֹתֶף ? °° 15, 14.

טוּב עַיִן Willigkeit zum Geben 32, 12 (s. עין). — טובה Wohltat 12, 1. — מטוב = מה טוב 37, 9.

טלם bedrücken † 10, 6.

מטמטם verschütten 10, 16.

מַטְמֹנַת st. constr. Schatz °42, 9.

טמטם leg. מטמטע = Pulpal oder Hithpalpel von טעע bezw. מוע = טעה irren? 40, 6.

טעם wohlschmeckende Nahrung °10, 28. — בלא טעם unwill-kürlich 25, 18.

מַטְעַפָת Amulet 36, 3.

טָפֵשׁ töricht °°42, 6.

טרד mit Fragen behelligen 35, 9.

יאל Nifal sich als Tor bezeigen 37, 19.

מְיוּאָשׁ verzweifelt °47, 23.

ידה. נורל ein Los werfen 14, 15.

ידה. Inf. Hifil נתן הודות Bekenntnis geben 47, 8; נתן הודָאָה dasselbe 51, 17.

ידע.— דעת Verstand 3, 25. °°40, 5. — מרע Verstand 3, 13. 13, 8.

יכל. — מי יוכל כחי wer kann mir etwas anhaben! 5, 3.

ילד etwas (aus etwas) machen 8, 18. — Hifil etwas tun 11, 33. — Nifal erwachsen, entstehen 30, 12.

ילע (?) schlingen, fressen 34, 17.

ינקה (?) Trieb 40, 15.

יסד Piel feststellen 3, 9.

יִסּוּר Plage, Schmerz 40, 29 (s. אסורים).

יעד. — עדת שער Stadtgemeinde 7, 7; ihre Versammlung 42, 11.

יעל. — תַּעֲלָה (תעלה) Nutzen 30, 23. 41, 14.

יעף. — תועפות Pracht (?) 45, 7.

יפה Hifil für schön erklären 13, 22.

יפע Hifil seine wahre Gesinnung zu erkennen geben 12, 5.

יצא Hifil (eine Tochter) verheiraten 7, 25. — מ נִצָּא wie ihm gebührt 10, 28. 38, 17. — מוֹצָא זרע das Aussäen des Getreides 37, 11.

יצב Hifil festsetzen, bestimmen 44, 23. — Hithpael seiner Sache gewiss sein 39, 32.

נצג Hofal hingestellt werden 30, 18.

יצק Hofal hingestellt werden 15, 16.

יֵצֶר freier Wille 15, 14; Sinnesart 27, 6. 37, 3.

יקש. — מוקש s. נקש.

ירא Hithpael furchtsam sein 4, 30; sich in Acht nehmen 12, 11.

ירד. — לירד (= לָרֶד) neuhebräische Iinfinitivbildung °°30, 17.

ירש Nifal ausgetrieben werden † 16, 19. — Hifil (?) bekommen 6, 1.

יש mancher, manche (Plur.) 39, 28; יש—ויש der eine — der andere, die einen — die anderen 4, 21. 6, 8—10. 20, 5. 6. 44, 8. 9. u. ö. — יש Vermögen, Gut 13, 5. 25, 21. 42, 3.

ישב. — נושֶבֶת Wohnland 43, 4. — יְשִׁיבָה Zuhörerschaft des Lehrers 51, 29.

ישט Hifil ausstrecken 7, 32. 34, 14. 18. — Hofal 4, 31.

ישיק s. שנק.

ישן schlafen Impf. יישן °°43, 10. — שנה Schlaf st. constr. שינת 40, 5.

ישן Hithpael alt werden °11, 20.

יֵשֶׁר Kunstwerk.? 9, 17.

יתן. — אֵיתָן stark fliessend, Tallauf 40, 13.

יתר. — Partic. יתר vornehm 8, 13; יותר Ueberfluss habend 40, 18, c. gen. 10, 27. 11, 12.

כָּאב krank sein † 7, 35; כאב לו Verlust erleiden 13, 5. — כאב Krankheit 30, 17.

כאף Hifil beugen 4, 7 (s. כוף).

כבב. — כבה Plur. כבות Flamme (?) 51, 4.

כבד Hithpael geehrt werden °°10, 31.

כהן. — כְּהוּנָּה גדולה das Hohepriestertum 45, 24.

כוה (Kal, Piel oder Hifil?) versengen 43, 4.

כול. — כלכל (einen Weg) einhalten 6, 20. 49, 9. — התכלכל an sich halten 12, 15; Stand halten 43, 3.

כון. — מְכוֹנָה Wohnstätte 41, 1. 44, 6. — כן s. ב.

כוף Piel beugen 30, 12.

כזב Piel Treulosigkeit üben 16, 21.

כחש. — מְכַחֵשׁ geizig 25, 2.

כֵּן so ⁰⁰13, 17. ⁰⁰35, 5. ⁰⁰37, 13.

כלל Piel (eine Rede) kurz zusammenfassen 35, 8. — כָּלִיל adv. vollständig 37, 18. 45, 14.

כְּלִי צָבָא Feuerzeichen, das dem Heere vorangetragen wird 43, 8.

כֶּמֶז Halskette (?) ⁰⁰35, 5.

כִּנִּים Ungeziefer (?) 10, 11.

כנע Nifal sich schämen 4, 25.

כְּכַנְהֵי so weit es reicht 38, 11.

כער. — מְכֹעָר hässlich 11, 2. 13, 22.

כשל Hifil töten 30, 21. 34, 25. — כּוֹשֵׁל alt 41, 2. 42, 8. — כִּשָּׁלוֹן Zusammenbrechen 25, 23. — מִכְשׁוֹל Sünde 4, 22.

כָּשֵׁר tauglich sein 13, 4.

לב s. מלא.

לבנה (= לְבָנָה?) weisse Farbe 43, 18.

לבש דרכו die (bösen) Eigenschaften Jemandes zu fühlen bekommen † 13, 1. — Hithpael sich mit etwas bekleiden 50, 11.

להה. — התלהלה heucheln (?) 35, 15.

לוץ. — מֵלִיץ Beamter 10, 2.

למד Piel anstacheln 51, 17. — לִמּוּד Lehre 51, 28. — מַלְמַד Ochsenstachel 38, 25.

למה s. מה.

לקה. — לָקוּת Strafe ⁰⁰9, 3.

לֶקַח Einnahme 42, 7.

מה excl. מַטּוֹב wie gut! 37, 9. — מה = לֹא 38, 21 (?); מה = אֵל 13, 2. 35, 4. — למה = אֵל 11, 10. — למה = פֶּן 8, 1. 11, 33. 12, 5. 12. 30, 12.

מהר Nifal sich beeilen 50, 17.

מוט Hithpolel schwanken 36, 2.

מור. — תְּמוּר anstatt 3, 14. 4, 10.

מוש fern sein, fern bleiben 38, 12; ausbleiben (?) 40, 10.

מחה Hifil prüfen, Inf. הַמְחוֹת oder Nomen תַּמְחוּת † 42, 4.

מחר Hifil eine Ware auf ihren Preis schätzen, um sie feilschen (?), Inf. הַמְחִיר oder Nomen תַּמְחִיר † 42, 5. — מֶחֶר Geld 7, 18. 34, 5.

מָטָר vom Schneefall 43, 18.

מי ש derjenige, welcher ⁰⁰16, 3. 30, 19.

מַך demütig, bescheiden 12, 5.

מָלֵא לִבּוֹ בּוֹ‎ Vertrauen zu Jemandem fassen 4, 27. — מִלֻּאוֹת‎
Goldfassung 35, 6.

מֶלֶךְ מַלְכֵי מְלָכִים‎ Bezeichnung Gottes 51, 12 [14].

מָמוֹן‎ (= מַמְמוֹן‎) Geld 34, 8.

מִן‎ mit Suffix מֶנּוּ‎ [0]42, 20. — מִפְּנוּ‎ deshalb, dadurch 7, 35.
8, 8. 9.

מָטֹן‎ übermütig [0]47, 23.

מעט‎ Piel klein machen 3, 18; etwas kurz ausdrücken 35, 8. —
מְעוּטִים‎ Geringes 19, 1.

מרר‎.—Hifil הֵמַר בְּכִי‎ bitterlich weinen 38, 17.—הִתְמַרְמֵר‎ (al. הַתְמַרְמַר‎)
sich betrüben 38, 16. —מַר רוּחַ‎ verzweifelt 4, 1. 6; Verzweiflung
7, 11. — מְרִירֵי יוֹם‎ (Singular oder Plural?) unglücklich 11, 4.

אֵל תָּמָר‎? 3, 23.

מְשָׁל‎ Spruchdichtung (?) 50, 27.

מתק‎ Hithpael sich freundlich stellen † 12, 16.

נָאָה, נָאוָה‎ s. אוה‎.

נבא‎ Nifal Wunder tun † 48, 13.

נבט‎ Hithpael sich umsehen (?) † 9, 7. — מֵרבִיט, מַבִּיט‎ (1. מַבָּט‎)
Anblick † 43, 1.

נבל‎ Hithpael [00]9, 7.

נדד‎ Unruhe (?) [00]34, 19.

נדה‎ Hithpael sich entfernen [00]6, 11.

נהג‎ Nifal mit בּ‎ auf etwas stossen, ihm begegnen 3, 26;
absol. eintreffen 40, 23.

נוב, נִיב‎ Halskette (?) [0]35, 5.

נוה‎ Hithpael s. אוה‎.

נוח‎. — נחה לו‎ er hat Ruhe [00]34, 4. —Hifil הֵנִיחַ בִּכְתָב‎ etwas
niederschreiben 39, 32; Inf. הֲנָחָה‎ = Darbringung von רֵיחַ נִיחֹחַ‎ 32, 20.
— נֹטַה‎ Ruhe 30, 17.

נוף‎ Hifil hinschütteln (Schnee) 43, 17; mit יָד‎, Geberde des
Hohns 13, 12, Geberde des Wegweisers 37, 7. — תְּנוּפָה‎ Opfer 30, 18.

נוף‎ schelten, tadeln 11, 7 (?).

נחת‎. — נַחַת‎ הָלַךְ כְּנַחַת‎ in Demut (?) einhergehen 12, 11.

נטה‎ Inf. נְטֹה‎ Aufstützen (vom Ellnbogen) 41, 19.

נטע‎ feststellen, gründen † 43, 23. — Nifal feststehen 3, 14.
— נֶטַע‎ Bauwerk (?) [00]40, 19.

נֵכֶר‎ Art (?) [00]36, 23.

נכה leicht (?) 11, 21.

נכר Piel entfremden 11, 34.

נִפָּיוֹן Versuchung (von Seiten Gottes) 36, 1. 44, 20. — נְסִיוֹן Erprobung, Versuchung 6, 7. ⁰⁰13, 11; Plur. נסיונות 4, 17.

נשק s. נסק.

נעם Hifil schön machen ⁰⁰47, 9. — גְּעִימָה Wohllaut 45, 9.

נערות (= גָּארֹת oder נְעֲרוּת?) Jugend 25, 3. 30, 12. 51, 14. ⁰⁰28.

נפח. — Hifil הֵפִיח נפש ס' Jemanden quälen 4, 2. — נפש מַפֵּח Kummer 30, 12.

נפל. — עליו נפל (scil. הגורל?) es geht nach seinem Wunsche (?) 37, 8.

נִצוֹץ Funke 11, 32.

נצה (Kal oder Nifal?) streiten 8, 3.

נצה eilen 35, 10. — Piel dahineilen lassen 43, 5. 13.

נקם Rache, Plural נקמים 46, 1.

נקש stossen 13, 2, anstossen 41, 2. — Hofal (oder Nifal?) יוקש zu Fall kommen, gefangen werden 9, 5. 34, 7. 35, 15. — מוקש (= מֹקֵשׁ oder מֻקְשׁ?) Anstoss, Fall 34, 30; Plural מוקשות 35, 20.

נשא. — נשא בראשו das Haupt Jemandes erhöhen 11, 13. — נשא על פיהו grosssprecherisch reden † 9, 18. — Hifil Jemandem etwas eintragen 4, 21. — שוֹאָה Einnahme ⁰⁰42, 7. — מַשׂוֹא פנים Parteilichkeit 32, 15.

נשג Hifil erlangen, erfahren 12, 5; verstehen 12, 12. 34, 22. — הַשָּׂגַת (השיגת) Können, Vermögen 14, 13. 32, 12. — יד

נשק Hifil verbrennen 43, 21, in Glut versetzen 43, 4 (יסיק).

נשא Nifal betört werden 46, 11.

נתן. — Partic. נותן מתנות freigebig 3, 17. — נתן אכזרי sich grausam bezeigen (?) 13, 12. — נתן מקום ל Jemandem Anlass geben 4, 5; Jemanden (zu einer Tätigkeit) zulassen 38, 12 (vgl. מקום). — נתן נשׂוּ sich hingeben 7, 20. 51, 26. — מַתָּה (?) Ausgabe ⁰⁰42, 7. — מתן das Geben (= das Wiedererstatten?) ⁰⁰4, 31. — מַתָּת Ausgabe 42, 7. — מַתָּת n. verb. das Geben 32, 12 (al. מתנה) und 41, 22.

סבב an der Tafel liegen beim Weingelage 9, 9, an ihr Platz nehmen 35, 1. — Hifil zu Tisch sitzen beim Gastmahl ⁰⁰34, 16.

סגר Poel (?) (Nahrung) aufnehmen (?) ⁰⁰36, 23. — Hithpoel Jemandem ausgeliefert werden 38, 15.

סדר (Piel?) ordnen 50, 14. — Part. Pass. סדור geordnet (vom Staat) † 10, 1 (Hs. סריר °).

סוד schwatzen (?) 7, 14. — הסתייד (42, 12 הסתויד, R הסתיד) mit עם sich mit Jem. beraten 8, 17. 9, 14, mit Jem. vertraulich verkehren 9, 4. 42, 12. — סוד vertraulicher Verkehr, Gespräch (?) 9, 15.

סִימָה Schatz 40, 18 R. 41, 14 R. — סוּמָה (סימה ?) dasselbe 41, 12 R. — Der Text hat überall אוצר.

סוף (Kal oder Hifil?) zu Ende kommen, etwas vollenden † 43, 27. — סוף mit Suffix סומו ילד er wird zuletzt etwas daraus machen 8, 18.

סב = שב Greis 35, 3 R.

סכת Nifal schweigen 13, 23.

סלל. — המסתולל ungangbar sein (?) 39, 24, betteln (?) 40, 28.

סלף Piel etwas verkehren, verderben (?) °°11, 34; etwas für falsch erklären 11, 7.

סער (vgl. שער im Kanon) Hifil in Staunen versetzen 47, 17. מִסְעָר Sturm 36, 2.

ספק genügen, ausreichen 15, 18. 39, 33. — Piel viel machen 34, 30. — Hifil im Stande sein, zu etwas (mit ל und dem Infinit.) 42, 17; ausreichen °°39, 16. — ספוק (= סָפוּק?) Ueberfluss 34, 12.

ספרה, R מספרה, Stat. constr. ספרת, R מספרת, Buchgelehrsamkeit 44, 4.

סרב Piel (?) widersprechen 4, 25. — סרב missmutig (?) 41, 2.

סָרָה stinkend °°42, 11 R.

סרח (= סָרַח oder סָרַח?) stinkend, Gestank (?) °°42, 11.

סתר Hofal (?) verborgen sein 41, 14. — מִסְתָּר Geheimnis 4, 18.

עבר mit ב sich etwas entgehen lassen 14, 14. — Hithpael zaudern, sorglos, lässig sein 5, 7. 7, 10. 16. 38, 9; übermütig sein 16, 8; gegen Jem. (mit ב) 13, 7. — עֶבְרוֹן Zorn † 7, 16. — עָבוּר c. imperf. damit 3, 8; בעבור ל c. inf. damit 38, 5.

עדוי leg. עִדּוּן Wonne 34, 28.

עוד Hifil העיד mit ל Jemanden eindringlich ermahnen 4, 11.

עוף Hifil ausfliegen lassen 43, 14.

עור — עָר, Plural עָרים, Feinde 37, 5. 47, 7.

עזז עם Hifil העז מצח gegen Jem. leidenschaftlich auftreten 8, 16. — מֵעֵז frech, übermütig 10, 12. — עז, עזה נפש wilde Begierde 6, 4. 19, 3. — עַזּוּת אף grimmiger Zorn 10, 18,

עזב mit ל Jem. gewähren lassen 3, 13.

עטה צניף eine Krone tragen 11, 5. 40, 4. 47, 6.

עין טובה Gutgünstigkeit, Freigebigkeit ⁰⁰14, 10. Vgl. טוב. —

עין רעה Missgunst, Habgier, Gier † 14, 10. 34, 13.

עטר Nifal mit ב sich um Jem. betrüben 37, 12.

עַלְעֹל Sturmwind 43, 17.

עלה עליו מאכלו seine Nahrung schlägt bei ihm an 33, 13c. —

עלה על לב in den Sinn kommen † 11, 5. 35, 12.

עולם Welt ⁰⁰3, 18.

עליץ Hifil erfreuen 40, 20.

עמד aufstehen (von Propheten und Königen) 47, 1. 12. —

מַעֲמַד מים Teich 43, 20.

עָנה Hithpael wie ein Armer leben 11, 18. — עֲנָוֹת Demut ⁰⁰45, 4.

מַעֲנה Zweck, mit Suffix למענו 43, 14. °26.

עָנָף, Plural עָנסים, Zweige 14, 26. 50,8.

עֹנֶשׁ, Plural עֲנָשׁים, Busse, Strafe 9, 5.

עֵסֶק Geschäft 3, 22, (עשׂק dasselbe 11, 10); Handarbeit 38, 24;
Mühsal 7, 25. 40, 1.

עסה sich verfinstern °43, 7.

עֳפִי Sing. Laub 14, 26.

עצבה Kummer (?) ⁰⁰11, 9. ⁰⁰38, 18.

עצה Nifal kämpfen (?) 4, 28.

עֶצֶם Körper 30, 14. 16.

עצר Nifal unfruchtbar sein °42, 10.

עקבת (= עֲקֵבַת) St. constr. Kennzeichen 13, 26; Plural עקבות
Spur oder Standort 10, 16.

עֲקֻבֹת Ende, Zukunft 16, 3.

עֶקֶר, Plural st. constr. עֶקְרֹת, Wurzeln 37, 17.

עֵרד. — התערער arm werden 19, 1.

ערב am Abend irgendwo sein 36, 31.

ערב Hifil angenehm machen 40, 21. † 50, 18.

ערך opfern °30, 19. — עֶרֶך al. עֵרוֹך (= עָרוּךְ?) Opfergabe
38, 11. — מַעֲרָכָה, Plural מערכות, die Holzstösse auf dem Altar 50, 12;
alles was auf den Altar kommt 50, 14.

ערם. — מַעֲרוּמִים Geheimnisse 42, 18.

מַעֲרָף Geträufel 43, 22.

ערץ Hifil Jem. überlisten (?) 13, 7.

מֵעֵרִץ? 43, 8.

עשק s. עסק.

עשק überwältigen(?) °43, 23.

עשר Hithpael nach Reichtum streben 11, 18.

עִשּׁתֹּנִים Vermutungen, philosophische Spekulationen 3, 24.

פֶאתִים Stat. const. פְּאָתֵי Fürsten 33, 12.

פה. — עַל פִּי verursacht durch 13, 24. — פֹּם Mund °°30, 18.

פוג Piel trösten, erquicken 30, 23.

פחד c. a. fürchten 7, 29; mit עַל für etwas Sorge tragen 41, 12. — Hithpael furchtsam sein † °°4, 30.

פחז Hifil übermütig machen 8, 2. 19, 2. — Hithpael übermütig auftreten(?) °°4, 30. — פֹּחֵזֶת fem. מחזה unzüchtig °°42, 11. — פַּחַז Unzucht °°41, 17.

פטר. — פְּטֹר Entlassung, Fortgehen (der Gäste) † 35, 11.

פלל Piel beten(?) °°38, 9.

פלא. — Part. Hofal מֻפְלָא ausserordentlich °°3, 21.

פנים. — נִלְקַח פָּנִים er wurde leibhaftig entrückt 49, 14.

פעל. — פֹּעֵל Arbeiter, Tagelöhner 19, 1. 37, 11. — מִפְעָל Sing. Werk 15, 19, Plural מִפְעָלִים 16, 12.

פקד Nifal heimgesucht werden (in gutem Sinne) 49, 15. — מִפְקַד יַד Depositum 42, 7.

פַּקַע Gedröhn 46, 17.

פרג Hifil schwinden machen °°34, 1. °°34, 2.

פרע etwas schnell tun 43, 22; etwas fahren lassen 38, 20; sich empören 46, 7. — פָּרוּעַ zuchtlos 10, 3. — Hifil beunruhigen, stören (den Schlaf) 34, 1. 2. 42, 9; abwendig machen, zur Empörung reizen 47, 23.

פִּשְׁרָה Diagnose 38, 14.

פִּתְגָם הֵשִׁיב Antwort geben auf vorgelegte Fragen 5, 11. 8, 9.

פתה Hithpael sich betören lassen °42, 10.

פִּתּוּר Deutung(?) 50, 27.

צָבוּעַ Hyäne 13, 18.

צדקה Mildtätigkeit, Almosen 3, 30. 7, 10 (vgl. 12, 3. 29, 8. 12). — צִדְקַת אָב das Wohlverhalten gegen den Vater 3, 14.

צחב Hifil verspotten 10, 10.

צהר Hifil zur Mittagszeit etwas tun 43, 3.

צוד. — מצודה Plur. מצודות Netze 9, 3.

צוף Hifil überfliessen 39, 22. 47, 14.

צרץ Hifil strahlen 43, 19. — ציצים Krystalle 43, 19.

צוק. — Part. Hofal מוצק unterdrückt 4, 9. † 32, 16.

צור = Gott °4, 6.

צות. — צותת horchen 14, 23.

צלל. — Part. צולל gut verdauend (vom Magen) 34, 20.

צלח. — מַצְלַחַת Gelingen 38, 13.

צלה in Brand setzen 8, 10.

צֶמַח, Plural צמחים, Gewächs 40, 22. 43, 21.

צנע. — Part. Pass. צנוע vernünftig, mässig 34, 22; schamhaft 42, 8. — Hifil etwas sorgfältig überlegen 16, 25. 35, 3.

צַעַר Qual 34, 20.

צופה Sternseher 37, 14.

צרך (al. צריך) bedürfen 42, 21. — צריך (= צָרִיךְ oder צְרִיךְ?) bedürftig 34, 4, genötigt (?) 35, 7. — צרך (15, 12. 38, 12. 39, 16. 33. 42, 23: צוֹרֶךְ, °39, 33. 42, 23: צֹרֶךְ, 13, 6. °39, 16: צריך) Bedürfnis 8, 9. 15, 12. 35, 2, 38, 1. 12; Bedürftigkeit 10, 26; Nutzen 13, 6, 35, 17. 37, 8; Zweck 39, 16. 21. 33. 42, 23.

קבל Hifil mit אל Jemanden angreifen 12, 5.

קדה mit ב etwas geniessen † 14, 5 (?).

מקדש Heiligtum, Bezeichnung des Altars 50, 11.

תָּקְנָה Ende, Ausgang 7, 13. 17.

קה speien, erbrechen 34, 21.

קום Polel (ungefragt) redend auftreten 11, 9. 35, 9. — Hifil mit ל Jem. eine Zusicherung geben 44, 21. 22. — קָיָם dauernd °42, 23. — אין לו מקום er wird mit seiner Meinung ignoriert 13, 22. Vgl. נתן.

קָטָן kurze Zeit 51, 27. — לב קטן ein geiziger Mann 14, 3.

קלט in sich fassen °47, 15.

קנן, Hifil (?) הקנין (Variante: Piel) nisten 37, 30.

קנה. — מִקְנָה nom. verb. das Kaufen 42, 4.

קעקע zerstören °°10, 16.

קפא Hifil gefrieren machen 43, 20.

קפד (die Hand) zusammenziehen °°4, 31.

קצף Hithpael Reue haben 35, 19. — קֶצֶף Kummer 30, 23.

קצר Hithpael ungeduldig sein 7, 10.

קרי Hifil Jem. erquicken, ihm wohltun 12,5 a.

קרב Hithpael sich aufdrängen 13, 10.

קרדמות? °°40, 16.

קרה. — יקרה? 14, 5.

קרמים Riedgras † 40, 16.

קרם Hifil mit einer Kruste überziehen 43, 20. — קרם Kruste † 43, 20 (?).

קרץ mit ל früh auf sein für etwas °11, 21.

קשה mächtig, stark °°8, 1.

קשח Hifil störrisch werden(?) °°30, 12.

קשר freveln 7, 8. 13, 12. — קֶשֶׁר Frevel, Schlechtigkeit 11, 31. 13, 12.

רֹאי Sättigung 34, 28.

מבראשית im Anfang 15, 14.

ראש s. רשש.

רבב. — רַבָּה = תרום רמה? °°43, 23. 25.

רבץ sich (beim Weingelage) hinstrecken 35, 2.

רבק. — מרבק Mast 38, 26.

רגל Piel(?) c. a. verläumden °°5, 14. — Hifil(?) vertrauten Umgang pflegen °8, 4.

רגן Pual (?) verlästert werden † 34, 24.

רגש Kal oder Hithpael erbeben † 16, 18.

רדה. — מרדות Züchtigung, Zurechtweisung °°42, 8.

רדע. — מרדע oder מרדע Ochsenstachel † 38, 25.

רהב töricht sein (?) 13, 8.

רז Geheimes 8, 18.

רוק Ruhe haben (?) °40, 6.

רחם תהום die Tiefe der Flut 51, 5.

רחום barmherzig, Bezeichnung Gottes 50, 19.

רחק Hithpael bei Seite geschoben werden 13, 10.

רטש Hithpael sich in einer Sache umtun, sie überdenken (?) 8, 8.

ריש s. רשש.

רוכל (leg. רכיל?) Verläumder 11, 29.

רעה Jem. freundlich behandeln, Rücksicht auf ihn nehmen 34,15. 38,1. — Hithpael mit ב sich etwas gefallen lassen °11,20.

רפא. — תְּרוּפָה, Plur. תרופות, Heilmittel 38, 4.

רסי (‎= רָסִי‏?) schlaff 4, 29.

רצד Piel (?) belauern 14, 22.

רצה. — שלם רצון die Laune befriedigen 35, 11.

רצף Piel erleuchten 43, 8.

רקב Schlauch (?) °°43, 20.

רבט. — טרבים ? °°43, 1.

רקח. — מִרְקַחַת Heilmittel 38, 7.

רשש (Piel oder Poel?) Jem. arm machen 13, 5. — רָיש (al. רֹאש) Unglück (?) 37, 9. — רִשׁ (so die Hs.) schlaff 11, 12; רֹשׁשׁ (so die Hs.) schlaff 4, 29.

רשה, Hofal הורשה, Gewalt über etwas bekommen 3, 22.

רָשָׁף Vögel 43, 17.

רשת Fessel (?) 6, 29.

רתח Hifil in Glut versetzen 43, 3.

שום Piel(?) °°6, 32.

שׂיג ושׂיח ? 13, 26.

שׂיח Lehrvortrag 35, 4. 44, 4; Gerede 13, 11. 12. °20, 5. — שׂיחה Lehrvortrag 6, 35. 8, 8. 11, 8.

שחק mit ל Jem. anlachen 13, 6. 11. — Piel (?) mit ל mit Jem. sein Spiel treiben 47, 3.

משכיל Verständiges 13, 22.

שכר erwerben 40, 18.

שטים (‎= סַמִּים) Spezereien °°38, 4.

שנא Pual gehasst werden 9, 18.

שרק (oder שׂרק ?) Hifil leuchten 43, 9. 50, 7.

‏שֶׁ־ — כשׂדוא während er 30, 12 (al. שעודנו ‎= während er noch?).

שׁאל Pual geliehen werden (?) °46, 13. — שׂאולות (l. שְׁאִילוֹת oder eher שְׁאֵלוֹת) Bitten, Bitte, 4, 4.

שׂאר Hifil überflüssig sein (?) °42, 24.

שבח Pual gelobt werden 51, 30. — שבח Lob 44, 1 (Ueberschrift). — תשבחה (תִּשְׁבָּחָה oder שְׁבָּחָה) Plur. תשבחות Loblieder 51, 12².

שבט. — שׂרנימים (al. שבטים) Schösslinge °°37, 17.

שביל (Sing.) Weg 5, 9.

שבת zu Ende kommen, sterben 38, 23. 44, 9.

שגח Hifil hervortreten 50, 5.

שֶׁגֶר Nachkommenschaft °°40, 19.

שוב Hifil השיב s. אפים.

שׁוח. — אשיח (leg. אֶשְׁוָּח) Teichanlage 50, 3.

שׁוע. — שעה Stunde, Zeit † 37, 14.

ישיק s. שׁנק.

שׁור. — השיר die Tempelsänger 50, 18.

שׁיח אבל Totenklage halten 38, 17.

שׁחק (die Wage) prüfen (oder Prüfung?) 42, 4.

שׁחר Hifil schwarz machen 25, 17.

שְׁחִיתָה Plur. שׁחיתות Vergehen 30, 11.

שְׁכָן Wohnung 14, 25.

שֶׁלַח (al. שׁלוח) Strahl 43, 4. — שׁלח Entlassung † °°35, 11.

שׁלמן Obrigkeit, שׁלטן עיר Synedrium 4, 7.

שׁלם Piel s. רצון. — שׁאל שׁלום grüssen 6, 5. 41, 20. — השיב
שׁלום einen Gruss erwiedern 4, 8. — שְׁלוּמָת Vergeltung 12, 2. 14, 6;
Plural תשלומות 32, 13. 48, 8.

שׁלשׁ dreimal 48, 3.

שׁמם Poel? °°9, 7.

שְׁמוּעָה (al. שׁמיעה) Lehrvortrag 5, 11. 8, 9.

שׁמץ (sprich שֶׁמֶץ) schneller Lauf (?) 10, 10; Ausgelassenheit (?) 18, 32.

שׁמר. — שׁמר עת sich nach der Zeit richten 4, 20. 20, 7. —
אַשְׁמוּרָה Plur. אשמרות Wachposten 43, 10. — מִשְׁמֶרֶת Ueberlieferungs-
treue 44, 4.

שׁנא (= שׁנה) Piel verändern 12, 18. 13, 25.

שׁנה verschieden sein 42, 24; c. a. wiederholen 7, 14, weiter
erzählen 42, 1, verdoppeln, vermehren 40, 5. °45, 20, erneuern
33, 6 (Cod. שָׁנָה). — Piel erzählen, preisen 44, 15. — Hithpael
sich erneuen 43, 8. — שׁתים, שׁתים בעל s. בעל.

שׁנק, Hifil Impf. ישיק (?), keuchen 34, 19. — פִּשְׁנִיק Atemnot 34, 20.

שׁעע, Hifil השיע mit ל, Jem. schmeicheln 13, 6. — השע אמי
°°41, 21.

שׁעה Hithpael (al. Hifil?) erzählen 44, 8. — שָׁעְיָה (oder שׁעית)
Unterhaltung, Plur. שׁעיות 38, 25. °°37, 14.

שׁען stärken (?) °49, 10.

שׁער Stadt 7, 7. 34, 24. 42, 11.

שׁפט. — שׁיר מששט kunstgerechter Gesang 45, 5.

שׂסף Nifal (?) mit על in etwas schwelgen 37, 29.

שׁפל Hofal erniedrigt werden ∞11, 6.

שׁקד (sprich etwa שָׁקַד) Sorge 34, 1. † 42, 9. — שְׁקִידָה das-selbe 38, 26.

שׁר Festigkeit °30, 15. 30, 16.

שָׁרָב der von der Sonne verbrannte Erdboden 43, 22.

שׁרק s. שרק.

שׁוֹתָף Gefährte °40, 24. 41, 18 R. 42, 3 R.

תַּגָּר Kaufmann 42, 5. — מִתְגָּר Kauf 37, 11.

תחה (Kal, Piel oder Hifil?) eilig schicken, jagen (?) 43, 13.

תָּלִים leiblich † 7, 18 (emendiert nach Nöldeke).

תלע mit ב übermütig gegen Jem. auftreten (?) 30, 13.

תמים Unsträflichkeit 7, 6.

תמה mit ב sich über etwas wundern °11, 21. — תֵּמַהּ (so 33, 6 Cod. B) Wunder 16, 11. 33, 6; Plur. תמהים 43, 25. 48, 14. — תמהות s. מחה.

תמילה, St. constr. תמילת, Email (?) °50, 9.

תקל Nifal straucheln, zu Fall kommen 13, 23. 35, 20. — Hifil Jem. zu Fall bringen 15, 12. — תַּקָלָה Anstoss, über den man fällt 34, 7.

תקן Piel scandieren (?) 47, 9.

תֹקֶף Stärke, Festigkeit 6, 14.